시크릿
회복탄력성

쉽게 꺾이지 않는 마음의 힘

시크릿
회복탄력성
The Resilient Mind

존 디마티니 지음 | 서지희 옮김

21세기북스

'완벽한 하루'를 위하여

어렵고 힘들거나 도전적인 일을 겪은 뒤에 당신은 얼마나 잘 그리고 얼마나 빠르게 회복하나요? 당신을 시험하는 상황에서 얼마나 빨리 원래 상태로 돌아올 수 있나요? 한계를 느낄 정도로 시험을 받을 때 얼마나 탄력적이고 유연하고 융통성 있게 대처할 수 있나요?

역경에 직면했을 때 뛰어난 적응력을 발휘하며 살고 있나요? 당신에게는 진정한 근성과 결단력이 있나요? 어려움이나 트라우마를 겪은 후 잿더미에서 다시 일어설 수 있나요?

끊임없이 변하는 세상에 적응하지 못한다고 느끼면 고통이 커질 수 있고, 추구하는 것은 죄다 잃어버리고 피하려 했던 것만 얻었다는 생각에 화가 나거나 혼란스러워질 수 있습니다.

인내와 회복탄력성은 건강한 삶을 위해 필수적입니다. 충격적인 소식을 침착하게 받아들일 줄 아는 능력은 곧 성숙함, 지혜 그리고 통제력을 뜻합니다. 어떤 상황이 닥치든 침착한 상태를 유지하거나 도전을 맞닥뜨린 뒤 평정심을 되찾는 의연함과 용기는 모범적이고 리더십을 발휘하는 삶을 사는 데 반드시 필요합니다. 사실 당신에게 일어나는 일 자체보다는 당신의 반응, 즉 당신의 인식, 결정 그리고 행동이 더 중요합니다. 이러한 반응은 당신에게 힘을 줄 뿐 아니라 당신이 통제할 수 있습니다. 이러한 신경학적 과정을 어떻게 지휘하느냐에 따라 당신은 자기 역사의 희생양이 될 수도, 운명의 주인이 될 수도 있습니다.

뇌 속에는 자극과 사건에 대한 행동이나 반응에 영향을 미치는 두 가지 주요 영역이 있습니다. 하나는 '욕망 중추'라고 불리는 피질하 영역인 편도체**amygdala**인데, 이것은 생존 모드에서 감정적으로(때로는 어리석게도) 과잉 반응을 보일 때 작동합니다. 편도체는 반응 속도가 빠르고 비상사태를 인지하는 역할을 해서 '시스템 1 사고'라고 불리고, 생각하기 전에 반응을 하기 때문에 뒤늦은 판단과 연관이 있습니다. 편도체는 특히 충동, 본능, 단기적인 만족을 담당합니다. 사색적이기보다는 반사적이며, 관대하기보다는 편협합니다.

이 욕망 중추는 주관적이고 편향적이라서 보통 극단적인 감정과 관련이 있고 때로는 경직된 절대성과 연관됩니다.

편도체는 당신이 먹잇감(목표 달성을 지원하는 기회)을 찾거나 포식자(목표 달성을 방해하는 위협)를 피하려고 할 때 활성화됩니다. 편도체가 활성화되면 감정적 충동이 일어나고 도파민과 아드레날린 반응이 상승합니다. 그 결과 노화 과정이 가속화되고 면역력이 떨어지기도 하지요. 노화는 회복탄력성과는 거리가 먼 증상입니다. 사실, 모든 감정은 중립적이지 않고 강렬하다는 점에서 회복탄력적이지 않다고 할 수 있습니다.

두 번째 영역은 '실행 중추'라고도 불리는 전전두피질 **prefrontal cortex**인데, 이것은 당신이 성장 모드에서 신중하고 현명하게 앞날을 계획할 때 작동합니다. 전전두피질은 편도체보다 느리게 작동하기 때문에 '시스템 2 사고'라고 불립니다. 이는 균형 잡힌 인식, 사려 깊은 결정, 유용한 행동, 의미 있고 객관적인 전략, 그리고 장기적인 목표 추구를 담당합니다. 또한 반응 이전에 생각하는 역할을 하기에 장래에 대한 대비, 심사숙고와 관계가 있습니다. 전전두피질은 영감에 의존하는 장기적 비전, 전략적 계획, 위험 완화, 계획 실행 그리고 자기 통제를 담당합니다.

이 실행 중추는 더 객관적이기 때문에 비교적 중립적이고 적응력이 있으며 손실이나 이득에 대한 두려움이 적습니다. 또한 자율신경계 및 면역체계의 기능을 제어하고 강화함으로써 신경 화학적 균형을 맞춥니다. 그 결과로 발생하는 알파파와 감마파는 뇌의 나머지 부분을 심장과 동기화합니다. 그리고 바로 여기에서 더 큰 인내심, 침착함 그리고 회복 탄력성이 탄생합니다.

그렇다면 실행 중추를 어떻게 깨울 수 있을까요?

최우선순위에 따라 생활하는 삶이 바로 이 부분에서 중요한 역할을 합니다. 당신은 삶의 기준이 되는 당신만의 구체적인 가치관이나 우선순위, 즉 가치의 순위를 가지고 살아갑니다. 자발적이고도 본질적으로 그 가치 목록에서 최상위에 있는 것들을 실행하고 성취하도록 고무됩니다. 그리고 그럴 때 절제력, 신뢰성, 집중도가 가장 높아집니다. 이는 당신에게 있어 가장 중요하고 가치 있는 일이므로 그것을 실행하는 데에는 그 어떤 외적 동기도 필요하지 않습니다. 당신은 최우선순위에 있는 항목을 자발적으로 추구합니다.

우선순위에 있는 행동으로 하루를 채우면 혈액, 포도당, 산소가 실행 중추로 흐르고, 당신은 더 전략적이고 객관적이고 회복탄력성이 높은 사람이 됩니다. 당신의 내부에 잠들어 있던 타고난 리더십이 깨어나고, 삶이 고통스러운 도전으로 채워질 일도 줄어듭니다. 하지만 하루를 주도적으로 관리하면서 최우선순위에 따라 생활하지 않으면 우선순위가 낮은 방해요소가 나타나서 당신을 집어삼킬 수밖에 없습니다. 그러면 당신은 외부의 기회주의자들이나 시간을 잡아먹는 잡다한 일에 더 취약해집니다. 혈당과 산소가 편도체로 더 많이 흘러 들어가 사후 대응적이고, 경직되고, 주관적으로 편향되고, 통제되지 않은 일련의 생존 반응을 야기합니다. 편도체와 그에 상응하는 내장 뇌**gut brain**(감정적 행위에 관여하는 뇌 구조-옮긴이)의 충동과 본능이 당신의 행동을 지배하고 효율성과 효과가 떨어지는 스트레스 반응을 일으키기 시작할 것입니다. 시상하부와 뇌하수체가 부신을 자극해 코르티솔이 분비되고, 스트레스 반응은 공간과 시간의 지평을 축소시키고 즉각적인 만족감을 주는 생존 반응을 촉발합니다. 그리하여 당신은 생각하기 전에 먼저 반응하게 됩니다. 그리고 장래에 대해 대비하거나 신중한 전략적 계획을 세우기보다 뒤늦은 판단과 시행착오를 통해 배울 수밖에 없게 됩니다. 인지, 결정 및 행동 능력이 떨어지고, 내면의 갈망과 마음의 영감을 추구하지 못하고 외부 상황에 취약해집니다.

결국, 당신의 회복탄력성은 당신이 삶의 우선순위에 따라 얼마나 잘 사느냐에 따라 결정됩니다.

명확한 우선순위 목록을 손에 쥐고 최우선 과제를 하나씩 해결해나가며 이른바 '완벽한 하루'를 보내면 당신은 날아갈 것 같은 기분을 느낄 겁니다. 그런 날은 무슨 일이 있든 더 회복탄력적으로 대처할 수 있는 상태로 집에 돌아옵니다.

외부 세계의 도전에 대한 인식에 따라 반응이 좌우되고 우선순위가 낮은 잡다한 일에 종일토록 신경을 쓰면 당신은 하루 내내 그리고 집에 돌아와서도 쉽게 과잉 반응을 보이는 '회색곰(힘과 덩치가 엄청나며 서식지에서 최상위 포식자로 군림

한다-옮긴이)'이 될 수 있습니다.

이 책은 뇌에 관한 더 많은 정보와 뇌의 작동 방식, 또 뇌 기능을 어떻게 이용해야 최적의 삶을 누릴 수 있는지를 알려줍니다. 당신만의 가치순위를 정하는 방법은 물론이고 힘 있고 창의적이고 회복탄력적인 삶을 위해 그 순위를 활용하는 방법을 배우게 될 것입니다.

당신 자신, 동료 그리고 당신이 사랑하는 사람들은 영감을 선사하고 리더십 있고 모범이 될 만한 회복탄력성을 갖춘, 가장 진실한 당신을 만날 자격이 있습니다. 그러니 일상의 우선순위를 정하고, 우선순위가 낮은 일은 기꺼이 그 일을 맡을 사람들에게 위임하세요. 가장 중요하고 의미 있는 일에는 '예'라고 말하고 나머지에 대해서는 모두 '아니요'라고 말하세요. 회복탄력성으로 삶의 주도권을 획득하고 지혜롭게 살아가세요.

이 책은 다음과 같은 방법을 알려줄 것입니다.

- 당신만의 가치순위를 결정하는 방법
- 최우선순위에 따라 삶의 힘을 받아들이는 방법
- 회복탄력성 향상을 위해 뇌 기능을 변화시키는 방법
- 약물 없이 우울증을 극복하는 방법
- 불안에 대처하는 방법
- 사랑하는 사람을 잃은 슬픔을 극복하는 방법

차례

Part 2
다른 사람이 아닌 나로 살아가기

Part 3
가치실현을 위해 우리 몸이 하는 일

Part 4
평온하고 건강하게 매일매일 성장하기

Part 5
어려움과 난관이 우리에게 해주는 말

Part 6
우울증에 대처하는 몇 가지 방법

Part 7
불안감을 다루는 방법

Part 8
슬픔을 떠나보내기

맺음말

Part
1

원하는 삶을 끌어당기는
강력한 방법

The Resilient Mind

우선순위가 있고 그에 따라 살아가면 회복탄력성은 자연스레 따라옵니다. 이 말의 의미를 이해하기 위해 당신이 생각하는 가치의 순위를 함께 살펴보도록 합시다.

모든 인간은 저마다의 가치순위를 가지고 있습니다. 가장 중요한 것, 두 번째로 중요한 것, 세 번째로 중요한 것……. 당신은 무의식적으로 당신의 가치순위에서 최상위에 있는 일에 집중하는 한편, 가치순위가 낮은 일에는 관심을 거의 갖지 않습니다. 가장 중요한 일을 하기 위해서는 일부러라도 시간을 내지만 그다지 중요하지 않은 일에는 그렇지 않다는 것을 깨달은 적이 있지 않나요?

나는 '꾸물거림'이라는 건 실제로 존재하지 않는 일이라고 생각합니다. 누군가가 다른 사람을 보고 "맙소사, 그 사람은 너무 꾸물거려!"라고 말한다면 그건 자신의 가치관을 타인에게 투영하는 것일 뿐입니다. 사람은 누구나 각자의 가치 체계에 따라 살아갑니다. 당신은 그들을 게으르고 꾸물대는 사람으로 여길지 몰라도, 사실 그들은 그 순간 자신에게 중요한 일을 하고 있는 것입니다. 물론 그들이 하는 일이 당신에게는 중요하지 않을 수 있지요. 모두 무의식적으로 자기 생각에 덜 중요한 일 대신에 더 중요한 일을 하는 경향이 있지만, 다른 사람에게 덜 중요한 일이 당신에게는 가장 중요한 일일 수도 있습니다. 그들을 꾸물대는 사람으로 치부한다면 그건, 그들이 그들 자신의 가치관이 아닌 당신의 가치관에 따라 살기를 기대하기 때문이며, 그야말로 어리석은 행동입니다.

우리는 가끔 타인을 오해해 잘못된 꼬리표를 붙이지만, 모든 사람은 그때그때 자신의 가치순위에 따라 살아갑니다. 즉, 매 순간 자신에게 가장 큰 이득이 될 만한 결정을 내립니다. 그들의 가치순위는 그들의 운명을 좌우합니다. 그리고 당신의 가치순위는 당신의 운명을 좌우합니다. 그 가치 중에는 변하는 것도 있고, 안정적이고 일관적인 것도 있습니다. 후자는 오랫동안 당신의 삶을 이끌어가는 가치이며, 따라서 핵심 가치나 조금 더 지속적인 가치라고 부를 수 있을 겁니다.

당신의 가치관은 당신이 세상을 인식하는 방식을 좌우합니다. 한 가지 비유를 들어봅시다. 당신에게 배우자와 세

자녀가 있다고 가정해보세요. 남편은 회사가 바빠 초과 근무를 하기 일쑤고 아내는 집에서 살림을 도맡아 합니다. 아내가 생각하는 가장 높은 가치는 아이들, 아이들의 교육과 건강 그리고 집입니다. 그리고 남편의 우선가치이자 임무는 일을 해서 가정에 경제적 지원을 하는 것이지요.

이 부부가 쇼핑몰을 걷고 있습니다. 쇼핑몰에 대한 아내의 인식은 그녀의 가치체계를 통해 걸러집니다. 그녀는 장난감이나 아이들 옷 등 아이들에게 도움이 되는 물건에 주목합니다. 주변에 있는 온갖 상품 가운데 그런 것에 선별적인 주의를 기울입니다. 반면 남편은 『포브스』지나 컴퓨터를 비롯해 업무에 도움이 될 만한 것들에 주목합니다. 두 사람은 각자 자신의 가치순위에 따라 주변 세상을 걸러냅니다. 아마아내는 비즈니스와 관련된 것은 쳐다볼 생각도 안 할 테고, 남편은 쇼핑몰에 아이들 옷이 있는 줄도 모를 겁니다.

이는 누구 하나가 옳고 나머지는 그르다고 할 수 있는 문제가 아닙니다. 두 사람은 각자 고유할 뿐입니다. 우리 삶의 고유함은 우리의 가치순위에 따라 표현됩니다. 가치관은 서로 비슷하거나 다를 수는 있어도 절대적으로 맞거나 틀린 가치관이란 없습니다. 나는 운 좋게도 수천 명과 교류하며 그들의 가치체계를 관찰하는 경험을 했지만 서로 완전히 같은 가치체계는 아직 한 번도 보지 못했습니다. 우리의 영적인 본질은 같을지 몰라도, 보다 실존적인 존재로서는 각자가 고유하며 가치관 또한 마찬가지입니다.

가치순위에는 옳고 그름이 없다

가치순위는 또 다른 측면에서도 우리가 세상을 감지하는 방식에 영향을 미칩니다. '주의력 결핍 장애'라는 말을 들어봤을 겁니다. 주의력 결핍 장애라는 꼬리표가 붙은 아이들은 균형을 맞추기 위한 '주의력 과잉 상태'도 동시에 보입니다. 모든 주의력 결핍 장애에는 주의력 과잉 상태가 따라붙습니다.

이게 무슨 의미일까요? 그 아이들이 아홉 시간 내내 집중력을 잃지 않고 앉아서 게임에만 집중할 수 있다는 뜻입니다. 그들은 게임 속의 캐릭터나 설정, 움직임, 행동을 속속들이 알고 때로는 어떤 장면을 사진 찍듯이 정확히 기억하기도 합니다. 그 아이들이 그들이 가장 가치 있게 여기는 것에 주의력 결핍 장애를 갖고 있을까요? 아니, 오히려 그들은 높은 주의력과 집중력을 보입니다. 그들 역시 고유한 가치순위를 가지고 있는 것입니다.

교사가 그런 아이를 가르치려다가 좌절이나 실패를 맞봤다면 그것은 그 아이가 최고로 여기는 가치에 관해 소통하는 기술을 익히지 못했기 때문일 수도 있습니다. 교사는 때로 아이의 가치순위를 존중하는 소통 방식을 잘 몰라서 아이에게 꼬리표를 달기도 합니다. 그리고 교사가 그러는 순간 아이는 그 사실을 바로 알아챕니다.

20년 전 호주 브리즈번에 있던 나는 비디오 게임과 컴퓨터에 푹 빠진 열여섯 살 아들을 둔 한 어머니를 만났습니다. 그녀는 열심히 일하는 싱글맘이었고, 이제는 아들도 일자리를 구할 때가 되었다고 생각했지요. 정신적으로 아들과 완전히 동떨어져 있던 그녀는 아들이 신문 배달 같은 일을 하기를 기대했습니다. 하지만 아들은 전혀 다른 세상에 살고 있었고, 결국 어머니는 아들이 상담을 통해 정상적인 생활을 할 수 있게 되기를 바라며 내게 일을 의뢰했어요.

아들 방에 들어간 내가 말했죠. "엄마가 잔소리를 하신다고?"

"네."

"지금 하고 있는 건 뭐야?"

"비디오 게임을 만들고 있어요."

"대단한데. 그런 걸 꽤 잘하나 보구나?"

"네."

"그게 그렇게 좋아?"

"비디오 게임 하는 것도 좋고, 게임 소프트웨어를 만드는 것도 좋아해요."

"정말 잘 만들 수 있어?"

"네."

"그럼 실력이 뛰어나다는 거네?"

"네."

"네가 만들려는 것과 지금 하고 있는 걸 좀 보여주겠니?"

그는 자신의 작업물들을 보여줬습니다.

"정말 기발한데. 아주 능숙해."

"그렇죠. 하지만 엄마는 이해 못 해요. 컴퓨터 켜는 법도 모른다니까요. 제 생각에는 그래서 엄마가 제가 하는 걸 그렇게 못 하게 막는 것 같아요."(이처럼 아이들은 부모가 못 하게 막는 일에 오히려 전문가가 되기도 하지요.)

내가 방에서 나오자 어머니가 물었습니다. "알아듣게 말씀을 좀 해주셨나요?"

"아뇨, 제가 아드님을 고용했습니다."

이제 36세가 다 된 그녀의 아들은 IBM 등에서 25만 달러의 연봉을 받으며 일하고 있습니다.

독재적인 행동으로는 자녀로부터 원하는 바를 얻을 수 없습니다. 그 대신 무엇이 자녀에게 영감을 주는지 알아보고, 자녀를 충분히 배려하고, 자녀의 가치를 이해하고 존중해야 합니다. 그래야 자녀가 이해할 수 있고 자녀의 최우선가치를 충족하는 방식으로 당신이 자녀에게 바라는 바를 전할 수 있습니다.

당신의 자녀가 어떤 수업을 듣거나 행사에 참석해야 할 때 그 일의 가치를 자녀의 최우선가치와 관련지어 전달하면 자녀는 더 관심을 갖게 될 겁니다. 어떤 수업이 자신의 최우선가치를 충족한다고 인지하지 않는 한 자발적으로 그 수업을 듣고 싶어 하는 사람은 없습니다. 그것에 대해 알고 나면 배우고 경쟁할 마음이 생길 수도 있지만, 그렇지 않다면 자녀는 집중하지 않을 테고 만족스럽지 않은 이른바 '교육적 경험'에서 벗어나기를 원할 뿐입니다.

중요한 것은 당신의 자녀가 그런 방식으로 소통할 수 있도록 충분히 배려하는 것입니다. 경제적으로 빈곤한 지역인 남아프리카공화국의 알렉산드리아에서 강의를 한 적이 있는데, 당시 그곳의 고등학교 합격률은 27퍼센트에 불과했습니다. 하지만 1년 만에 우리는 무려 97퍼센트의 합격률을 기록했습니다. 그들 각자가 가장 중요하게 여기는 것을 이루는 방법을 보여주자 수치가 확 바뀌었지요. 나는 학생뿐만 아니라 교사들이 각자의 최우선가치를 정하는 데 도움을 주었습니다. 그런 다음 학교 수업을 교사의 최우선가치 및 학생들의 최우선가치와 연결할 수 있도록 해주었습니다. 또 학생들의 최우선가치와 교사의 최우선가치를 서로 연결해 소통과 존중이 강화되도록 했습니다. 학생들이 자신에게 가장 의미 있고 중요한 것을 자발적으로 배우고자 한 덕분에 합격률이 그토록 급격하게 높아진 것이지요. 하지만 만약 남들이 배우라고 하는 것이 자신의 최우선가치를 이루는 데 별 도움이 되지 않는다고 느끼면 학생들은 외면하고 맙니다.

부모 또는 교사로서 독재적인 강요로 아이들이 가장 가치 있게 여기는 것을 못 하게 막는 것은 현명한 방법이 아닙니다. 그들과 그들의 최우선가치를 존중해줘야 합니다. 그렇지 않으면 그 아이들은 기껏해야 단기 기억력만 갖게 되어, 시험은 통과할지 몰라도 배움에 대한 영감은 받지 못할 겁니다. 나는 모든 아이가 비범한 재능을 가지고 있다고 믿습니다. 그리고 나의 경험에 비춰보면, 그 재능은 그들에게 영감을 주고 최우선가치 중심의 학습 경험을 제공할 때 비로소 발휘됩니다.

우리의 가치순위는 우리가 세상을 인지하고 행동하는 방식에 영향을 미칩니다. 가치순위의 상위 영역은 더 질서정연하고 조직적인 경향을 보이지만, 가치가 낮은 것들의 영역은 규율이 없고 구심점이 없어서 혼란스럽습니다. 다시 말해, 가치가 높을수록 질서정연하고 가치가 낮을수록 혼란스러워집니다.

당신은 누가 뭐라고 해도 당신의 최우선가치에서 한눈을 팔지 않습니다. 그것을 위해서라면 더 낮은 가치를 기꺼이 희생합니다. 아이를 최우선으로 여기는 엄마는 아이에게 무슨 일이 생기면 곧장 퇴근하지요. 만약 최우선가치가 돈을 버는 것이라면 일이 가장 중요하므로 아이가 아파도 출근을 할 겁니다. 그 엄마가 아이를 중요하게 여기지 않아서가 아니라, 그녀의 행동이나 반응이 그녀만의 가치순위에 따라 결정되기 때문입니다. 다시 말하지만, 자기만의 독특한 가치 우선순위에 따라 자신에게 가장 중요하고 의미 있고 성취감 있는 일을 하는 데 있어서는 옳고 그름을 가릴 수 없습니다.

최우선가치를 성취할 수 있다고 인지할 때마다 우리는 더 큰 힘과 적응력 그리고 회복탄력성을 얻게 됩니다. 이는 우리 아이들도 마찬가지입니다.

최우선가치를 존중할 때

무엇인가가 당신의 가치 목록에서는 상위를 차지하지만 당신의 배우자에게는 별로 가치가 없을 수 있지요. 그런데 이런 상호보완적 대립이 안정된 관계를 만들 때가 많습니다. 결혼의 목적은 당신과 완전히 똑같은 사람을 만나는 것이 아니라 당신에게는 없다고 생각되는 부분을 가진 사람을 찾아서, 서로 부족한 부분을 사랑하고 채워줌으로써 더욱 완전한 느낌을 갖는 것입니다. 사실 당신도 당신의 배우자도 부족한 것은 아무것도 없습니다. 다만 겉으로 그렇게 보일 뿐이지요. 그리고 바로 이러한 명백한 빈틈이 당신과 배우자의 가치순위를 움직입니다.

만약 일방적인 쾌락적 행복만을 위해 결혼했다면 그것은 환상일 뿐임을 알아야 합니다. 결혼의 목적은 쾌락적 행복이 아니라 우리에게 없다고 여기는 부분을 보완해 성취감, 의미, 목적을 달성하는 것입니다.

당신의 목적은 주로 당신의 1순위 가치의 표현이며 부분적으로는 2순위, 3순위 가치의 표현이기도 합니다. 최우선가치를 달성하기 위해서는 굳이 동기부여가 필요하지 않습니다. 영감과 동기부여는 서로 다릅니다. 영감은 스스로를 최우선가치에 맞추고 적응시키는 것, 즉 나 자신을 알고 자발적으로 그에 맞게 행동하는 것입니다. 반면 동기부여는 다른 무언가가 되려고 노력하는 것, 즉 외적 영향력이나 동기에 의해서 행동이 유지되는 것입니다.

당신이 일생 동안 이룰 사명은 최우선가치에 따라 살아가는 것입니다. 그 가치를 결정하는 요인은 당신이 은밀하고 개인적인 공간을 채우는 방식, 시간과 돈을 쓰는 방식, 당신에게 활력을 주는 것, 당신이 원하는 삶에 대한 생각이나 상상 및 내적 대화를 지배하는 것 가운데 실현될 확률이 높은 것, 다른 사람과의 대화 주제, 당신에게 영감을 주는 것, 당신이 지속적으로 달성 중인 목표, 자발적으로 배우고 싶은 것 등 다양하지요.

내 사무실에 가보면 책이 많은데, 이는 나의 최우선가치 중 하나가 인간의 행동 및 의식의 진화와 관련된 우주의 법칙을 연구하고 배우는 것임을 보여줍니다. 이는 본질적으로 내게 중요하기 때문에 아무도 내게 그에 대한 동기를 부여할 필요가 없습니다. 하지만 요리나 운전처럼 내 가치 목록의 하위에 있는 것들에 대해서는 동기부여가 필요할 때도 있습니다.

다시 한번 말하건대 우리는 가장 중요하게 여기는 일을 해낼 때 가장 회복탄력적입니다.

자신의 하위가치를 위임하는 방법을 배우고 상위가치가 무엇인지 알아내 그것을 고수하는 것, 이것이 바로 삶의 지혜입니다. 그러면 낮은 가치를 가진 것도 좀 더 높은 가치를 가진 것과 연결할 수 있기 때문에, 덜 중요한 일을 남에게 맡기기 전까지는 당신에게 많은 영감을 줄 수 있습니다. 예를 들면 이런 식으로 생각하는 것이지요. '별로 중요하지 않은 이 행동, 의무 또는 책임을 수행하는 것(완전히 남에게 맡기기 전까지 임시적으로)이 나의 최우선가치, 사명 또는 목적을 이루는 데 구체적으로 얼마나 도움이 될까?'

지혜란 사랑하는 사람들에게 세심한 주의를 기울여 그들이 자신의 공간을 어떻게 채우는지, 에너지와 시간과 돈을 어떻게 쓰는지, 또 그들이 어떻게 대화하고 무엇을 배우고자 하는지 알아내는 것입니다. 당신이 그들의 최우선가치를 알고 그 가치를 존중하며 그것을 기반으로 소통하면, 그만큼 당신은 존중과 성취감 있는 관계를 맺을 수 있습니다.

당신의 행동이 당신의 최우선가치와 완전히 일치할 때 당신은 더 많은 영감을 받고, 당신이 하는 일을 사랑하며, 좋아하는 일을 하게 됩니다.

이야기를 하나 해볼게요. 한 여자가 집을 나섰다가 흰 수염을 길게 기른 세 명의 현자를 만났습니다.

"당신들은 누구인가요?" 여자가 물었지요.

세 현자 중 한 남자가 말을 꺼냈습니다. "여기 이 남자는 부Wealth입니다. 이 남자는 성공이고, 나는 사랑입니다. 남편은 집에 계시나요?"

여자가 집으로 들어가 남편에게 세 현자가 밖에 와 있다고 말하자, 남편은 "안으로 모시지 그래요?"라고 말했습니다.

여자는 나가서 그들에게 들어오라고 했지만, 그들은 "아니, 우리는 한 번에 한 명씩만 들어갈 수 있으니 누가 들어가면 좋을지 고르세요"라고 말했습니다.

여자는 다시 들어가 남편에게 물었습니다. "누구를 들어오라고 할까요?"

"부를 들어오게 해요." 남편이 대답했습니다.

"아니, 성공을 부르고 싶은데요." 아내의 생각은 달랐습니다.

그러자 곁에 있던 딸이 말했습니다. "아니, 사랑을 불러요. 우리 가족에게는 사랑이 더 필요해요."

"네 말이 맞는 것 같아. 사랑을 부르자." 여자는 밖으로 나가서 말했습니다. "사랑 님, 먼저 들어오세요."

사랑이 안으로 들어가자, 다른 두 명이 그의 뒤를 따랐습니다.

여자가 눈을 동그랗게 뜨고 말했지요. "한 번에 한 명씩만 들어오실 수 있다면서요?"

"아니요, 만약 당신이 성공을 들어오게 했다면 성공만 들어갔을 테고, 부를 들어오게 했다면 부만 들어갔을 겁니다. 하지만 사랑을 들어오게 했으니 우리 셋 다 들어가야겠죠. 사랑이 있는 곳에는 성공과 부가 따르게 마련이니까요."

다시 말해, 마음속에 무엇이 있는지를 발견하고 최우선가치를 따르는 것은 우리 각자의 우주 안에서 가장 영감을 주고, 의미 있고, 만족스러운 것을 이루는 방향으로 나아가는 것과 같습니다. 우리는 자연스럽게 우리 삶을 완성하는 데 도움이 되는 가장 울림 있는 사람, 장소, 사물, 사건을 끌어들입니다.

자기 자신에게 주의를 기울이지 않고 방황하며 살아가는 사람이 많습니다. 하지만 고대 그리스의 예언자가 "너 자신을 알라"고 말했듯 자신을 아는 것은 매우 중요합니다. 나의 최우선가치를 알면 알수록 나의 반응과 내가 사물을 보는 방식을 더 잘 이해할 수 있게 됩니다. 또 나의 사명이 무엇인지도 알 수 있는데, 사명이란 최우선가치의 표현이자 실천이기 때문입니다.

맡은 사명을 다할 때 우리는 어떤 일에 대해서든지 가장 큰 회복탄력성과 적응력을 발휘하게 됩니다.

영감의 순간들

우리가 최우선가치에 발맞추고 있음을 보여주는 하나의 신호가 있습니다. 바로 영감의 순간입니다. 영화를 보거나 음악을 듣다가 눈에 영감의 눈물이 맺힌 적이 있나요? 그렇다면 그 순간 당신에게 영감을 준 말이나 가사뿐 아니라 어떤 일이 일어났는지를 정확히 확인하고 적어두는 것이 현명합니다. 그 순간의 모든 것이 당신에게 특별한 의미를 지니기 때문입니다.

나는 내 삶을 되돌아보며 10대 때부터 나에게 영감을 줬던 음악을 훑어본 다음 그 테이프와 CD를 구입했습니다. 그리고 그 음악을 다시 듣다가 그때와 같은 영감의 눈물이 흐르는 순간에 가사를 받아 적었습니다. 그렇게 모아놓고 보니, 그 가사는 오늘날 내가 세미나에서 다른 사람들에게 들려주는 이야기와 주요 메시지가 같았습니다.

영감의 눈물은 당신이 가장 진실하고, 당신의 최우선가치와 조화를 이룰 때 찾아옵니다. 이는 당신이 현존하고, 진실하다는 것을 알려주는 당신 몸의 생리적·심리적인 피드백입니다. 그런 경험을 할 때마다 그 순간을 세심하게 확인하세요. 당신에게 영감을 준 말이 무엇인지 살펴보고 그 순간 당신의 마음에서 무슨 일이 벌어졌는지를 정확히 알아보세요. 그런 다음 그 말의 본질을 중심으로 삶을 구조화한 뒤에 당신이 얼마나 더 적응력 있고, 강력하고, 회복탄력적이 되는 지 지켜보세요.

러브 리스트 작성하기

자신이 좋아하는 것을 적어보면 인생의 사명을 표현하는 데 도움이 됩니다. 나는 그것을 러브 리스트love list라고 부릅니다. 이는 도취 리스트와는 다릅니다. 도취란 실행이나 달성과는 거리가 먼 환상과 같은 것이기 때문입니다. 러브 리스트는 당신이 마음속으로 정말 하고 싶은 것, 어쩌면 오래전부터 품어왔던 것들입니다. 당신이 아는 것에서부터 시작해서 모르는 것으로 나아가세요. 그래야 아는 것은 많아지고 모르는 것은 아는 것에 의해 사라집니다. 계속 쓰고, 다시 읽고, 다듬어나가세요.

나는 열일곱 살 때 러브 리스트 작성을 시작했습니다. 당시 나는 남은 평생 동안 내가 무엇을 하고 싶어 하는지를 알아내는 데 도움을 준 훌륭한 스승님을 만났습니다. 그리고 오늘날 나는 그때 작성한 것들을 하며 살아가고 있습니다. 몇 번의 수정을 거친 나의 글은 다음과 같습니다. '나는 몸, 마음, 영혼과 관련된, 그리고 특히 치유를 위한 우주의 법칙을 연구하는 데 내 삶을 바치겠다. 세상을 여행하며 나의 영감을 공유하는 교사이자 치유자, 철학자가 되고 싶다.' 이 글을 적어놓고 수천 번도 넘게 읽었습니다. 그 내용을 마음속에 그려보고, 확언하고, 꾸준히 집중하고 다듬어나갔습니다.

당신의 사명을 펼치려면 당신이 아는 것에서부터 시작해서 그것을 성장시키고 계속 다듬어나가야 합니다. 처음에는 좀 막연하고 불안하게 느껴지겠지만 결국에는 안정되어 갑니다. 스스로에게 "나는 지금 세상에 봉사하는 나의 장엄하고 가장 고무적이고 의미 있는 사명을 밝히고 있다"라고 말하십시오.

많은 사람이 장엄함과는 거리가 먼 하찮은 삶을 살아갑니다. 장엄함은 최우선가치와 조화를 이루고, 영감의 눈물과 어렴풋이 빛나는 지혜의 순간으로 우리를 인도하는 가장 진실한 상태를 받아들일 때에야 비로소 나타납니다.

당신이 인생에서 무엇을 하고 싶은지를 스스로 밝히지 않으면 다른 누군가가 대신 밝혀낼 겁니다. 당신이 원하는 삶을 정확히 밝혀내야 다른 사람이 그것을 대신할 가능성이 줄어듭니다.

삶을 주도적으로 지휘하고 설계하면 명확성과 회복탄력성의 수준이 높아집니다.

네 살쯤 되었을 때 집 주변의 잡초를 뽑는 일을 했었는데, 다 끝냈다 싶으면 처음부터 다시 풀을 뽑아야 했습니다. 잡초는 골치가 아플 정도로 끈질겼습니다. 풀을 열심히 뽑아서 집 한쪽에 모아두면 뽑은 자리에서 금세 다시 자라나고는 했지요.

당시 우리 옆집에는 그럽스 부인이라는 사랑스러운 할머니가 사셨습니다. 80대인 그 할머니의 예쁜 뒷마당에는 꽃과 벌새가 살았지요. 어느 날 그럽스 할머니가 울타리 너머로 몸을 구부리며 말했습니다.

"존, 꽃을 심지 않으면 영원히 잡초를 뽑아야 한단다."

마침 차고에 리마콩 한 봉지가 있어서 나는 집을 둘러가며 10센티미터 간격으로 콩을 심었습니다. 그리고 얼마 후집 전체가 콩줄기에 둘러싸였습니다. 우리 부모님은 인내심이 많으셔서 아무 말도 하지 않으셨지만, 아무리 내가 좋은 뜻으로 한 일이라는 걸 아셨다 해도 집 전체를 둘러싼 콩을보고 그걸 다 먹을 생각에 낙심하셨을 겁니다.

마음속 정원에 꽃을 심지 않으면 우리는 영원히 잡초를 뽑아야 합니다. '나는 가치 있는 사람이다. 나는 훌륭하다. 나는 내 사명에 대한 통찰력을 충분히 얻기 위해 시간과 노력을 기울일 자격이 있다. 나는 내 가치관, 영감, 내가 하고 싶은 일을 주시하며 그 우선순위에 집중하고 있다'라고 마음을 다잡으세요.

사명을 밝히기 위해 취해야 할 다음 단계는 당신이 과거에 했던 봉사활동이나 직업적 경력을 돌아보고 그 밑바탕에 깔린 공통된 맥락을 찾는 것입니다. 당신이 종사했던 모든 일을 나열해보면 공통적인 요소가 발견될 것입니다. 우리 삶의 질은 우리가 던지는 질문의 질에 기반합니다. 우리 마음과 연결된 공통적 맥락을 깊숙이 파고드는 질문을 던진다면, 우리 마음은 사명을 드러낼 것입니다.

사명을 확인할 때에는 우리가 영웅으로 여겨왔던 모든 사람, 즉 "나도 그렇게 할 수 있다면, 아니면 그 사람을 만날 수 있다면 좋겠어"라고 말했던 사람을 떠올리며 적어보는 것이 좋습니다. 나는 당신에게도 만나고 싶었던 사람들이 있으리라고 확신합니다. 그들의 목록을 작성해보세요. 이번에도 그 영웅들에게서 공통적 맥락을 찾을 수 있을 것입니다. 당신이 다른 사람들에게서 발견한 존경할 만한 점은 이미 당신 안에 있으며, 알아봐주고 인정해주기를 기다리고 있습니다.

나는 위인들의 전기를 읽는 것을 좋아합니다. 산문, 시, 과학, 철학, 아니면 그 밖의 다른 분야에서 역사에 길이 남을 영향을 미친 사람이라면 누구든 말이지요. 그런 사람들의 전기를 즐겨 읽는 이유는 '그들이 할 수 있다면 나도 할 수 있다'고 생각하고 믿기 때문입니다. 또한 역경을 이겨낸 사람들의 이야기도 즐겨 읽는데, 나에게 새로운 통찰력을 주고 내가 겪는 어려움을 극복하도록 영감을 주기 때문입니다. 나도 나만의 방식으로 같은 행동을, 같은 정도로 했던 상황을 찾아봅니다. 내게도 다른 사람들에게서 발견한 존경스러운 부분이 분명히 있습니다. 그렇기에 나의 인식에 대해 더 많이 성찰합니다. '내 안에 부족한 것은 없다. 그저 나만의 고유한 형태를 띠고 있을 뿐'이라고 스스로에게 상기시킵니다. 위인 가운데 다수가 조롱을 받거나 때로는 심한 반대에 부딪혔다는 사실도 위안을 줍니다. 에머슨**Ralph Waldo Emerson**의 말처럼 "위대하다는 것은 오해받는 것"이므로(나는 오해받는 경우가 많아서 이 말에 큰 도움을 받았습니다).

또 다른 유용한 연습은 매일 당신의 러브 리스트를 읽으며 스스로에게 "나는 고무적이고 장엄한 사명을 수행하는 중이다. 나에게는 이 지구상에서 해야 하는 의미 있고, 강력하고, 굉장히 중요한 임무가 있다"라고 말하는 것입니다. 뭔가 중요한 일을 하기 위해 존재한다고 믿으면 그 믿음이 당신의 삶에 나타날 것입니다. 작게 생각하면 작게 나타나고, 크게 생각하면 크게 나타납니다. 그러므로 그 장엄함이 과연 무엇인지를 분명히 정의하고, 행동으로 옮기세요. 그럴 때 당신은 탄력적으로 빛납니다.

오래도록 남기고 싶은 것

삶의 마지막 순간에 '내가 누구였는지, 내가 어떤 영향을 끼쳤는지 아무도 몰랐으면 좋겠다'고 생각하는 사람은 없을 겁니다. 당신의 내면에는 기여와 불멸을 동경하는 마음이 있습니다. 우리의 육신은 될 수 있으면 오래, 가능하다면 영원히 살고자 하는 비합리적이면서도 합리적인 욕망을 가지고 있습니다. 대부분의 사람은 사후에 어떤 형태로든 정보가 보존된다고 믿기 때문에 마음 한구석으로는 불멸적 발상을 동경합니다. 영적으로 우리는 불멸의 삶을 살고자 합니다. 정신적으로 우리는 육체적인 삶이 끝난 뒤에도 다른 사람들에게 꾸준히 기억될 만한 어떤 사상적인 기여를 남기고 싶어 합니다. 일생 동안 이룬 업적이 삶보다 오래가고 그것이 사라지지 않기를 바랍니다. 또한 그것을 우리 아이들이나 우리를 위해 일하는 누군가에게 물려주고 싶어 하며, 그 일이 유지되기를 바랍니다. 보통은 재정적으로도 사는 동안 돈을 다 써버리기보다는 삶의 마지막 순간에 돈이 남기를 원하지요.

자식이 자기보다 오래 살기를 원하는 욕망도 있습니다. 90대 후반이신 우리 할머니와 조깅을 하고 있을 때였습니다(속도는 느렸지만 할머니는 야외 운동을 즐기셨어요). 나는 "할머니가 90대에 겪은 가장 힘들었던 일은 뭐예요?"라고 물었지요.

"자식이 나보다 먼저 떠난 거지." 실제로 할머니는 자식 가운데 몇을 먼저 떠나보내야 했습니다. 할머니는 마음 한구석으로 불멸적 발상을, 자식들이 자기보다 오래 살기를 원하셨던 겁니다.

우리에게는 또 다른 목표도 있습니다. 사회에 기억될 만

시크릿 회복탄력성

한, 잊히지 않을 만한 영향을 미치는 것입니다. 물론 육체적으로도 원하는 만큼 생이 유지되기를 바랍니다. 이렇게 불멸에 대한 우리의 동경은 실로 엄청납니다.

어떻게 하면 그런 불멸의 영향을 미칠 수 있을까요? 먼저, 우리의 최우선가치에 기반한 사명을 분명히 해야 합니다. 사명에 집중하는 것은 열정을 모아 삶에 불을 붙인다는 점에서 돋보기로 빛을 모으는 것과 비슷합니다. 열정적인 사람은 활기 없고 따분한 사람에 비해 더 많은 사람의 마음을 끌고 그들을 매료시킵니다. 확실하고, 강력하고, 열정적이며, 자기가 하는 일에 영감을 받는 사람들은 스스로 기회를 이끌어내며, 직접적으로 또는 파급 효과를 통해 더 큰 불멸적 영향력을 남깁니다.

나보다 더 큰 뜻

세상을 변화시키려면 당신만의 충분한 이유가 필요합니다. 최근 내 세미나에서 한 신사가 말했습니다. "저는 정말 이것을 하고 싶습니다."

"그렇게 하고 싶은 지 얼마나 되셨나요?"

"어, 한 10년 정도요."

"그런데도 아직 안 하셨다고요?"

"네."

"그렇다면 그건 당신이 정말로 하고 싶어 하는 일이 아닙니다."

"그게 무슨 뜻인가요?"

"정말로 하고 싶은 일이었다면 이미 하셨겠죠. 그러니까 당신은 다른 누군가의 삶을 살려고 노력하고 있는 건지도 몰라요."

충분한 이유가 있으면 방법은 저절로 생깁니다. 반면 충분한 이유가 없으면 방법도 생기지 않는 법입니다.

『경제학 원리Principles of Economics』를 쓴 알프레드 마셜Alfred Marshall은 인간의 동기는 그 정도가 어떻든 간에 경제적으로 측정될 수 있다고 말했습니다. 무엇이 당신을 움직이게 하는지, 그리고 어떤 행동을 하게 하거나 멈추게 하려면 얼마의 비용이 드는지 정확히 알 수 있다는 것이죠.

당신이 애연가인데, 내가 10분 동안 담배를 안 피우면 2천 달러를 주겠다고 제안했다고 가정해보죠. 당신은 "10분은 참을 수 있지"라고 말할 겁니다. 만약 내가 2만 달러를 준다면 당신은 한 시간 동안 참을 수 있을까요?

당신이 꿈을 실현하지 못하고 미루고만 있다면, 이는 그 꿈을 이루는 데 필요한 행동이 당신의 가치순위에서 비교적 낮은 자리를 차지하고 있음을 의미합니다. 만약 내가 "앞으로 48시간 안에 그 일을 끝내면 100만 달러를 줄게요"라고 말한다면 어떨까요? 당신은 그 일을 끝낼까요? 보상금이 걸리면 그 일은 당신의 가치순위에서 일시적으로 상위를 차지할 겁니다. 요점은, 내가 당신에게 필요한 행동을 시작해야 할 충분한 이유를 제공하면 당신은 그 일을 한다는 겁니다. 이유가 충분할 때, 방법은 저절로 생깁니다.

당신이 하고 싶다고 말하는 일을 당신의 최우선순위와 연결할 때, 그 일을 할 확률은 더 높아집니다. 그러면 당신은 삶에서 더 많은 영감을 받고, 더 회복탄력적이 되며, 사회에 더 큰 영향을 미치게 될 것입니다.

왜 그럴까요? 종종 '진심heart and soul'이라는 단어로 표현되는, 가장 진실하고 높은 가치를 지닌 자아에 귀를 기울일수록 우리는 더 많은 영감을 받게 됩니다. 그리고 영감을 받으면 받을수록 시야가 넓어집니다. 두려움과 죄책감은 우리를 위축시키는 반면, 사랑과 감사는 우리를 크게 만들며 마음으로부터 영감을 불러일으킵니다. 감사는 사랑과 영감이 흘러나오는 마음의 문을 여는 열쇠와 같습니다. 감사는 우리 의식을 자연스럽게 확장시켜 더 큰 공간과 시간의 지평을 보게 하고, 우리를 두렵게 하거나 혼란스럽게 하는 것들에 대해 더 큰 회복탄력성을 지니게 해줍니다.

우리 자신보다 더 큰 대의가 없는 한 우리는 변화할 수 없고, 습관에 지배됩니다. 당신이 스스로를 변화시키고 싶다면 당신보다 더 큰 대의나 사명을 반드시 가져야 합니다. 만약 연단에 서서 강의를 하면서 당신이 나를 어떻게 생각할지를 걱정한다면, 나는 나에 대해 생각하느라 강의를 제대로 못 할 겁니다. 그러나 내가 아니라 당신을 생각하면, 나에 대해 인지하지 못할 겁니다. 심지어 내 옷깃이 뒤틀리거나 지퍼가 열려 있어도 당신을 생각하고 있다면 그런 건 중요치 않습니다. 그런 일로 내가 당황할 일은 없습니다.

결국, 내가 우리 집에 변화를 일으키고 싶다면 적어도 지역사회만큼 큰 대의를 일깨워야 합니다. 지역사회에 변화를 일으키고 싶다면 내가 사는 도시만큼 큰 대의가 필요할 겁니다. 도시에 변화를 일으키고 싶다면 그 도시가 있는 도만큼 큰 대의가 필요합니다. 내가 도내 일인자가 되고 싶다면 국가적 사명이나 비전, 즉 국가적 대의가 필요할 겁니다. 나아가 국가적인 영향력을 가지려면 세계적 비전, 즉 세계적 대의가 필요합니다. 그리고 이 지구상에서 세계적인 영향력을 펼치려 한다면 우주적 대의가 필요할 겁니다. 그리스인은 젊은이들에게 천문학을 가르친 소크라테스와 플라톤을 비웃었지만, 사실 그들은 천상적으로 생각하면서 지상을 돌아보는 데 익숙해지려고 노력했던 것입니다.

우리는 영적인 경험을 하는 물리적 존재라기보다는 물리적이고 지상적인 경험을 하는 영적이고 천상적인 존재입니다. 하지만 우리는 우리 삶을 천상적이기보다는 지상적인 것으로 여기는 경향이 있습니다. 가만히 앉아서 밖을 내다보면 우리는 그 광대함에 압도당하고 맙니다. 인식과 영향력을 확대하고 더 분발하여 밖으로 나가 들여다보면, 사실 세상이란 우리가 만들고 창조해나가는 것이지요. 그러므로 세상에 큰 영향력을 미치고 싶다면 우주적인 비전에 눈을 뜨는 것이 현명할 것입니다.

에머슨은 그의 에세이 「순환Circles」에서 우리의 진정한 자아 또는 영혼이 우리를 점점 더 거대한 동심원, 더 거대한 공간과 시간의 지평으로 끌어당긴다고 말합니다. 나는 우리 내면 깊숙이 자리한 지배적 생각 속의 시공간적 지평의 규모가 우리의 의식적 진화 수준을 결정한다고 말하곤 합니다. 우리가 그저 하루하루를 살아가는 거리의 부랑자와 같은 관점으로 생각한다면 우리의 진화 수준은 보잘것없고 한정적일 겁니다. 주 단위나 월 단위의 생각도 여전히 다소 제한적이지요. 마음속의 시공간적 규모는 우리의 가장 진정한 영감에 귀를 기울이려는 의지에 의해 결정됩니다. 다른 사람의 우선가치 속에서 살아가려고 하고 그로 인해 발생하는 애호나 혐오(또는 자부심이나 수치심)가 우리 삶을 지휘하도록 내버려둘수록 우리는 더욱 위축됩니다. 현명한 사람은 진실하고, 더 폭넓고 고무적이며, 영원성에 대해 생각합니다.

사명을 따르고 변화를 일으키고 싶다면 내면을 돌아보고 나 자신을 발견하고, 확장하고, 스스로에게 영감을 주는 것이 현명합니다. 우리는 우리가 하고 싶은 행동과 우리에게 가장 중요한 최우선가치를 연결할 수 있습니다. 우리는 가치 목록에서 순위가 낮은 일을 미룰 뿐, 영감을 주는 일의 실행은 뒤로 미루지 않습니다.

당신은 또한 러브 리스트(당신이 현실로 만들고 싶은 목표들의 목록)를 계속 확장하고 다듬을 수 있습니다. 나는 1972년에 러브 리스트를 처음 작성하기 시작했어요. 나의 꿈과 사명이 담긴 그 리스트는 이제 서른세 권짜리 전집이 됐습니다. 나는 그것을 컴퓨터 화면에서 또는 출력물로 매일 읽습니다. 풀이 담긴 통에 손을 넣으면 풀이 달라붙기 마련이지요. 만약 내가 위인들이 남긴 불후의 업적에 마음을 쏟고 그들의 생각을 내 러브 리스트에 더한다면 그중 일부는 내게 달라붙을 겁니다. 만약 나의 영감을 글로 쓰는 순간에 거듭 마음을 쏟는다면 그 영감은 내 삶에서 현실로 나타나기 시작할 겁니다.

우리는 공동 재단시로서 여기에 있습니다. 우리는 이 세상의 문제를 받아들이고, 크나큰 영감이 가득한 확신과 표현력으로 그것을 빚어내기 위해 존재합니다. 가장 강력한 표현력과 집중력을 가진 사람이 주변 세계의 자원을 끌어내고 실현을 해냅니다. 자신의 마음속 가장 깊은 곳에 있는 진정한 자아 또는 영혼에 귀를 기울이는 사람은 자신의 지평을 넓히고 그 넓힌 지평으로부터 다시 내면을 바라봅니다. 매일 당신의 사명을 읽고 계속 다듬어나간다면 당신의 시야는 분명해지고, 당신이 그 안에 포함시킨 세부사항은 당신이 직면

할지 모르는 장애물과 문제를 해결해줍니다. 당신이 빠뜨린 세부사항 하나하나가 장애물이 되어 등장한다고 해도 말이지요.

당신의 내면 깊숙이 자리한 지배적 생각은 가장 명백한 현실이 됩니다. 당신의 비전이 명확할수록 당신의 삶은 더욱 회복탄력적이 됩니다.

숨쉬기만큼 간절하게

한번은 어느 젊은 남자가 소크라테스에게 다가와 말했습니다. "소크라테스, 저는 지혜로운 사람이 되고 싶습니다. 당신이 아는 모든 것을 배우고 싶어요. 당신이 아는 모든 것이 되고 싶고, 알고 싶습니다."

소크라테스는 그 젊은이를 해변으로 데려가 바닷물에 들어가게 했습니다. 그리고 말했습니다. "배우고 싶다고?"

"저는 모든 것을 배우고 싶습니다. 거기에 전념할 자신도 있습니다. 저는 당신의 가장 훌륭한 제자가 될 겁니다."

소크라테스는 그 젊은이의 머리를 물속에 밀어 넣고 그대로 있게 했습니다. 젊은이는 몸을 꿈틀대며 저항하기 시작했지요. 그러자 소크라테스가 그를 끌어올렸습니다.

젊은이가 말했습니다. "소크라테스, 저는 진심으로 당신에게 배우고 싶습니다."

"그래, 배우고 싶다고?" 소크라테스는 다시 젊은이의 머리를 물속으로 밀어 넣고, 이번에는 그가 살기 위해 발버둥 칠 때까지 1~2분쯤 그대로 두었습니다.

마침내 머리를 내민 젊은이가 말했지요. "소크라테스, 도대체 무슨 짓입니까? 당신은 미쳤군요. 당신에게서 배움을 얻으려는 나를 죽이려고 하다니요."

소크라테스는 다시 젊은이의 머리를 물속에 담그고 그의 몸이 축 늘어질 때까지 2~3분쯤 기다렸습니다. 그러고는 그를 안아 올려 해변으로 데려가 눕힌 다음 의식을 되찾게 해주었습니다. 젊은이가 물을 뱉으며 다시 깨어났을 때 소크라테스는 말했습니다. "방금 자네가 그토록 숨쉬기를 원했던 것만큼 나에게 배우고자 한다면, 나는 자네를 가르치겠네."

당신의 최우선가치와 연결된 충분히 큰 이유가 있다면, 스승은 나타나게 마련입니다. 길잡이, 창의력 그리고 그 밖에 필요한 모든 것이 생겨나고 드러날 겁니다.

강력해지는 나

이제 생각해보세요. 만약 누군가가 다가와 당신을 강하게 비난한다면 당신은 일터에 가서도 마음이 혼란스럽겠지요. 당신이 푹 빠져 있거나, 원망하거나, 당신의 마음을 갉아먹는 사람은 당신을 지배하며 그로 인한 심적 혼란은 당신을 무력하게 만듭니다. 당신이 누군가에게 푹 빠지거나 원망하도록 스스로에게 허용한다면, 이는 그들이 당신을 혼란스럽게 하고 제압하도록 내버려두는 것과 같습니다. 그러면 당신은 내면이 지배하는 삶을 살지 못하며, 그들에 대한 당신의 불균형한 인식이 당신을 지배하게 되지요. 알지 못하는 사이 무력화된 당신은 감정적이고 불확실해지고, 공상이나 공포로 인해 산만해집니다.

누군가를 떠받드는 것은 그들 앞에서 당신 스스로를 최대한 축소하는 행위입니다. 그렇다고 그들을 깎아내리고 거부한다면 어떻게 될까요? 그들이 다시 올라올까 봐 두려워 또 주위가 산만해집니다. 당신을 누군가의 위나 아래에 두거나, 반대로 누군가를 당신의 위나 아래에 두면 당신은 무력화됩니다. 누군가를 당신의 위나 아래에 두면 그들에 대한 잘못된 인식이 당신을 지배합니다. 당신이 떠받드는 사람이 결국 무시당하게 되기도 하고, 당신이 무시하는 사람이 결국 중요한 위치에 오르기도 합니다. 하지만 당신이 그들과 균형을 유지하고 당신의 인식 속에서 균형을 이뤄낸다면, 당신은 그 순간 그들을 마음으로 받아들이게 될 것입니다. 당신은 그들을 아끼기 때문에 과대 포장하거나 무시하지 않으며, 그들을 떠받들거나 우습게 보지 않습니다. 사실 그들 모두가 사랑받을 만한 존재이고, 무시당해도 되는 사람은 아무도 없습니다. 떠받들어져야 하는 사람도 마찬가지로 없습니다.

균형 잡힌 인식을 표현하는 만큼 우리 자신은 강화됩니다. 다른 사람을 판단하고 그들을 떠받들거나 무시하면 그만큼 우리는 무력화됩니다. 각자의 사명을 다하고 세상에 영향을 미칠 만큼 스스로 강해지고 회복탄력적이 되려면, 주변 사람들에 대한 잘못된 인식이 우리를 지배하지 못하도록 하는 기술을 터득해야 합니다. 균형 잡힌 인식을 유지하도록 노력해야 합니다. 인식의 균형을 잡아주는 좋은 질문을 던질 수 있다면 주변 사람이 아니라 당신 스스로 당신을 지배하게 될 겁니다. 가장 균형 잡힌 인식을 가지고 가장 많이 사랑하는 사람이 게임을 좌우하는 법입니다.

칭송하지도 무시하지도 말 것

연애를 하면서는 상대방에게 끌릴 때도 있고, 상대방이 싫을 때도 있기 마련입니다. 당신은 상대방을 좋아하기도 하고, 싫어하기도 합니다. 끌림과 거부감. "내 가까이로 와." "내 눈앞에서 사라져." "나를 두고 가지 마." "날 내버려둬." "나는 당신을 원해." "저리 가버려." 우리는 이러한 역학 속에서 오락가락하며, 이는 '조건부 사랑의 역학dynamics of conditional love'이라고 불립니다. 끌림과 거부감은 조건부 사랑의 양면입니다. 당신은 때로는 사랑하는 사람을 떠받들고, 때로는 무시하지요. 어떤 때에는 그 사람을 지지하다가도, 다른 때에는 반발합니다. 당신은 그를 좋아하다가 싫어하다가 오락가락합니다.

당신이 완벽하게 균형 잡힌 인식을 갖추고 무조건적인 사랑이라는 은총의 순간에 안착하지 않는 한, 관계는 계속 그렇게 흔들릴 것입니다. 무조건적인 사랑의 순간에는 파괴할 수 없는 신성한 친밀함이 형성됩니다. 그 나머지 때에는 외적 환상에 대한 인식에 지배당하는 감정적인 내면의 환상에 사로잡힙니다. 강화되고, 현재에 집중하며, 확신하는 사람은 균형 잡힌 통각**apperceive**(인식을 자기의 의식 속으로 종합하고 통일하는 것)을 할 수 있습니다. 인식이 불균형한 사람은 인식적 쓰레기를 가진 것과 마찬가지이며, 쓰레기를 넣으면 쓰레기밖에 나오지 않습니다.

그러한 인식의 불균형이 크면 클수록 우리 자신과의 관계, 주변 사람들과의 관계는 스트레스가 됩니다. 균형을 맞출수록 우리 관계는 안정되고, 현재적이며, '유스트레스 **eustress**(유익하고 건강한 스트레스)'적이 됩니다. 이것이 우리가 스스로를 강화하는 방법입니다. 또한 다른 사람의 가치관을 확인하고 그들의 관점에 따라 우리의 최우선가치를 전달하고자 배려하는 것도 우리 스스로를 강화하는 방법입니다.

배려란 당신의 가치를 축소하고 다른 사람의 가치를 강

조하는 것을 의미합니다. 상대방을 기쁘게 하기 위해 살얼음판을 걷는 것처럼 조심하는 것입니다. 반면에 부주의란 당신이 우선시하는 가치가 더 중요하다고 독선적으로 생각하고 다른 사람들에게 당신의 가치를 투영해 그들이 당연히 그 가치에 따라 '살아야 한다'고 여기는 것입니다.

당신의 최우선가치를 다른 사람들의 관점에 맞추어 정중히 전달하는 배려심도 있습니다. 당신은 당신과 상대방을 똑같이 존중합니다. 바로 이것이 당신의 관계를 공정하고 지속 가능하게 만들어주는 교류의 열쇠입니다. 배려심은 회복탄력성, 안정감, 인내심을 만들어내고, 그 외의 것은 불안정하고 일시적인 감정적 상태일 뿐입니다.

누군가를 떠받드는 것은 그들의 가치체계에 복종하는 것과 같습니다. 당신이 "나는 이렇게 해야 돼"나 "나는 저렇게 해야 해"라고 말한다면 이는 그들의 가치를 당신 삶에 주입하고 있는 것과 마찬가지입니다. 어떤 외부의 권위와 비교하면서 당신 자신을 축소하고, 그 권위 및 가치체계에 당신 삶의 저작권과 통치권을 부여하는 것입니다. 당신의 가치순위가 당신의 운명을 좌우한다는 것을 기억하세요. 다른 사람의 삶을 살고자 하는 노력은 당연히 헛된 일이며 치명적인 결과를 초래할 수 있습니다. 에머슨의 말처럼 "질투는 무지이며 모방은 자살"입니다. 다른 사람의 가치관에 따라 살아가려고 하면 동기부여가 잘되지 않습니다. 다른 누군가가 되려고 노력하면서 정작 자신에게 중요한 것이 내면에서 외부로 표출되는 것은 막는 셈이기 때문입니다.

자신의 최우선가치에 따라 사는 데에는 외부 동기가 필요하지 않지만 다른 사람의 가치에 따라 살려고 하면 엄청난 외부 동기가 필요합니다. 다른 이들을 떠받들면 그들의 삶이 당신의 삶보다 더 중요하게 생각될 수도 있습니다. 이 세상의 많은 사람이 그렇게 살다가 자기도 모르게 순교자처럼 희생됩니다.

이번에는 반대 상황을 생각해봅시다. 당신은 남들보다 당신이 더 대단하고 훌륭하고 뛰어나다는 생각에 독선적으로 행동하다가 오만하게 그들을 무시할 수도 있습니다. 다른 사람의 가치관을 당신에게 주입하는 것이 아니라 당신의 가치관을 그들에게 투영하는 것이지요. "너는 이렇게 해야 돼." "너는 저렇게 해야만 해." 이 역시 무익한 태도입니다.

두 경우 모두가 당신을 무력하게 하며 그런 상태에서는 당신의 삶을 효과적으로 실현하거나 사명을 달성할 수도 없습니다. 다른 사람의 가치관에 따라 살려고 하면 당신의 사명을 수행하고 완수하기 어렵습니다. 다른 사람을 무시하면 그들 역시 당신의 마음속에서 공간과 시간을 차지하며 당신의 삶을 좌지우지합니다. 반대로 그들을 칭송해도 마찬가지입니다. 자아실현이란 다른 사람을 높이거나 낮추는 것이 아니라 그들을 당신의 마음에 담고 당신에게 영감을 주는 것을 그들에게 영감을 주는 것과 관련지어 전달하는 것입니다.

강화의 3가지 영역

내면의 힘을 강화할 수 있는 삶의 영역에는 여러 가지가 있습니다. 그 첫 번째는 '영적 강화'입니다. 영적으로 강화된 사람이란 달라이 라마**Dalai Lama**, 테레사 수녀**Mother Teresa**, 마틴 루터**Martin Luther** 같은 사람이나 본질적으로 추진력과 확장성, 영감 또는 영적 사명을 가진 사람일 것입니다.

여기에 속하는 모든 사람은 각자 나름의 영감에서 비롯된, 혹은 영적인 사명을 가지고 있습니다. 존 F. 케네디**John F. Kennedy** 대통령의 어머니인 로즈 케네디**Rose Kennedy**는 "영감에서 비롯된 내 인생의 사명은 가족을 세계 리더로 키우는 것이다"라고 썼습니다. 그녀는 이 사명에 헌신하고 영감을 받았으며, 그녀의 사명은 실로 웅장하고 조직적인 설계였습니다. 우리는 우리가 받은 삶과 창조한 삶에 대한 감사의 마음으로 이 세상에 기여할 수 있습니다.

두 번째 영역은 '정신 강화'입니다. 정신력을 기르고, 천재성을 일깨우고, 최우선가치 안에서 지식을 추구함으로써, 우리는 높은 주의력에 걸맞은 질서를 세웁니다. 그러면 정신 상태가 더욱 선명해집니다.

당신은 간혹 누군가를 만나고서도 잠시 후 "그게 누구였어?"라고 물으면 "몰라"라고 대답합니다. 하지만 10년이 지나도 기억 속에 남아 있는 사람도 있습니다. 당신은 당신이 우선시하는 가치와 연관된 중요한 사람은 잊지 않지만, 그렇지 않은 사람은 순식간에 잊어버립니다. 우리는 우리와 관련이 없거나 우리의 최우선가치와 연결할 수 없는 사람과 함께 있을 때는 안절부절못하지만, 관련성을 느끼는 사람과는 몇 시간이라도 어울릴 수 있습니다.

연인과 키스할 때는 두 시간이 아주 잠깐처럼 느껴집니다. 기차를 기다릴 때는 아주 잠깐의 시간이 두 시간처럼 느껴지지요. 최우선가치에 맞는 일을 할 때는 시간이 빨라지지만, 최우선가치에 반하는 일을 할 때는 시간이 느려져 영원처럼 느껴집니다. 우리 감정은 시간과 공간을 왜곡하고 우리를 무력화합니다. 반면 균형 잡힌 시각을 가지고 사물을 제대로 본다면 우리는 안정되고, 현재에 충실하고, 강화될 것입니다. 우리 마음이 우리를 인도하여 정신적으로 균형 잡히고 영감을 받는 상태가 되면, 영적인 삶을 강화할 수 있습니다.

세 번째 영역은 '경력 강화'입니다. 우리는 각자 기여할 수 있는 독특한 분야, 즉 우리의 사명, 소명, 전문 기술을 찾음으로써 경력을 강화할 수 있습니다. 몸과 마음은 가장 크게 영감을 받은 사명을 완수할 수 있으며, 우리는 필요한 기술을 습득하고 발현할 수 있습니다. 나의 경우, 그것은 가르치고 연구하고 쓰고 치유하고 철학을 실천하는 일입니다. 그것이 내가 가장 능숙하게 하는 일이며, 가장 좋아하는 일입니다. 나는 내 사무실이나 배 안에서 매일 새벽 3시까지 일할 수 있습니다. 아무도 내가 가장 좋아하는 일을 하도록 외부에서 동기부여를 할 필요가 없습니다.

믿기 힘들겠지만, 당신은 이미 대단한 업적 또는 사람들이 '성공'이라고 부르는 것을 이루었습니다. 하지만 그 업적이나 성공은 저마다의 독특한 최우선가치에 따라 달라집니다. 한번은 어떤 의사가 내게 찾아와 말했습니다. "디마티니 박사님, 제가 더 성공할 수 있게 도와주세요."

"좋습니다, 어떤 성공을 하셨나요?"

"저는 성공하지 않았습니다. 박사님의 도움을 받아 성공하고 싶어요."

나는 다시 말했습니다. "어떤 성공을 하셨죠?"

"디마티니 박사님, 제 말을 잘 안 듣고 계시군요."

"아뇨, 선생님이 대답을 해주셔야죠. 이미 이루신 성공은 무엇인가요?"

"성공하지 못했어요. 제가 바라는 만큼 환자가 많지 않거든요."

"그럼 어떤 성공을 하셨나요? 다시 생각해보세요."

"아내와는 성공적인 관계를 맺고 있다고 생각합니다. 우리는 아주 잘 지내요. 그러고 보니 아들과의 관계도 아주 좋습니다. 저는 아들이 속한 야구팀의 코치인데, 올해 우승을 바라보고 있어요. 또 저는 장모님과 한집에 삽니다. 대부분은 장모님과 별로 안 친한데, 우리는 아주 잘 지내요. 저는 교회에서도 평신도로서 성공적인 사역을 하고 있습니다. 생각해보니 성공한 일이 몇 가지 있네요."

"당신이 최우선가치를 두는 분야에서는 당신이 이미 성과나 성공을 거두고 있다는 걸 알고 계시나요? 지금이 가장 이상적인 상태입니다. 하지만 가치순위를 바꾼다면 다른 형태의 성과나 성공을 얻을 수 있습니다."

그는 본인이 성공했다고 여기는 다른 의사와 자신을 비교하고 있었습니다. 나는 그에게 물었습니다. "그 의사분의 약점, 또는 실패한 점은 무엇인가요?"

잠시 생각한 그는 그 의사가 아내나 자녀와는 사이가 그다지 좋지 않음을 기억해냈습니다.

"그분과 당신의 처지를 바꾸고 싶으신가요?"

"아뇨, 아닙니다. 나는 이대로가 좋아요."

"현재 당신의 모습, 당신이 하고 있고 가지고 있는 것을 존중하고 감사하세요. 그러면 감사할 일을 더 많이 얻고 이루게 될 겁니다."

그는 마침내 자기에게 필요했던 것이 성공이 아니었음을 깨달았습니다. 그는 그저 자기가 이미 이룬 성공의 형태 중 일부를 바꾸고 싶었을 뿐입니다. 당신이 가치순위를 바꾸면 당신이 생각하는 성과나 성공의 형태도 바뀝니다. 당신이 이미 그것을 가지고 있다는 것을 알면 그것을 찾지 않을 겁니다. 은행에 10만 달러를 빌리러 가면 은행에서는 일단 10만 달러 상당의 담보를 요구하지요. 은행에 담보를 제시할 수 있다면 은행은 당신에게 돈을 내줄 겁니다. 마찬가지로, 당신이 이미 성공했다는 것을 확인하는 순간 당신의 삶과 세상은 당신이 가장 우선시하는 형태로 그것을 보여줍니다. 반대로 당신이 그것을 부인하는 순간 당신은 이미 가지고 있는 것을 얻으려는 헛된 시도를 하게 됩니다. 당신이 성공을 인식하지 못하는 이유는 당신의 성공을 다른 누군가가 우선시하는 가치에 맞게 만들어내려고 하기 때문입니다. 이는 당신 자신의 가치체계를 손상시키고 다른 사람의 가치체계를 떠받드는 행동입니다. 당신의 최우선가치를 알아내면 다른 사람이 아닌 당신의 가치순위에 따라 살게 되므로 이미 존재하는 당신의 성취와 성공에 대해 깨닫게 될 것입니다.

내가 인간의 인식과 잠재력을 극대화하는 원칙이나 우주의 법칙을 연구하는 데 인생을 바칠 만한 적임자가 아닐지라도, 내가 틀린 건 아닙니다. 나는 그저 독특한 가치관을 지니고 있을 뿐입니다. 다른 사람은 전혀 다른 뭔가에 그들의 삶을 바칠 수도 있습니다. 그들은 나를 보며 '와, 정말 성공한 사람이네'라고 생각할 수 있겠지요. 나 역시 그들을 보면서 성공한 사람이라는 생각을 할 수 있을 겁니다. 물론 서로를 보며 그렇게 생각하지 않고 각기 다른 가치관을 상대방에게 투영하고 싶어 할 수도 있습니다.

사랑의 양날

진정한 사랑은 좋고, 상냥하고, 달콤하고, 긍정적이지만은 않습니다. 진정한 사랑은 좋으면서도 나쁘고, 상냥하면서도 잔인하고, 긍정적이면서도 부정적이고, 지지적이면서도 도전적이고, 평화로우면서도 전쟁 같고, 합리적이면서도 경쟁적입니다. 일단 사랑을 삶의 여러 상반된 상태의 균형으로 재정의하고 나면, 우리는 하루 24시간 사랑에 둘러싸여 있음을 깨닫게 됩니다. 일방적인 형태의 사랑을 찾는 한 우리는 평생 그것을 찾아다니기만 할 뿐 막상 찾지는 못할 것입니다.

사람들은 내게 와서 말합니다. "디마티니 박사님, 저는 영혼의 짝을 찾고 있어요. 저를 지지해주고, 착하고, 유쾌하고, 또 당연히 멋지거나 잘생겼으면 좋겠어요." 이는 일방적인 상태만을 설명하는 것으로, 마치 자석을 반으로 잘라 한쪽만 얻으려는 것과 같습니다. 자석을 분리할 수 없듯이 사람의 매력이란 긍정적인 면과 부정적인 면, 매력적인 면과 싫은 면, 착한 면과 나쁜 면, 친절한 면과 잔인한 면, 유쾌한 면과 불쾌한 면 등 그 사람의 모든 것을 아우릅니다. "난 네가 좋아"와 "난 네가 싫어", "내 공간으로 들어와, 자기야"와 "내 공간에서 나가"가 공존하지요.

만약 당신이 직장에서 다른 사람들의 지지를 받고 다들 당신을 최고라고 생각한다면, 당신의 배우자는 당신을 공격하는 유일한 사람일 수 있습니다. 하지만 당신이 우울할 때 배우자는 유일하게 당신의 기분을 풀어줄 사람일 겁니다. 사랑하는 관계의 목적은 단지 쾌락적 행복이나 단순한 지지에 있지 않습니다. 당신을 균형 있게 만들어서 진정한 당신이 되도록 하는 데에 그 목적이 있습니다. 당신이 스스로를 높고 크게 평가한다면 당신의 짝은 당신을 끌어내려 균형을 맞춰줄 겁니다. 또 당신이 스스로를 낮게 평가한다면 당신의 짝은 당신을 치켜세울 겁니다. 당신의 배우자는 당신의 진정한 모습을 찾아주기 위해 당신을 압박하거나 깨끗이 씻겨줄 것입니다.

당신이 쾌락에 중독되어 고통을 감수하지 않으려 한다면, 실제로는 관계가 훌륭하게 이루어지고 있는데도 당신은 그렇지 않다고 생각할 수 있습니다. 진정한 사랑이란 동시적인 균형 행위입니다. 당신을 가장 사랑하는 사람은 기꺼이 당신을 치켜세우거나 낮추어 당신의 진정한 모습을 찾아주려는 사람입니다. 자만하면 독선적으로 흐르게 됩니다. 그러면 비극, 비판, 도전과 자기 비하적 상황이 초래되지요. 당신이 스스로를 낮추면 웃음, 칭찬, 응원, 자부심을 키울 수 있는 상황이 생길 겁니다. 그 사이의 중간으로 들어서는 순간 우리는 일시적으로 사랑하는 사람이 무조건적으로 우리를 사랑한다는 것을 느낄 수 있습니다.

한 가족이 차를 타고 어디론가 가고 있습니다. 엄마와 아빠는 앞좌석에 평온하게 앉아 있고, 뒷좌석의 남매는 싸우고 있습니다. 그들은 소리를 지르고 고함을 치고 서로를 쿡쿡 찌릅니다.

참다못한 엄마가 뒤를 돌아보며 말합니다. "조니, 앤, 그만 좀 싸우렴." 몇 초 뒤, 싸움은 다시 시작되고 엄마는 다시 뒤돌아보며 말합니다. "그만 싸우라고 했잖아." 몇 초 뒤, 그들은 또 싸웁니다. 엄마는 "그만 싸우라는 말 못 들었니?"라고 말합니다. 하지만 불과 몇 초 뒤에 둘은 다시 싸움을 시작합니다. 운전 중인 아빠의 표정이 심상치 않습니다. 급기야 그는 길가에 차를 세우고 차에서 내려 아이들을 혼냅니다.

이제 아빠와 엄마가 탄 앞좌석에 긴장감이 감돌고, 둘은 서로 다툽니다.

"우리가 애들한테 너무 엄하게 하는 것 같아."

"그거야 당신이 이렇게 저렇게 안 하니까……."

이제 뒷좌석은 평화로워졌지만 앞좌석에서 전쟁이 벌어집니다. 차를 타고 가면서 점차 부모님은 진정되기 시작합니다. 하지만 그러기 무섭게 뒷좌석에서 또 아이들의 말다툼 소리가 들려옵니다.

가족에는 전쟁과 평화, 협력과 경쟁, 지지와 이의 제기, 좋고 나쁨, 친절과 잔인함, 유쾌함과 불쾌함, 끌림과 거부감 사이의 균형이 필요합니다. 이것은 역기능이 아닙니다. 사랑에는 양면성이 있으며 가족 구성원 각자가 다른 구성원이 균형을 잡고 진정성 있게 사랑을 온전히 표현할 수 있도록 의식적 또는 무의식적으로 돕고 있다는 사실을 이해한다면 이는 완벽하게 정상적이고 당연한 기능인 것입니다.

진정한 사랑은 하루 24시간 우리를 둘러싸고 있습니다. 우리는 그것을 피할 수 없습니다. 이는 정말 대단한 발견이지만 사랑의 일방적 형태만을 찾는다면 우리는 결코 잡을 수 없는 뭔가를 찾아 평생 쫓아다니기만 하게 될 것입니다.

어떤 상황에서든 사랑을 인식할 수 있으려면 사랑의 의미를 재정의해서 좀 더 균형 있고 현실적인 관점을 갖는 것이 중요합니다. 불교에서는 얻기 어려운 것을 찾아다니고 피할 수 없는 것을 피하려고 하는 것이 고통의 근원이라고 말합니다. 자석의 한 극만을 찾아 헤매는 헛된 행동을 한다면 결국에는 '나는 절대 그것을 찾지 못할 거야'라는 생각에 이르고 맙니다.

사랑의 또 다른 측면은 상대방의 최우선가치를 통해 소통하는 것입니다. 예를 들어, 영업은 고객의 최우선가치나 주된 구매 동기를 파악하고 그들에게 가장 중요하고 의미 있는 가치의 관점에서 제품이나 서비스의 중요성을 설명하는 것입니다.

관계에서 누군가를 사랑하는 것은 영업과 비슷합니다. 충성, 신뢰, 헌신은 다른 사람들이 당신에게 제공하는 것이 아닙니다. 이는 그들의 최우선가치가 충족된 데 대한 보답으로 나타나므로, 그들이 가장 중요하게 여기는 것을 이루도록 돕는 것이 당신이 할 일입니다. 그들이 보이는 충성, 신뢰, 헌신은 당신의 최우선가치보다는 그들 자신의 최우선가치를 실현하기 위한 것으로 볼 수 있습니다.

만약 내가 존중하는 마음으로 아내와 소통하고 그녀의 최우선가치와 관련된 뭔가를 제공하려고 한다면, 아내는 충성스럽고 헌신적으로 보이고자 할 것이며 나는 그녀가 자신의 욕구를 최대한 만족시키기 위해 뭐든 할 거라고 믿을 수 있습니다. 하지만 그녀가 자신의 최우선가치가 아닌 것을 하리라고 신뢰할 수는 없습니다. 따라서 아내가 자신의 최우선가치를 따르지 않거나 나의 최우선가치에 따라 살기를 기대하기보다는, 그녀의 가치를 고려하여 소통하는 것이 나의 책임입니다.

이는 단지 배우자뿐만이 아니라 세상 사람 모두에게 해당됩니다. 내가 그들의 최우선가치를 거스르는 순간, 그들은 나를 막으려 합니다. 내가 그들의 최우선가치에 관해 소통하는 순간, 그들은 내게 자유를 줄 것입니다. 우리는 사는 동안 사랑의 영역에 속하지 않은 듯 보이는 사람들을 만나지만,

그건 우리의 착각일 뿐입니다.

누군가가 당신을 지지할 때, 다른 누군가는 당신을 막아섭니다. 기억할 수 있는 한 가장 먼 과거로 돌아가 당신을 지지해주었거나 당신에게 반발한 사람을 최대한 많이 떠올려 나열해봅시다. 누군가가 당신에게 잘해준다거나 못되게 군다고 생각했던 때에, 그와 정확히 같은 시점에 정반대의 행동을 한 사람은 누구인지 생각해보세요. 아마 깜짝 놀랄 겁니다. 자연은 우리 삶의 사회적 먹이사슬에서 먹잇감 역할인 조력자와 포식자 역할인 도전자들 사이에서 균형을 유지하는 방법을 잘 압니다.

정신과 의사이자 작가인 칼 융**Carl Gustav Jung**은 이와 관련된 무엇인가를 발견해 그것을 동시성synchronicity이라 불렀습니다. 동시성이란 지지를 받을 때 동시에 도전을 받고, 도전을 받을 때 동시에 지지를 받는 것을 뜻합니다. 상대가 한 명이든 여럿이든, 남성이든 여성이든, 가까운 사이든 먼 사이든, 실제든 가상이든 간에 당신이 좋은 대우를 받을 때면 동시에 나쁜 대우도 받게 되며, 그 반대도 마찬가지입니다. 일방적인 사건을 경험할 리 없는데도 가치체계에 따라 주변 세상을 인식하기 때문에 일방적인 사건이 존재한다는 결론을 내리게 되는 것입니다. 이러한 일방적인 착각은 주로 당신이 현실을 필터링하기 때문에, 그리고 편도체의 주관적 편향(비상 상황과 기본적 생존에 필요한)으로 인한 불완전한 인식과 제한된 의식 때문에 발생합니다.

동시성을 마스터한 사람은 사건의 양면을 한꺼번에, 동시에, 애정 어린 눈으로 바라봅니다. 피해의식은 사건의 한쪽 면만 보고 다른 면을 보지 않고자 하는 사람들에게 생겨납니다. 그들은 축복은 보지 못한 채 위기만 보거나, 아니면 그 반대입니다.

매일의 훌륭한 계획

당신의 삶을 훑어보고, 누군가가 당신에게 못되게 굴었던 순간을 쭉 적어보세요. 그런 다음 그 순간을 정확히 인식하고 직관에 따라 그때 누가 당신에게 친절했는지를 알아내보세요. 동시에 정반대의 행동을 하는 사람은 한 명이거나 여러 명, 남성이거나 여성, 친한 사람이거나 안 친한 사람, 실제 인물이거나 가상 인물일 수 있습니다. 모든 사람이 어떤 웅장한 행렬 속에서 매우 체계적이고 지적인 방식으로 움직이고 있음을 발견하게 될 것입니다. 모든 것을 균형 잡힌 상태로 되돌리고 진실하고 균형 잡힌 사랑이 완전히 표현되도록 하는 이것을, 나는 지구의 동시적 대비simultaneous contrasts의 숨은 질서라 일컫습니다. 우리는 사랑으로 둘러싸여 있으며 다른 모든 건 환상입니다. 그 이해의 깊이에 눈을 뜨면 우리는 사랑에서 벗어날 수 없습니다. 사랑은 세계 어디서든 하루 24시간 우리를 감싸고 있습니다. 우리의 인식에 균형과 질서를 가져다주는 질문을 던져보면 그 질서에 감사함을 느낄 것이며, 그때 우리는 마음을 열고 그 사랑을 받아들이게 됩니다.

물리학자인 데이비드 봄David Bohm은 우주에 함축적 질서가 있다고 말했습니다. 또한 제럴드 만Gerald Mann 목사는 아원자입자에서 천문학적인 것에 이르기까지 우주의 모든 단계에는 근원적인 질서가 있으며, 인류는 그 질서 한가운데에 있다고 말했습니다. 그 균형을 깨닫고 마음을 열 때, 우리는 은혜와 영감을 받습니다. 목적의식이 생기고, 그 어느 때보다 더 큰 변화를 만들며, 사랑에 둘러싸여 있음을 느낍니다. 바로 이러한 완전한 인식의 상태 속에서 우리의 회복탄력성은 더할 수 없을 만큼 극대화됩니다.

당신의 일상생활에서 일어나는 모든 일을 나열해세요. 꼭 해야 한다고 느끼지만 당신에게 영감을 주지 않는 일이 있다면 적어보세요. 당신이 그 일을 남에게 맡길 수 있을 때까지 일시적으로 어떻게 수행해야 당신의 최우선가치와 사명을 달성하는 데 도움이 될지 질문을 해보세요. 그 질문에 책임감 있게 여러 번 답해보고 당신의 마음 상태가 어떻게 변하는지 지켜보세요.

처음에는 '도움이 안 되는데, 나는 이렇게 하기가 싫어'라는 생각이 들 겁니다. 하지만 다시 한번 살펴보세요. 그것은 당신에게 일어난 일이 아니라 당신이 인식하는 방식입니다. 철학자 윌리엄 제임스**William James**의 위대한 발견 중 하나는 '인식과 태도의 변화로 인생을 바꿀 수 있다'는 것입니다.

당신이 하루 동안 하는 모든 일에 대해 '이 활동이 지구상에서 내 사명을 다하는 데, 또는 내게 가장 큰 영감을 주고 의미 있는 것을 이루는 데 어떤 도움이 될까?'라고 질문해보세요.

당신의 두 눈에서 감사의 눈물이 흐를 때까지 계속 질문하고, 계속 그 답을 나열해보세요. 최우선가치와 연결되지 않으면 그 활동은 연료가 아닌 마찰이, 영감이 아닌 부담이 됩니다. 그러면 집중이 되기는커녕 오히려 주의가 흐트러지고 맙니다. 하지만 지금 하고 있는 일을 최고의 가치와 연결할 수 있다면 삶에 영감을 불어넣을 수 있습니다.

다음으로 개인적인 것, 직업적인 것, 재정적인 것, 사업적인 것 등 마음속에 있는 모든 것을 적어보세요. 그리고 아래 질문을 스스로에게 던져보십시오.

1. **'이것은 내가 뭐라도 할 수 있는 일인가?'** 만약 그렇다면 다행입니다. 하지만 그렇지 않다면 아무것도 할 수 없다는 사실을 인식하고 그 일을 마음속에서 지워버리세요.

2. **'이것은 내가 할 일인가, 아니면 위임할 일인가?'** 내가

할 수 있는 일이라면 언제 할지 적어두고 그 일에 착수할 날짜를 정하세요. 그렇지 않다면 그 일을 누구에게 언제 맡길 것인지 적어두세요. 이제 그 일을 마음에서 꺼내 적절한 날짜에 실행할 수 있도록 계획합니다. 우리는 며칠, 몇 주, 몇 달, 몇 년이 지나도 해내지 못할 일을 마음속에 가득 담아둡니다. 내일 해야 한다고 생각하는 일에 정신이 팔린 나머지 정신이 흐려지고 오늘에 집중하지도, 제 힘을 발휘하지도 못합니다.

짧은 연필이 긴 기억보다 현명하다는 말처럼, 쓰는 습관은 중요합니다. 마음속에 담아둔 일이 있다면 당신 자신이 직접 할 수 있는 적절한 때나 다른 사람에게 위임할 일정을 정리하고 표시함으로써 산만함을 해소하세요. 디지털 방식도 좋고 그 외 다른 방식도 좋습니다. 일일 계획표에 일정을 기록해 오늘 가장 중요한 일에 집중하고, 영감을 받으세요. 그렇게 하면 집중할 수 있고 회복탄력성이 생겨납니다.

즉, 가장 먼저 할 일은 당신이 하는 모든 일을 당신이 최우선시하는 가치와 연결하는 것입니다. 그 과정을 계속 다듬어나가세요. 다음으로 오늘 당신의 마음속에 있는 모든 것을 나열하고 그것을 네 가지로 분류하세요(실행하기, 위임하기, 버리기, 시일 정하기).

메리케이 화장품의 창업자인 메리 케이 애시**Mary Kay Ash**

가 세상을 떠나기 전에 그녀와 이야기를 나눈 적이 있습니다. 나는 그녀에게 물었습니다. "국제 연설가를 꿈꾸는 젊은 이들에게 해주실 만한 조언이 있나요?"

그녀는 말했습니다. "매일, 최우선순위에 있는 일 가운데 그날 할 수 있는 일 예닐곱 개를 적으세요. 그걸 적고 우선순위를 정한 다음 그에 따라 실행하세요. 그리고 그렇게 한 날은 저축을 하거나 투자액을 늘리거나 밤에 숙면을 취하는 등으로 자신에게 보상을 해주세요. 그러면 여러분이 꿈을 이루는 데 도움이 될 것입니다." 미리 설계된 매일의 일정을 가진 사람이 결국 게임을 지배합니다. 그러므로 당신도 당신 삶을 위한 일정을 세우세요.

나의 사명선언문

나에게는 '디마티니 법칙'이라는 것이 있습니다. 우선순위가 높은 행동으로 채워지지 않은 공간이나 시간은 순위가 낮은 산만한 일들로 가득 찬다는 법칙이지요. 당신에게는 최우선순위에 해당하는 일에 집중할 책임이 있습니다. 최우선순위에 해당하는 일에 집중하고 이를 실행하면서 하루를 채우세요. 우선순위를 정하면 당신에게 가장 큰 영감을 주는 사명을 수행할 확률이 높아집니다.

내재적으로 더 큰 영감을 얻기 위해 그다음에 해야 할 일은 당신의 사명선언문이나 목적선언문을 읽고 또 읽는 것입니다. 매일매일 읽고 다듬고, 계속 읽고 다듬어나가세요.

　　나는 1972년에 처음 사명선언문을 작성했고 80번에 걸쳐 수정했으며 미세하게 다듬었습니다. 그것은 다음 말로 시작됩니다. '나는 특히 치유를 목적으로 하는 마음, 몸, 정신에 관한 우주의 법칙을 연구하는 데 내 인생을 바친다. 나는 세계를 여행하며 내가 연구한 이 법칙들을 되도록 전 세계의 모든 나라, 모든 사람과 공유하고 싶다. 나는 돈을 잘 벌고 싶고, 고무적이면서도 특권을 누리는 삶을 살고 싶다.' 이 선언문은 점점 진화해 현재는 더 간결하게 압축되고 상세해졌습니다. 나에게 영감을 주는 것을 발견할 때마다 나는 그것을 나의 사명 책에 적어 넣습니다. 이 책은 내게 영감을 주고 내가 가장 중요하게 여기는 것과 일치하는 목표로만 채워져 있습니다.

　　다음으로, 열정적인 사람들을 가까이하고 그들 혹은 또 다른 열정적인 사람들의 전기를 읽어보세요. 그렇게 서로 비슷하고, 진실하고, 영향력 있는 사람들과 어울리는 기회를 활용하면 당신도 그에 물들어갑니다. 이는 당신의 회복탄력성을 키우는 또 하나의 열쇠입니다.

경제적 자유를 원한다면

어떤 사람은 목적을 따르면 돈은 저절로 따라온다고 말하지만, 나는 그렇게 생각하지 않습니다. 당신에게는 당신만의 가치순위가 있습니다. 돈이 생기면 당신은 그 순위에 따라 돈을 씁니다.

내게 열 가지 가치가 있는데 가장 순위가 낮은 것이 돈 벌기, 저축하기, 투자하기, 금전적 부유함이라고 가정해봅시다. 최우선가치는 아이들의 건강과 교육, 집, 차 그리고 휴가입니다. 만약 1만 달러가 생긴다면 나는 그 돈을 어떻게 쓸까요? 최우선가치에 따라 쓸 겁니다. 한 달이 지난 뒤에도 그 돈이 내 수중에 있을까요? 그렇지 않겠지요. 당신의 가치순위는 당신의 돈 관리 방식을 결정합니다. 당신의 우선가치의 네다섯 번째에 부, 경제적 독립성, 저축이나 투자가 들어 있지 않다면 당신에게 재정적 부유함은 생기지 않을 것입니다. 당신에게는 다른 중요한 것이 많아서 저축과 투자를 하지 않을 것이며, 돈이 당신을 위해 일하게 하는 대신 돈을 위해 일할 것입니다.

1년에 600만 달러 이상을 버는 한 남성을 상담한 적이 있습니다. 연말에 그는 세무당국에 32만 9천 달러를 체납했습니다. 내가 아는 또 다른 여성은 월 2천 달러를 버는데 그중 400달러를 저축했고, 연말이 되자 연 600만 달러 넘게 버는, 그녀가 일하는 병원의 의사보다 더 많은 돈을 남겼습니다. 그는 장난감, 여행, 집, 보트, 사치스러운 라이프스타일에 대한 욕망 때문에 저축, 투자를 별로 하지 않았고, 세금도 제대로 내지 못했습니다. 더 많이 버느냐가 아니라 번 돈을 어떻게 관리하느냐가 중요하며, 돈을 쓰고 관리하는 방식은 당신의 가치순위에 따라 결정됩니다.

당신이 최우선가치에 따라 살고 재정적 부를 높은 가치로 여긴다면 결국에는 그 부를 얻을 수 있을 겁니다. 재정적 부를 달성하려면 또 다른 형태로 숨겨진 당신의 자산과 부를 어떤 식으로든 다른 사람에게 도움이 되는 방식으로 포장해서 저축하고 투자할 수입을 얻을 수 있어야 합니다. 그리고 재정적 부의 축적이라는 가치는 당신이 그 돈을 잘 지키도록 해줄 것입니다. 인구의 단 1퍼센트만이 경제적 독립을 이루며, 그들은 그렇지 않은 사람과는 가치관이 다릅니다. 당신이 재정적 부 축적에 높은 가치를 두기 전까지 부는 다른 형태로 계속 생겨날 것입니다. 여기서 다른 형태란 가족 자산, 관계 자산, 지적 자산, 영적 인식이라는 자산, 비즈니스 능력 자산, 건강한 신체라는 자산, 또는 점차 가치가 하락하는 소모품 형태일 수 있습니다.

어떤 사람은 "내 목적이 무엇인지는 알지만, 나는 경제적 독립도 원한다"고 말합니다. 아니, 당신은 말만 그렇게 할 뿐입니다. 당신의 삶이 재정적 부의 성장을 증명하지 않는 이상, 그것은 당신이 꿈꾸거나 상상하는 만큼 중요하지 않음을 의미합니다.

이전에 남아프리카공화국에서 5천 명의 사람들과 이야기를 나누던 중 내가 이렇게 물었습니다. "경제적으로 독립하고 싶으신 분?" 그러자 모두 다 손을 들었지요. 이어서 실제로 경제적 독립을 이룬 사람이 있는지 묻자 일곱 명만이 손을 들었습니다.

이는 99퍼센트 이상의 인구가 경제적 독립에 대한 환상 속에 살고 있음을 보여줍니다. 그들이 마음속에 그리는 것은 경제적 독립이 아니라, 일부 어리석은 부자나 유명인처럼 자신에게 즉각적인 만족감을 주는 라이프스타일, 즉 부 쌓기의 가능성을 갉아먹는 가치가 하락하는 소모품에 돈을 쓰는 것입니다. 진정으로 재정적인 부유함을 원하는 사람은 숫자, 확률, 통계를 공부합니다. 그들은 일을 하고, 수입의 일부를 저축하며, 또 다른 일부는 투자합니다. 저축과 건전한 투자를 통해 재정적 부를 축적하는 것은 인내심을 갖고 체계적으로 접근하는 방식이지, 즉각적인 만족감을 주는 충동적인 투기 게임이 아닙니다.

저축해놓은 돈이 있나요? 이미 투자를 했나요? 아니라고요? 그렇다면 당신은 부 축적에 그리 큰 가치를 두지 않는 것입니다. 오히려 당신은 특정한 라이프스타일에 환상을 갖고 있을 가능성이 높으며, 환상은 그 어떤 결과도 낳지 못합니다. 사람들은 부유함이라고 하면 요트, 집, 자동차, 금을 떠올리지만 사실 부유해지기 위해 알아야 할 훨씬 더 가치 있는 항목은 사업계획, 대차대조표, 경제적 확률, 시장 보고서 등입니다.

다시 말하지만, 재정적 부유함은 당신이 얼마나 버느냐와는 별 관계가 없습니다. 이는 당신의 가치순위와 아주 밀접하게 연관되어 있습니다. 재정관리 방식이 바로 가치순위에 따라 좌우되기 때문입니다. 돈은 얼마를 버느냐가 아니라 어떻게 관리하느냐가 중요합니다. 번 돈을 현명하게 관리하고 저축, 투자, 경제적 독립을 중요한 가치로 여긴다면 당신이 저축하고 투자하고 모은 자산이 훗날 당신을 대신해서 일하게 될 것입니다.

이렇게 저축하고, 투자하고, 자산을 모으는 과정에서 당신의 인내심과 회복탄력성 수준도 더욱 높아집니다.

경제적 회복탄력성의 법칙

저축에 관한 몇 가지 법칙이 있습니다. 부자는 자신에게 가장 먼저 돈을 쓰고, 가난한 사람은 자기 자신에게 가장 나중에 돈을 씁니다. 당신이 스스로를 최우선시할 만큼 높이 평가하지 않는다면 다른 사람이 당신에게 먼저 돈을 쓸 리가 있을까요? 당신 주변의 세상은 당신 내면의 세상을 반영합니다. 당신이 스스로를 높이 평가하지 않고 당신 자신에게 먼저 돈을 쓰지 않으면 다른 누구도 그렇게 하지 않을 겁니다.

수입이 있을 때마다 적어도 10, 20, 30퍼센트 혹은 그 이상을 저축, 더 나아가 투자에 할애하는 것이 좋습니다. 저축과 투자가 자동적으로 이뤄지게 해서 당신의 변덕스러운 감정이 재정적 부 축적이라는 목표에 방해가 되지 않도록 하세요. 나는 이것을 '불멸의 계좌the immortality account'라고 부릅니다. 저축과 투자의 목적은 결국 당신이 돈을 위해 일하는 것이 아니라 돈이 당신을 위해 일할 정도까지 자본을 불리는 것입니다. 돈이 당신을 위해 일한다면 당신이 주인이고 돈은 노예가 됩니다. 반대로 당신이 돈을 위해 일한다면 돈이 주인이고 당신이 노예가 되겠지요. 저축하고 투자하지 않으면 당신은 돈의 노예가 될 것입니다. "돈은 내게 중요하지 않아요"라고 말하는 사람들은 결국 돈의 노예로 남고 말 것입니다.

내가 아는 어떤 사람은 자기 자신보다 다른 사람을 더 소중히 여깁니다. 그들은 돈이 생기면 다른 사람을 먼저 돌봅니다. 십일조를 내거나 자선단체에 기부하는 게 좋다면 그렇게 하세요. 그러나 당신 자신에게 먼저 돈을 쓰십시오. 당신 내면에는 성전이 있습니다. 다른 사람뿐 아니라 당신 자신에게도 십일조를 내도록 하세요. 당신에게 먼저 돈을 쓰고 그 효과로 다른 사람들에게 더 많이 봉사하고 기여할 수 있도록 하세요.

다음으로, 재정적 부를 쌓을 수 있다고 검증된 최고의 방식을 수행하고 그 각각의 방식을 당신의 최우선가치와 연결하십시오. '재정적 부를 쌓아주는 이 방식들이 현재 내게 가장 의미 있고 중요한 것을 이루는 데 어떤 도움이 될까?'라고 자문하세요. 당신이 그 답을 써 내려갈 때마다 재정적 자산 형성은 당신의 가치순위에서 점점 더 높은 위치를 차지하게 될 것입니다. 당신의 가치순위에서 재정적 부 축적의 순위가 높으면 높을수록, 부를 쌓을 수 있는 기회가 당신 주변에서 더 쉽게 드러납니다. 왜 그럴까요? 쇼핑몰을 거닐던 남편과 아내를 기억할 겁니다. 아내의 최우선가치는 아이들이었기 때문에 그녀는 주변에 있는 것 가운데 아이들에 관한 모든 것에 주목했습니다. 당신의 가치순위에서 재정적인 것이 높은 위치를 차지하면 당신은 재정적 자산 형성과 관련된 기회를 더 잘 포착하게 됩니다. 반대로 그것이 낮은 위치에 있다면 어디서고 그런 기회를 잘 포착하지 못할 겁니다. 왜냐하면 앞서 말했듯, 당신이 세상을 살면서 느끼고 결정하고 행동하는 방식은 당신의 가치순위에 의해 좌우되기 때문입니다.

부를 쌓을 때는 인내심을 가지십시오. 빨리 부자가 되고 싶어 하는 사람들이 있습니다. 하지만 현명한 사람은 돈을 충동적으로 쓰지 않고 계속해서 체계적으로 저축하고 투자합니다. 그리고 결국에는 그것이 복리를 불러오지요. 처음에는 은행이나 단기 금융시장에서 시작했다가 금리에 따라 국채나 채권 등으로 넘어가기도 하고, 나중에는 우량주나 대형주, 혹은 중소형주나 부동산 투자로 이어집니다. 그 시점이 되면 리스크 수준이 높아지지요. 저축을 해서 보수적인 투자로 기반을 쌓기 전에 리스크가 큰 투자나 투기를 하는 것은 현명하지 못합니다. 먼저 저축하고, 투자하고, 투기는 그다음입니다. 저축과 투자 없이 투기를 하면 실패하기 쉽습니다. 하지만 저축을 통해 대비책을 더 크게 키우고 현명하게 투자해 인내심 있게 리스크를 감수하는 능력을 기르면, 실패 확률이 줄어들뿐더러 변동이나 실패로 인한 타격도 줄어듭니다. 저축과 투자가 복리를 일으켜 벌어들이는 돈이 당신이 일해서 버는 돈보다 많아질 때, 당신은 마침내 경제적 독립을 이루게 됩니다.

오랜 속담이 하나 있습니다(사실은 내가 지어낸 것이지만요). "지갑이 꽉 차 있으면 더 많은 돈이 들어오고, 지갑이 비어 있으면 더 많은 돈이 나간다." 현금을 가지고 다니세요. 동기부여 연설가인 짐 론Jim Rohn은 수년 전 내게 "당신이 하루에 벌고 싶은 만큼의 돈을 주머니에 넣고 다녀라"라고 가르쳐주었습니다. 현금을 가지고 있되, 쓰지는 마세요. 그것은 만져서는 안 되는, 그저 가지고 다니기만 하는 돈입니다. 하루에 벌 돈을 가지고 다닙시다. 나다닐 때 현금이 거기 있다는 걸 느끼면 그렇지 않을 때와는 의식 상태가 다릅니다. 달러가 한 장밖에 남지 않으면 현금 다발이 있을 때와는 당연히 마음가짐이 다르겠지요.

부유한 사람은 보통 현금을 많이 가지고 다닙니다. 신용카드는 어떨까요? 그것은 돈과 다릅니다. 신용카드를 현명하게 관리하지 못하거나 매달 카드 사용액을 완납하지 않으면 빚더미에 앉을 수도 있습니다. 현금을 가지고 다니되 써버리지는 맙시다. 앞서 말했듯이 지갑이 꽉 차 있으면 더 많은 돈이 들어오고, 지갑이 비어 있으면 더 많은 돈이 나가니 말입니다.

가장 부유하고 당신에게 가장 영감을 주는 사람들을 나열해보고, 그들의 전기를 읽으세요. 그리고 가능하다면 그들에게 연락하십시오. 믿기 어렵겠지만, 많은 경우 그들은 여러분과 대화를 할 것입니다. 당신이 그를 만나야 하는 합당한 이유를 제시해보세요. 그들을 점심 식사에 초대해 인터뷰하는 영광을 누려보세요.

당신이 원하는 삶의 방식을 정확히 시각화하는 데 도움이 되는 사진을 오려서 콜라주를 만드십시오. 그러한 삶의 방식을 얻기 위한 행동 단계와 전략을 시각화하세요. 프랑스 리비에라 해안이나 요트에서 살고 싶다면 그런 사진을 오려서 하루도 빠짐없이 들여다보세요. 꿈의 책을 만들어 각 페이지 아래에 '나는 백만장자다. 내 손이 닿는 것은 전부 금으로 변한다'와 같은 확언을 적어두십시오. 그에 관한 이미지와 그것을 얻기 위해 필요한 행동을 확언하고 시각화하세요. 이러한 행동 단계와 확언 및 결과에 대한 비전이 당신의 최우선가치와 일치하는지 확인해보세요. 분수에 넘치게 일을 벌이기 전에 재정적 부를 먼저 쌓고, 재정적 수입으로 당신의 원대한 꿈을 이루세요.

이 원칙의 일부만 적용해도 당신의 재정 생활에 변화를 가져올 수 있습니다. 이는 나의 재정 생활도 바꾸어놓았습니다. 재정적 부를 쌓는 것은 정신적 회복탄력성을 점차 높일 수 있는 또 하나의 훌륭한 해결책입니다.

당신의 훌륭함을 인정하고, 당신이 꿈을 가질 권리가 있다고 믿어주어서 정말 고맙게 생각합니다. 만약 그렇지 않았다면 당신은 이 책을 읽지 않았을 테니 말이지요. 이 책에 담긴 아이디어를 읽는 것만으로도 당신의 회복탄력성은 성장하기 시작합니다.

나의 러브 리스트

내가 정말 좋아하는 것, 하고 싶은 것, 어쩌면 오래전부터 품어왔던 꿈을 생각하며 리스트를 작성해보세요. 계속 쓰고 다시 읽고 다듬어나가세요.

_____

_____

_____

_____

_____

_____

_____

_____

_____

_____

_____

_____

_____

_____

_____

나의 사명선언문

내게 영감을 주고, 내가 가장 중요하게 여기는 것과 일치하는 목표를 생각하며
사명선언문를 적어보세요.

Part 2

다른 사람이 아닌
나로 살아가기

앞서 알아보았듯이, 모든 사람은 특정한 가치관을 가지고 살아갑니다. 게다가 그들 각자의 가치 구조는 지문이나 망막 패턴처럼 유일무이합니다. 이 가치관의 집합은 당신이 세상을 인식하는 방식을 좌우합니다. 서로 똑같은 가치관 집합을 가진 사람은 아무도 없으며, 따라서 세상을 보는 방식도 모두 다 다릅니다. 즉, 80억 개의 다양한 세상이 존재하는 셈이지요. 가치관의 집합은 행동 방식에도 영향을 미치고, 그렇기에 운명을 좌우합니다.

당신의 가치관은 점진적으로 바뀔 수도 있고, 급격하게 바뀔 수도 있습니다. 나는 네 자녀를 둔 남아프리카공화국의 어느 사랑스러운 여성을 알고 지냈는데, 어느 날 아침 그녀는 차에 짐을 싣고 쇼핑몰로 향했습니다. 그리고 그 길에서 트럭과 부딪힌 그녀의 차는 형체를 알아볼 수 없을 정도로 부서져 네 아이 모두 목숨을 잃었고 그녀 혼자 살아남았습니다. 아침까지만 해도 그녀는 네 아이의 엄마였습니다. 그런데 오후에는 더는 엄마가 아니게 되었습니다. 이것이 가치관의 격변입니다. 자녀가 대학에 갈 때 가치관의 변화를 겪는 사람도 있고, 직장에서 해고당하거나 새로운 사업을 시작하거나 이혼을 겪고 나서 가치관이 변하는 사람도 있습니다.

당신의 가치관은 당신이 성숙해짐에 따라 진화할 수도 있습니다. 보통 열 살까지는 그저 놀고 싶어 하죠. 열 살에서 스무 살까지는 친구들과 어울리고 싶어 합니다. 그리고 스무 살에서 서른 살 사이에는 주로 짝이나 진로를 찾고 싶어 합니다. 서른 살에서 마흔 살 사이에는 가정을 꾸리거나 당신만의 사업을 시작하고 싶어 할 겁니다.

어떤 가치는 다른 가치에 비해 너 빠르게 변합니다. 반면 더 지속 가능한 가치는 핵심 가치라 부를 수 있습니다. 가장 높은 가치는 가장 내재적인 가치인데, 이는 당신이 내면으로부터 자발적인 영감을 받아 그 가치를 충족하는 행동을 한다는 뜻입니다. 외적인 동기부여도, 보상도 필요 없으며 아무도 당신에게 상기시키지 않아도 됩니다. 이 분야에 관한 한 당신은 저절로 훈련되고, 신뢰할 수 있고, 집중할 수 있습니다. 누구도 내게 연구를 하라거나, 여행을 하라거나, 가르치고 쓰라고 일깨워주지 않아도 됩니다. 나는 매일 이런 일을 하고 있고 앞으로도 어디서든 할 테니까요.

가치순위의 아래로 갈수록 거기 있는 것은 파생적이고 외부적인 가치라서 외부 동기가 필요합니다. 가치순위의 최상위에 있는 일을 할 때에는 동기부여가 필요치 않지만, 순위가 낮은 가치의 경우에는 그것을 달성하면 보상을 받고 그렇지 않으면 처벌하는 등의 외부 동기가 분명히 필요합니다.

비디오 게임을 좋아하는 열두 살짜리 남자아이들은 자발적으로 앉아서 밤새 게임을 할 수 있습니다. 하지만 그 아이들이 게임을 멈추고 잠을 자도록, 방을 청소하도록, 또는 그들의 우선순위가 아닌 영감을 주는 다른 일을 하도록 하려면 외부적으로 동기를 부여해야 할 것입니다. 비디오 게임이 동기부여가 필요치 않은 이유는 그것이 그들의 높은, 내재적인 가치이기 때문입니다. 많은 부모가 자신들이 가치 있다고 생각하는 것을 하라고 자녀를 설득하고자 하지만, 계속 그러다가는 저항과 반항에 부딪칠 수밖에 없습니다.

동기부여는 인류를 위한 해결책이 아니라 하나의 증상입니다. 나는 사업적 동기부여에는 관심이 없습니다. 또 당신에게 영감을 주지 못하는 일을 하라고 좋은 말로 당신을 구슬릴 생각도 없습니다. 나는 내재적으로 영감을 주는 것에 접근함으로써 외부 동기가 필요치 않아지도록 교육합니다. 외부적 보상이나 처벌이라는 사고방식은 회복탄력적인 삶의 열쇠가 아니기 때문입니다.

최우선가치와 뇌세포

뇌에는 신경세포neurons와 신경아교세포glial cells가 있습니다. 신경아교세포는 신경세포보다 아홉 배에서 열 배 정도 더 많으며, 당신이 신경 쓰고 의도하는 것들에 반응합니다. 이 세포는 뇌의 신경세포들을 개조해서 신경을 만들거나 파괴하거나 신경에 영양을 공급해가며 당신이 최우선가치를 최대한 달성하도록 합니다. 당신의 뇌는 당신의 최우선가치를 추구하고 달성하기 위해 진화해온 기관인 것입니다. 마치 나뭇가지처럼 빛을 향해 하늘로 성장합니다. 햇빛에 닿으면 더 강해지고, 그렇지 않으면 죽습니다. 당신의 신경아교세포는 당신이 가장 가치 있게 여기는 것을 이루도록, 즉 당신의 길이 빛으로 이어지도록 돕는 신경세포의 작용 및 인지 기능을 강화합니다.

만일 당신이 당신 삶의 우선순위를 정하고 진정으로 의미 있고 가치 있는 일을 매일 행하지 않는다면, 당신의 뇌 피질하 영역은 더 기본적인 생존을 가로막는 방해물에 당신이 대비할 수 있도록 해줍니다. 이는 궁극적으로 당신이 더 높은 가치와 가장 의미 있고 진정한 것으로부터 벗어났음을 알리는 피드백 시스템으로 작용합니다.

당신의 뇌는 당신을 돕기 위해 할 수 있는 모든 일을 합니다. 뇌는 당신의 생리 기능을 관장합니다. 모든 뇌세포는 신경아교세포와 당신의 최우선가치에 영향을 받습니다. 신체적 증상은 당신이 진실할 때나 진실하지 않을 때, 당신의 최우선가치에 일치하는 상태로 살고 있거나 그렇지 못할 때를 알려주는 피드백 메커니즘입니다. 많은 질병이 외부 권위에의 종속과 당신의 삶에 주입된 다른 사람들의 가치관(당신이 아닌 다른 누군가가 되려고 할 때) 때문에 발생합니다. 질병은 당신이 진실하지 못함을 알려주는 피드백으로, 이는 당신의 진짜 정체성을 둘러싸고 있는 최우선가치로 당신을 되돌리기 위해 작동합니다.

나만의 텔로스

지난 2,600년 동안 철학자들은 최우선가치가 미치는 영향을 연구해왔습니다. 그리고 이제는 신경학자 및 신경과학자까지 그 대열에 합류했지요. 아리스토텔레스는 그것을 텔로스telos라고 부르는데, 이는 최종적인 목표나 목적을 의미합니다. 목적인目的因이라고도 불러요. 『생각하라 그리고 부자가 되어라』의 저자인 나폴레온 힐Napoleon Hill은 '주요 목표chief

aim'라고 불렀지요. 나의 초기 멘토인 에드 툴레슨^{Ed Tulleson}은 '가장 위대한 사명'이라고 말했습니다. 그것은 당신이 집착하는 것처럼 보이는 것, 영감을 얻는 것, 주요 목표 또는 가장 의미 있는 추구로 여기는 것입니다. 다른 작가들은 그것을 제1의 목표라고도 부릅니다. 텔로스는 매우 중요하기 때문에 이를 중심으로 의미와 목적을 연구하는 목적론^{teleology}이라는 연구 분야가 생겼습니다. 사는 동안 매일 가장 의미 있는 것을 성취하는 것이 당신의 성과와 회복탄력성을 극대화하는 열쇠입니다.

당신의 삶이 얼마나 거침없고 순조롭게 흘러갈지는 당신의 의도가 당신의 최우선가치와 일치하는 정도에 비례합니다. 당신에게 가장 중요한 것을 의도하고 신경 쓴다면 일상생활의 능동성과 흐름을 극대화할 수 있습니다. 반대로 우리가 직면하는 도전, 장애물 및 저항은 우리가 우리 자신의 텔로스와 불일치하는 정도에 비례합니다.

우리의 텔로스를 앗아가는 한 가지 특질은 우리 자신을 다른 사람과 비교하고 다른 사람처럼 되려고 하는 것입니다. 우리는 지구상의 다른 누군가와 우리 자신을 비교하기 위해 존재하지 않습니다. 우리가 할 일은 일상적인 행동을 우리 자신의 최우선가치, 사명 그리고 꿈과 비교하는 것입니다. 그 둘이 일치하는 순간, 마법 같은 동시 발생이 일어납니다.

뇌의 실행 중추를 깨워라

전전두피질과 두 개의 대뇌 반구를 포함한 인간의 전뇌는 종뇌telencephalon(어원학상으로 텔로스와 연관됨을 알 수 있습니다)라고 불리는 고도로 발달된 뇌의 영역입니다. 우리가 우리 자신의 텔로스와 일치하는 삶을 살 때 종뇌의 내측 전전두피질이 활성화됩니다. 최우선가치에 따라 살아갈 때 뇌의 가장 발달된 최고의 영역이 깨어나는 것입니다. 최우선가치와 일치하는 목표를 세우는 순간, 종뇌는 숙련을 유도해냅니다. 우리는 과거사의 희생자가 아닌 운명의 주인이 됩니다.

전두엽과 대뇌 피질의 실행 중추를 깨우면 우리가 영감을 받은 비전이 열리고, 그것을 달성하기 위한 전략적 계획이 눈앞에 펼쳐집니다. 우리는 무의식적으로 그에 맞는 행동을 해야 한다고 느끼며 피질하 영역의 생존 관련 충동, 본능, 쾌락, 고통 등에 주의를 빼앗기지 않습니다. 그 비전을 추구하기 위해 모든 양극성(지지와 반발, 쉬움과 어려움)을 기꺼이 받아들입니다. 쾌락과 고통에서 똑같이 의미를 찾을 수 있을 때, 우리는 삶을 마스터합니다. 더 이상 과거사의 희생자가 되지 않습니다. 텔로스와 일치하는 삶을 살 때 뇌의 특정 부분이 발달하고 그 부분은 감각적 자각과 운동 기능을 포함한 우리의 잠재력을 극대화합니다. 우리가 할 수 있는 가장 위대한 일 중 하나는 최우선가치를 발견하고 우리 배의 선장,

우리 운명의 주인으로서 출항하여 가장 의미 있고 성취감 있는 것을 추구하는 것입니다. 바로 이러한 추구를 통해 우리의 회복탄력성은 극대화됩니다.

삶을 마스터하기 위해서는 우선순위가 낮은 행동을 내려놓을 줄 알아야 합니다. 영감을 받는 삶을 살기 위해서는 우선순위가 낮은 행동은 남에게 맡기고 우리에게 가장 중요하고 의미 있는 것들을 해나가야 합니다. 이미 강조했듯이, 우리에게 영감을 주는 도전으로 하루하루를 채우지 않으면 그렇지 않은 도전이 가득 들어찰 것입니다.

영감을 주는 도전은 건강을 가져다주는 반면, 영감을 주지 못하는 도전은 스트레스와 질병을 낳습니다. 당신에게 영감을 주는 일을 한다면 하루에 열여덟 시간이나 스무 시간도 스트레스 없이 일할 수 있습니다. 하지만 가치가 낮은 일을 하는 순간 당신은 금세 지루해지거나 지쳐버릴 것입니다. 당신의 몸이 심혈관 질환 증상이나 면역력 저하와 같은 신호를 보내서 당신이 스스로에게 충실하지 않게 살고 있음을 알릴 수도 있습니다. 고통을 피하고 증상을 감추려는 쾌락주의적 모델은 사람들이 자신의 삶을 마스터하는 것을 막습니다. 이는 더 높은 우선순위에 기반한 진정성과 건강에 대한 우리 자신의 자연스러운 피드백 메커니즘을 억누릅니다.

실행 중추에 대해 더 자세히 말하자면, 이것은 시각피질 **visual cortex** 및 관련 영역과 직접적으로 연결되어 있어서 우리는 영감을 받은 비전을 얻게 됩니다. 이것은 명확성을 가져다줍니다. 어떤 비전 때문에 감명을 받아 눈물이 흐르고, 갑자기 무언가를 성취할 수 있다는 깨달음을 얻은 적이 있나요? 삶의 활력은 비전의 생생함과 정비례합니다. 생각은 실체가 되고, 비전은 현실이 됩니다.

실행 중추의 두 번째 기능은 전략적으로 계획하는 것입니다. 실행 중추는 위험과 보상의 비율을 평가해 조금 더 객관적인 결정을 내리고 전략적인 계획을 세웁니다. 오래된 속담처럼 충분히 큰 이유가 있으면 방법은 저절로 생깁니다. 당신의 최우선가치, 목적, 이유에 접근하면 목표를 달성할 방법은 저절로 알게 됩니다. 방법이나 행동 단계가 자연스레 생겨난다는 말이지요.

이 중추의 또 다른 기능은 행동을 집행하는 것입니다. 당신은 한번 결정한 행동을 더 자발적으로 집행하게 됩니다. 이 과정은 뇌 안에서 자발적인 가능성으로 나타납니다.

종뇌의 마지막 기능은 자기 통제입니다. 내측 전전두피질은 신경섬유를 뇌의 피질하 영역으로 보내고 편도체(욕망, 보상, 처벌을 관장하는)를 진정시켜 내면의 충동과 본능을 가라앉히는 역할을 합니다. 우리의 신경 중추와 경로는 동물들과 일부 동일하지만 우리 인간만이 그것을 제어하고 스스로 진정시킬 수 있습니다. 쾌락과 고통에 충동적이고 본능적으로 반응하는 대신, 우리는 스스로를 통제하여 과도한 감정적 반응 없이 객관적으로 상황을 볼 수 있습니다. 논리적으로 생각하고, 의미를 발견하고, 스스로를 통제하는 능력은 우리를 다른 많은 동물과 구분 짓지요.

실행 중추는 외부 세계의 지배를 받는 대신 우리 스스로가 주인이 되도록 해줍니다. 내면의 목소리와 비전이 외부의 의견, 미혹, 분노보다 커질 때 당신은 삶을 마스터하게 됩니다. 그것이 진정한 마음 챙김이며, 회복탄력적인 마음을 갖는 비결이기도 합니다.

편도체가 활성화되는 순간

최우선가치가 아닌 낮은 가치에 따라 살면 뇌의 포도당과 산소가 아래쪽으로 내려가 편도체가 활성화되고, 그에 따라 당신은 더 충동적이고 본능적으로 변하게 됩니다.

본능은 과거의 고통스러운 경험을 바탕으로 합니다. 본능은 어떤 일이 고통과 연관되어 있음을 알려 당신이 그것을 겪지 않도록 해주지요. 편도체의 충동적 부분은 쾌락을 추구합니다. 이 중추는 포식자를 피하고 먹잇감을 찾습니다. 생존을 위해 당신의 인식을 주관적으로 만드는 것입니다. 그 결과, 주로 편도체의 영향을 받아 활동할 때 당신은 주관적으로 왜곡되거나 비틀린 모습으로 현실을 보게 됩니다. 확증 편향confirmation bias이나 비확증 편향disconfirmation bias이 생기고 이는 당신의 인식을 왜곡합니다.

본능을 직관과 혼동해서는 안 됩니다. 내가 당신에게 "당신은 항상 착하고 결코 비열하지 않아요. 당신은 언제나 친절하고 결코 잔인하지 않아요. 당신은 언제나 긍정적이고 결코 부정적이지 않아요"라고 말했다고 해보지요. 당신 내면에는 조절계, 즉 '정신 조절 장치'가 있어서 그것이 말도 안 되는 소리라는 것을 압니다. 마찬가지로, 만약 내가 "당신은 항상 비열하고 결코 착하지 않아요. 당신은 언제나 잔인하고 결코 친절하지 않아요. 당신은 항상 부정적이고 결코 긍정적이지 않아요"라고 말해도 당신은 직관적으로 그것이 어불성설임을 알 것입니다.

하지만 내가 "당신은 때로는 착하지만 때로는 비열해요. 때로는 친절하지만 때로는 잔인해요. 때로는 긍정적이지만 때로는 부정적이에요. 때로는 관대하지만 때로는 인색해요"라고 말했다고 해보지요. 당신은 직관적으로 그 말이 사실임을 알 것입니다.

당신의 직관은 잘못된 인식의 평형을 유지하려고 합니다. 당신이 누군가에게 홀딱 빠졌을 때(부정적인 면은 보지 않고 긍정적인 면만 볼 때) 당신의 직관은 당신이 의식하지 못하는 불문의 단점을 밝혀내려고 노력합니다. 당신이 누군가에게 분노할 때(긍정적인 면은 보지 않고 부정적인 면만 볼 때) 당신의 직관은 역시 당신이 의식하지 못하는 불문의 장점을 드러내려고 노력합니다. 즉, 직관은 양 측면을 통합하고 균형을 맞추어 당신을 편협한 의식으로부터 해방시키려고 합니다.

외적 감정, 미혹, 분노는 당신의 마음속에서 공간과 시간을 차지하며, 당신을 지배합니다. 그러나 당신이 양 측면을 모두 살피고 둘 사이에서 균형을 잡는다면 당신은 객관적이 되고, 스스로의 주인이 될 수 있습니다. 뇌 아래 피질하 영역의 감정에 영향을 받을 때 당신은 과거사의 희생자이지만, 실행 중추가 주도권을 잡으면 당신은 자기 운명과 회복탄력성을 지배하게 됩니다.

결과적으로 최우선가치에 따르는 삶은 당신이 인생을 마스터하는 데 필수적입니다. 특히 당신에게 가장 큰 영감을 주는 것을 찾아 그것을 성취하고 지구에 가장 큰 기여를 할 수 있도록 삶을 지휘하며 최고의 인생을 살려면 말이지요. 이렇게 할 수 있는 사람은 전체 인구의 상위 1퍼센트 안에 듭니다.

남아프리카공화국 크루거스도르프 교도소의 최고 보안 구역에서 강연을 했을 때의 일입니다. 나는 주황색 죄수복을 입은 1천 명의 죄수로 가득 찬 방에 들어갔습니다. 그리고 첫 마디로 다음과 같은 질문을 던졌습니다. "과거에 어떤 일을 겪었든, 현재 무슨 일을 겪고 있든, 어떤 경험을 해왔든 간에, 여러분 중에 이 지구상에서 변화를 만들고자 하는 열망을 가지신 분 있나요?" 그 즉시 모두가 손을 번쩍 들었습니다. 최고 보안 구역의 죄수들조차도 이처럼 변화를 만들 수 있기를 꿈꿉니다.

당신이 만들 수 있는 가장 큰 변화는 당신이 순수할 때, 독특한 가치관을 지닌 진정한 존재일 때 이루어집니다. 스스로를 다른 사람보다 낮게 보고 당신만의 텔로스가 그들의 영향력에 가려지게 내버려두는 것은 변화를 만들어갈 스스로의 역량을 약화시키는 일입니다. 진정한 당신에게는 경쟁자가 없지만, 약화된 당신은 끊임없이 경쟁의 폭격을 받습니다. 당신이라는 존재의 장엄함은 다른 사람들의 가치에 따라 살려고 애쓰고 일반 대중의 일부에 머물려는 공허한 환상보다 훨씬 더 위대합니다.

당신은 누구인가요?

당신의 존재론적 정체성과 목적론적 목표는 당신의 최우선 가치를 중심으로 움직입니다. 당신이 다섯 살이 채 안 된 세 아이의 엄마라고 해봅시다. 누군가가 당신에게 "당신은 누구인가요?"라고 묻는다면 당신은 "저는 엄마입니다"라고 대답할 것입니다.

당신의 목적이 무엇인지 알아내는 데 마법의 공식 같은

것은 필요 없습니다. 당신의 목적은 당신의 최우선가치를 표현하는 것입니다. 당신의 삶이 매일 그것을 보여주고 있습니다. 그러나 다른 사람과 당신을 비교하고 당신이 아닌 다른 누군가가 되려고 하면 목적이 흐릿해져 알아볼 수 없게 되어버릴 것입니다. 그러한 상황에서도 당신의 삶은 목적을 기어코 보여줍니다. 당신이 스스로를 다른 사람과 비교하고 있기 때문에 당신이 상상하거나 기대하는 모습과 다르게 나타날수는 있지만, 목적은 분명히 존재합니다. 그것은 정신 차리라는 듯 당신의 얼굴을 찰싹 때립니다. 나는 내 스스로에게 어떤 목표나 대의를 위해 헌신하고 있다고 꾸며내거나 거짓말을 할 수도 있지만, 내 삶은 내가 진짜 가치 있게 여기고 내면적으로 추구하는 것이 무엇인지를 드러냅니다. 왜냐하면 내 결정은 그 어떤 순간에도 내가 가장 가치 있게 여기는 것에 최대의 이득을, 위험보다 훨씬 더 큰 보상을 가져다줄 만한 것에 바탕을 두기 때문입니다.

만약 당신이 "제 목적이 뭔지 모르겠어요"라고 말한다면 간단한 질문을 하나 해보겠습니다. "당신이 매일 하는 일 중에 다른 사람이 굳이 하라고 하지 않아도 스스로 즐겨 하는 일은 무엇인가요?" 이 질문에 "모르겠어요"라고 대답할 수도 있습니다. 그러나 아니, 당신은 알고 있습니다. 비록 그것이 당신이 기대하거나 바라는 것, 또는 상상하는 것은 아닐지라도.

런던의 한 여성은 나의 대표적인 세미나 프로그램인 '돌파구 경험Breakthrough Experience'에 참석해서 이렇게 말했습니다. "저는 제 목적이 뭔지 모르겠어요. 제가 인생에서 무엇을 이루고 싶은지를 말이에요."

내가 말했지요. "다른 사람이 굳이 하라고 하지 않아도 당신이 매일 하는 일 중에서 당신에게 영감을 주는 일은 무엇인가요?"

"저는 매일 아이들과 함께해요."

"아이들과 함께 일하고 노는 것을 좋아하시는군요."

"제 삶에서 그게 가장 영감을 주는 일이에요. 저는 아이들을 위해 살아요."

"당신이 훌륭한 엄마가 되기 위해 헌신하고 있다고 생각해보신 적 있나요?"

그녀는 눈물을 글썽이며 말했습니다. "제가 항상 되고 싶었던 게 그거예요."

"그렇다면 적어도 지금 시기에는 그것이 당신의 주된 목적이라는 것을 스스로가 알 수 있도록 해주세요."

"회사를 차리거나 사회적으로 이름을 날리는 일이 아닌데도요?"

"저는 당신이 무엇이 되어야 하는지에는 관심이 없습니다. 해야 한다, 되어야 한다 같은 말은 당신이 스스로를 다른 사람들과 비교하고, 보통은 동경하는 마음에 스스로를 낮추는 데에서 비롯된 강박입니다. 그건 당신이 헌신하는 것이 아닙니다. 당신은 당신의 내면과 마음속의 소명에 헌신하고 있어요. 현재 당신은 헌신적인 엄마입니다. 스스로에게 훌륭한 어머니가 될 권한을 주세요."

그녀는 눈물을 흘리며 나를 껴안더니 말했습니다. "그걸로 충분할까요?"

"아주 대단한 일이죠. 훌륭한 엄마가 되는 것은 여느 목적이나 소명만큼이나 이 세상에 꼭 필요한 일이니까요."

당신은 사회적 가치, 지적 가치, 사업적 가치의 달성을 추구할 수도 있습니다. 또 어떤 사람은 영적 가치를, 또 어떤 사람은 건강에 대한 가치를 추구합니다. 당신이 꿈을 좇고 현재 또는 영구적으로 당신에게 가장 의미 있고 영감을 주는 일을 성취하는 것을 그 누구도 막지 못하게 하세요.

초등학교에서 강연을 하고 있을 때였습니다. 1천 명이 모여 있는 자리에서 아이들에게 물었습니다. "여러분의 꿈은 무엇인가요?"

예쁜 갈색 머리의 열두 살짜리 여자아이가 말했습니다. "저는 멋진 배우가 되고 싶어요." 그 말을 하는 모습도 천사 같았지요.

나는 그 아이한테 다가가 말했습니다. "지구상의 그 어떤 사람도, 심지어는 너 자신조차도 너의 꿈을 방해하지 못하게 하렴."

그 아이는 눈물을 흘렸습니다. 옆에 있던 또 다른 여자아이도 그 아이를 껴안고는 함께 울었습니다.

나중에, 역시 그 자리에 있던 여자아이의 어머니가 내게 와서 말했습니다. "좋은 말씀 감사합니다. 저희 딸에게 정말 의미 있는 이야기였어요."

나는 말했습니다. "그 자리에 있던 모든 사람에게 의미가 있었을 겁니다. 따님의 말이 진심에서 우러나왔다는 사실을 어머니도 느끼셨을 테니까요."

3주 뒤, 나는 그 여자아이와 어머니로부터 처음으로 영화에 캐스팅되었다는 내용의 편지와 예쁜 사진 한 장을 받았습니다. 배우가 되는 것이 꿈이었던 그 아이는 진정한 꿈을 좇는 삶에 한 발짝 더 다가간 것입니다.

내게는 이제 사명이 있어요

열일곱 살 때부터 나는 학습장애를 극복하고 학교로 돌아가 교사, 치유자, 철학자가 되겠다는 꿈을 꾸었습니다. 몇 가지 어려움이 있었지만 그 꿈은 그날 이후 지금까지도 사라지지 않고 내 마음속에 남아 있습니다.

열여덟 살 때는 좌절을 겪었습니다. 학교로 돌아가려고 했지만 학습장애 때문에 첫 시험에서 떨어지고 말았거든요.

72점 이상을 받아야 합격할 수 있었는데 27점을 받았습니다. 나는 내 비전이 그저 망상 또는 환상일 뿐인 건 아닐까 하고 의심하기 시작했습니다. 정말 힘든 시간이었습니다.

집으로 돌아오는 길에 너무 운 나머지 눈앞이 흐릿해서 몇 번이나 차를 갓길에 세워야 했습니다. 나는 그 꿈을 이루지 못하면 내가 누구인지, 어디로 가고 있는지 확신할 수 없다는 것을 깨달았습니다. 그 시간 동안 나는 정체성의 위기를 겪고 있었습니다. 비전이 있는 사람은 번창합니다. 그리고 비전이 없는 사람은 망합니다.

집에 돌아온 나는 거실 바닥에 누워 태아처럼 몸을 웅크리고 울었습니다. 집에 오신 어머니가 그런 내 모습을 보고 말씀하셨지요. "무슨 일 있었니? 왜 그래?"

"엄마, 시험을 망쳤어요. 이제 나는 읽고, 쓰고, 소통하는 일을 결코 못 할 것 같아요. 1학년 때 맥러플린 선생님이 말씀하셨던 것처럼, 나는 살면서 그 어떤 것도 이루지 못하고 크게 되지도 못할 거예요. 나한테는 그럴 만한 능력이 없는 것 같아요."

마침내, 어머니는 손을 뻗어 내 어깨를 붙잡고 어머니만이 할 수 있는 말을 하셨습니다. "아들아, 네가 훌륭한 선생님이나 치유자, 철학자가 되든, 하와이로 돌아가 전처럼 거대한 파도를 타며 서핑을 하든, 아니면 역시 전처럼 거리로 돌아가 부랑자처럼 구걸을 하든, 네 아버지와 나는 언제나 너를 사랑할 거라는 걸 알려주고 싶구나. 애야, 우리는 네가 무엇을 하든 너를 사랑한단다."

그 순간, 나는 어머니가 보여준 감사, 사랑, 확신 그리고 존재(극기**self-mastery**의 네 가지 주요 요소)의 힘을 발견했습니다. 어머니가 하신 말씀이 내 안의 무언가를 일깨웠어요. 사랑과 감사의 감정이 우리의 실행 중추를 활성화시키기 때문입니다. 나는 고개를 들고 수백만 명 앞에 서서 강연하는 내 모습을 떠올렸습니다. 그리고 스스로에게 말했습니다. '나는 읽고, 공부하고, 배우고, 가르치는 것을 마스터할 거야. 내가 할 수 있는 모든 걸 다 할 거야. 온 세상에 봉사할 수만 있다면 아무리 먼 곳이라도 달려가고 어떤 대가라도 치를 거야. 그리고 아무도 나를 막지 못하게 할 거야. 나 자신조차도.'

이제 되돌릴 길은 없어졌습니다. 인간의 의지, 인간의 주권 그리고 신의 섭리처럼 느껴지는 것이 그 순간 내 안으로 들어왔습니다. 당신이 그 정도로 명확하고, 조화롭고, 집중력 있는 지점에 도달하면 마법 같은 일이 일어납니다. 거기에는 선택의 여지도 없고 그 어떤 머뭇거림도, 의심도, 불확실함도 없습니다. 오직 '내게는 이제 사명이 있다'는 것만이 분명해지지요. 이제 당신의 최우선가치에 접근하여 그에 일치하는 삶을 살 수 있는 힘이 생겼습니다. 그것은 당신 삶의 모든 영역에 넘쳐흐릅니다. 모든 인간은 의식적이든 무의식적이든 그런 상태로 살기를 원하기 때문에, 그 힘은 다른 사람들을 끌어들이는 자석과도 같습니다. 그 힘은 당신이 가장 가치 있게 여기는 것과 일치하는 사람, 장소, 사물, 아이디어, 사건 등을 동시에 끌어당깁니다. 당신 마음속의 가장 깊은 곳에 있던 지배적인 생각이 가장 외적인 현실을 지배하기 시작합니다.

더디긴 하지만 확실히, 사람들이 내 주변에 모여들기 시작했고 탄력을 받은 나는 앞서가기 시작했습니다. 되돌릴 수 없을 때, 마법이 시작됩니다. 그러므로 내면에서 당신을 부르는 당신의 텔로스를 찾는 것이 매우 중요합니다. 종교가 있든 없든 상관없습니다. 텔로스는 그런 소명을 뛰어넘는 소명이기 때문이지요. 그 꿈을 생각하면 당신의 눈에서 영감과 감사의 눈물이 흐릅니다. 활력이 솟아나고, 평범한 당신의 내면에 앉아 있던 특별한 당신의 모습이 드러납니다. 내면의 목소리와 비전이 외부의 의견이나 장애물보다 더 크게 들립니다.

당신이 할 일은 남을 달래거나 기쁘게 하는 것이 아닙니다. 당신은 영감을 받은 사명이 무엇이든 그것에 따라 살고, 진정으로 봉사하기 위해 존재합니다. 어쩌면 그것은 로즈 케네디처럼 훌륭한 집안을 일으키는 것일지도 모릅니다. 당신의 내면에는 꿈이 있으며, 그것은 결코 작지 않습니다. 당신이 그 꿈에 일치하는 삶을 살 때마다 당신 주변에는 훌륭한 사람들이 모여들어 그것이 성취되도록 도울 것입니다. 최적의 장소에서 최적의 시간에 최적의 사람들을 만나게 될 것입니다. 그리고 그럴 때마다 당신의 꿈은 물론 회복탄력성도 자연스럽게 커질 것입니다.

누구의 브랜드로 살고 있나?

당신 스스로가 중요하지 않게 여기는 가치관이나 다른 사람들의 가치관에 따라 살면 당신의 편도체가 활성화됩니다. 편도체는 충동, 강박, 즉시성, 만족, 중독, 생존과 관련이 있습니다. 최우선가치에 따라 살지 않으면 성취감이 부족해지고, 우리는 그 자리를 음식이나 소비재 같은 다른 것들로 채우고 맙니다. 자기만의 브랜드를 구축하는 대신 다른 사람의 브랜드로 살아갑니다. 달성되지 못한 최우선가치에 대한 보상으로 중독적 행동이 나타납니다. 그것은 즉각적인 만족을 주는 빠른 해결책입니다. 하지만 즉각적인 만족은 당신의 삶에 손해가 될 수 있음을 알아야 합니다. 반면 장기적인 비전은 오히려 도움이 되지요.

　게다가 당신이 최우선가치에 일치하는 삶을 사는 순간 당신의 종뇌가 활성화되면서 면역체계, 자율신경계, 생체리듬이 정상으로 돌아옵니다. 당신의 생리 기능이 정점을 찍기 시작합니다. 당신의 유전자에 텔로미어**telomere**(염색체의 양끝

부분에 있는 특수한 입자로서 텔로미어의 길이가 짧아질수록 세포의 노화가 빨라진다-옮긴이)가 추가되어, 더 크고 오래가는 비전의 성취를 위해 당신이 더 오래 살 수 있도록 합니다. 당신의 생리 기능은 당신 내면의 회복탄력성과 독창성을 표현합니다.

나는 현재의 표준적인 건강 관리 모델이 우리의 위대함을 해치고 있다고 확신합니다. 한 가지 예를 들어봅시다. 지난밤 너무 많이 먹고(큼직한 스테이크 한 덩이, 치즈케이크 한 조각, 스파게티 한 그릇, 땅콩버터 한 병) 잤더니 다음 날 눈이 붓고, 코가 막히고, 속이 더부룩하고, 머리가 아프고, 알레르기 증상까지 나타났습니다. 당신은 병원에 가고, 의사는 그 많은 증상을 없애기 위해 완화제를 처방합니다. 의사들은 보통 당신에게 음식을 어떻게 먹어야 하는지를 가르치지 않습니다. 건강하지 못한 식습관이 성취감 부족의 부산물이라는 것 또한 가르쳐주지 않습니다. 당신이 충족되지 않은 '텔로스'나 '확실한 목표'를 메우기 위해 실행 중추의 관리 없이 당신의 몸을 음식으로 과도하게 채우고 있는데도 말이지요.

좀 더 전체론적이고 대안적인 건강 전문가에게 간다면, 그들은 당신의 생활습관에 대해 묻고 당신이 과식했음을 밝혀낼 겁니다. 그들은 그런 증상이 질병이 아니라고 말할 것입니다. 그것은 어리석은 행동에 대한 건강한 반응입니다. 그런 증상이 일어나는 것이 당연하지만, 우리는 그런 증상이

제공하는 피드백을 통해 배우지 않고 완화제로 활동을 억제하곤 합니다. 이는 결코 해결책이 될 수 없습니다.

응용생리학을 이해하면 그러한 증상이 자율신경계의 불균형을 드러내고 있음을 알 것입니다. 어떤 것이 당신의 현재 가치관에 도전하는 게 아니라 그것을 지지한다고 인식하면 당신은 의기양양해지고 열중하게 되며, 부교감 신경계가 활성화되어 그와 관련한 증상이 일어납니다(장이 촉촉해지고 외부 근육이 이완되지요). 지지보다 반발이 더 크게 인식되면 당신의 교감 신경계는 투쟁 혹은 도피**fight-or-flight** 반응을 보이며 활성화됩니다. 이때에는 장이 마르고 외부 근육이 긴장하는 등의 증상이 나타납니다. 당신은 몸에 여러 증상을 만들어냅니다. 이 증상은 당신의 마음에 불균형한 인식이 있음을 알리기 위한 피드백 반응입니다. 누군가가 다가와 당신의 가치관을 지지하고, 당신이 원하는 모든 것을 당신이 원할 때마다 한다면 당신은 그들에게 의지하는 어린아이가 되어버릴 수도 있습니다. 이럴 때 당신은 그와 정반대로 당신을 괴롭혀서 정신을 차리게 할 골목대장**bully**을 끌어당기게 됩니다. 골목대장은 당신의 적이 아닙니다. 그들은 안이한 삶에 대한 의존과 중독, 나아가 환상으로부터 당신을 깨우기 위해 당신의 삶에 끌어들여진 존재입니다. 당신에게 도전적인 존재들은 당신을 독립적으로 만듭니다. 그들을 올바르게 인식한다면, 그들은 당신의 조숙한 독립성, 진정함, 회복탄력성이 유지되도록 도와줄 것입니다.

최우선가치와 일치하는 목표

당신이 누군가에게 푹 빠졌을 때, 아마 처음에는 그 사람과 함께하기 위해 당신에게 가장 중요한 것을 희생했을 것입니다. 스무 살 때 휴스턴대학교에 다니던 나는 계단식 강의실의 꼭대기에 앉아 미생물학 수업을 듣고 있었습니다. 바깥은 더웠지만 강의실은 시원했고, 사람들이 들어오면 시원한 바람이 그들에게 가닿았죠.

어떤 스페인 모델이 걸어 들어왔습니다. 그녀의 갈색 머리가 바람에 날리는 모습은 마치 슬로모션 같았습니다. 그녀는 통로를 걸어 올라와 내 바로 앞에 앉았습니다. 그녀에게서 향수 냄새가 났습니다. 나는 완전히 무너졌습니다. 나는 그녀와 시시덕거리기 시작했고, 그녀와 함께 강의실을 나가 데이트를 했습니다.

당시 그녀는 미식축구 시합 하프타임 때 치어리딩을 하는 일을 하고 있었습니다. 나는 그녀에게 푹 빠진 나머지, 치어리딩 댄스를 배우기 위해 헬스케어 공부를 중단했습니다. 나의 텔로스는 일시적으로 집을 나갔고 즉각적인 만족감을 주는 편도체가 활성화되었습니다.

며칠 지나지 않아 나는 금세 좀 지루해지기 시작했습니다. 3주 뒤에는 왜 그녀의 연습 행사 때 참석하지 못했는지에 대한 변명을 늘어놓기 시작했습니다. 내게는 교사, 치유자, 철학자가 되겠다는 장기적인 비전이 있었으므로 학업으로 돌아가야 한다고 느꼈습니다. 하지만 당장에는 치어리딩의 관객으로서 즉각적인 만족감을 누렸습니다. 일시적으로 그 소녀에게 빠져서 그녀의 가치관을 내 삶에 주입했던 것입니다. 나는 그녀에게 완전히 매료되어 있었기에 그녀를 잃을까 봐 걱정됐습니다(우리는 무언가에 푹 빠졌을 때 그것을 잃을까 봐 두려워합니다). 그래서 일시적으로 나의 중대한 텔로스를 희생하고 좀 더 낮은 가치관에 따라 살기 시작했습니다. 잠깐의 열정을 위해 내 장기적 사명과 숙련을 잠시 제쳐두었습니다. 몇 주 만에 열정이 시들해진 나는 다시 학업생활로 되돌아가고 싶어졌습니다. 사실, 당신이 본래의 삶으로 되돌아가는 속도는 당신의 회복탄력성이 어느 정도인지를 보여줍니다.

나는 그 경험을 통해 배움을 얻었습니다. 어떤 사람이 우리보다 부유하고, 성공적이고, 매력적이고, 영적이고, 지적이라는 잘못된 인식에 기반해 그 사람에게 종속된다면 우리는 우리 자신의 일부를 희생하게 될 것입니다. 그러나 내 영혼과 맞서기보다는 차라리 온 세상에 맞서는 편이 낫습니다.

당신의 최우선가치와 일치하는 목표를 세울 때마다 성

취 확률은 높아집니다. 당신의 감각적 자각, 내적 의사결정 과정, 운동 기능이 최고조에 달하기 때문입니다. 당신은 말한 대로 행동하고 순탄한 삶을 살게 됩니다. 또 성취를 이루면 당신 내면의 더 큰 소명이 저절로 깨어나 더 많은 것을 성취하려고 합니다. 공간과 시간의 지평이 더 넓게 열리고 따라서 당신은 스스로가 더 많은 것을 해내고 성취할 수 있다고 믿게 됩니다.

도전을 멈추지 않는 삶

우리의 본성은 구체적인 것에서 추상적인 것으로, 세세한 것에서 일반적인 것으로, 유한한 것에서 무한한 것으로 향하도록 설계되어 있습니다. 우리 뇌는 본래 그렇게 하도록 되어 있습니다. 텔로스에 따라 살 때, 우리는 무한으로 가는 길을 열어갑니다. 추상적이고 성찰적인, 즉 유한한 감각 세계에서는 보통 갖지 못하는 잠재력이 펼쳐지는 것입니다. 임마누엘 칸트Immanuel Kant의 말처럼, 우리에게는 동물과 매한가지인 한쪽으로 치우친 내재적 마음과 함께 천사처럼 성찰적인 선험적 마음도 있습니다. 텔로스에 따라 살아가면 우리의 천사 같고 성찰적인 선험적 마음이 깨어나며, 우리의 능력은 위축되기보다는 확대되고, 지상적이기보다는 천상적이 됩니다.

그리고 중력에 따르며 하강하기보다 방사선처럼 넓고 관대한 존재로 확장됩니다.

비디오 게임을 좋아하는 열두 살 소년을 다시 떠올려보세요. 그 아이는 결국 그 게임에 통달하게 될 것입니다. 그렇지 않겠어요? 그렇게 되면 그 아이는 어떻게 할까요? 아마 더 수준 높고 어려운 게임을 손에 넣기 위해 부모를 설득할 방법을 찾을 겁니다.

내 생각에 그건 매우 중요합니다. 최우선가치와 일치하는 삶을 사는 순간, 당신은 자발적으로 당신에게 영감을 주는 더 큰 도전을 계속해서 찾게 됩니다. 그렇게 자발적으로 등장한 리더는 자신에게는 영감을, 다른 사람에게는 도움을 주는 도전을 추구할 것입니다. 바로 이러한 추구가 당신의 타고난 천재성과 더 큰 회복탄력성을 일깨웁니다.

삶은 쉬워지기는커녕 점점 더 복잡해집니다. 하나의 세포는 분열되고 또 분열되어 더 복잡한 상호작용을 일으킵니다. 우리 삶도 마찬가지입니다. 우리가 할 일은 삶을 쉽게 만드는 것이 아닙니다. 우리가 어느 정도의 복잡성을 다룰 수 있는지 알아보고 그것을 정리해 또 다른 복잡성으로 나아갈 수 있어야 합니다. 텔로스를 성취하면 우리는 도전에 위축되기보다 도전에 대한 해결책을 자동적으로 추구하게 됩니다.

자기애와 이타심의 균형

경제학적으로 '지속 가능한 공정한 교환'이란, 최우선가치에 따라 살아가는 것을 의미합니다. 왜냐하면 그렇게 할 때 가장 큰 객관성과 균형이 생기기 때문입니다. 당신이 중요치 않게 여기는 가치에 따라 살면 주관적인 편견이 많아져서 자기애적이거나 이타적으로 되기 쉽습니다. 자기애적 성향이 생기면 당신은 자기의 가치관을 다른 사람들에게 투영해 그들이 당신의 가치관에 따라 살기를 기대하는데, 이는 자기 패배적이고 헛된 일입니다. 또 이타적 성향이 생기면 당신은 다른 사람들을 위해 자신의 가치관을 희생하기 쉽습니다. 당신이 내적 균형을 잡지 못하고 자기애와 이타심이라는 양극단에서 불균형을 겪을 때마다 공짜로 무언가를 얻거나 아무 대가 없이 무언가를 주려고 함으로써 재징적 수익을 훼손하게 되는데, 이는 지속이 불가능한 일입니다.

정신적 자아와 물질적 자아에 대한 통달은 따로가 아니라 하나로 이어져 있으며 둘은 서로 같습니다. 물질 없는 정신은 무표정이고, 정신 없는 물질은 무감정입니다. 영감이 충만한 삶을 살려면 영감을 주고, 다른 사람들에게 봉사하고, 가치순위가 낮은 일을 남에게 맡기는 비용보다 더 많은 소득을 가져다주는 일을 매일 할 수 있을 만큼 인류에 관심을 가져야 합니다. 가치순위가 낮은 일을 남에게 맡길 수 없다면,

당신은 전혀 영감을 주지 못하고 당신의 가치를 깎아내리는 활동에 빠져들 것입니다. 그러나 사람들에게 봉사하는 동시에 더 큰 소득을 벌어들임으로써 영광스러움을 느끼거나 영감을 받지 않는 이상, 아마도 당신은 그러한 일들을 맡기기 위해 돈을 지불하려 들지 않겠지요.

당신이 사람들에게 봉사하고 그들의 요구나 시험을 충족시키는 무엇인가를 하기로 결정할 때까지 당신 주위의 사람들은 당신에게 도전을 해올 것입니다. 당신이 그 일을 해내면 경제적 보상을 받고 영감이 충만한 삶을 자유롭게 살게 됩니다. 그러면 우리에게 영감을 주지 않는 외부의 영향을 거부하고 우리가 가장 잘하는 일, 즉 우리에게 경쟁 우위를 제공하는 동시에 아주 의미 있고 진정으로 도움이 되는 일을 계속해나갈 수 있습니다. 나는 열일곱 살 때 나 자신을 발견한 것을 정말 감사하게 생각합니다.

심리학자 로런스 콜버그Lawrence Kohlberg는 사람들 대다수가 일부 동물과 비슷하게 기본적인 생존 충동 및 본능으로 고통을 피하고 쾌락을 추구하며 살아간다는 것을 보여주었습니다. 그들은 종교적 교리, 사회적 선동, 그리고 무엇을 하고 어떻게 기능하고 무엇을 사야 할지 알려주는 비즈니스에 의해 움직입니다. 당신이 강화하지 않는 삶의 영역에서는 다른 누군가가 당신을 제압합니다. 강화하지 않으면 제압당하고 맙니다. 당신이 강화하지 않으면 세상의 음모적인 요소가 당신을 통제하겠지만, 당신이 스스로를 강화하는 순간 그런 것들은 의미를 모두 잃습니다. 당신은 세상이 당신 것임을 깨닫습니다. 그리고 기존의 문화를 따르는 대신 스스로 문화를 만들고 이끌기 시작합니다. 당신 눈앞에는 장애물보다 더 많은 기회가 펼쳐질 것입니다.

의미와 성취감이 넘쳐나는 놀이터

나는 열여덟 살 때부터 '우주는 나의 놀이터야'라고 스스로에게 말해왔습니다. 세계는 나의 집입니다. 각 나라는 내 집에 있는 방입니다. 각 도시는 내 마음과 영혼을 공유하는 또 다른 플랫폼입니다. 나를 제외하고는 그 누구도 나를, 또는 내가 하는 일을 제한할 수 없습니다. 우리가 스스로에게 비범한 일을 할 수 있는 기회를 주거나 진정성으로 우리의 길을 가득 채운다면 어떤 일이 벌어질까요? 한 가지 확실한 건, 회복탄력성이 커진다는 것입니다.

진전이 있는지 확인하기 위해 일상적인 활동을 통해 얻은 피드백을 경청하고 적용할 때, 당신은 무언가에 전념하고 있다는 것을 깨닫고 당신이 발견한 것, 즉 당신이 하는 일의 진실을 직면하기를 두려워하지 않습니다. 진짜 목표가 있으면 환상에 대한 믿음에 이끌리지 않습니다. 당신은 그저 당신의 목표를 다듬고 어떻게 하면 그것을 더 완벽하게 익힐 수 있는지를 더욱 객관적이고 계량적으로 배우고 싶어 합니다.

진정한 목표나 목적은 불안과 두려움을 유발하는 일방적인 환상이 아니라 균형 잡힌 것입니다. 일방적인 환상이라는 목표를 세우는 순간 우리는 그것이 불균형적이고 불완전하다는 것을 스스로에게 알리기 위해 그와 상반되는 것이나 혐오적 감정을 마음속에 만듭니다. 이때는 고통 없이 쾌락을 얻고자 하는 편도체가 전력을 다해 작동합니다. 한편, 우리 뇌의 실행 중추와 좀 더 객관적인 부분은 균형 잡힌 목표를 세울 줄 알며 그것이 보상과 위험을 수반한다는 것도 압니다. 일방적 환상이 불러일으키는 문제는 전략적 계획에 의해 완화될 수 있습니다. 전략적 계획은 보상에 대한 환상을 가라앉히고 위험을 완화해 진정한 전략적 기회로 전환하는 방법을 제시합니다. 그것이 바로 실행 중추의 역할입니다.

나의 전 여자친구인 트리시는 남아프리카공화국 케이프타운에서 엔지니어이자 기업가로 일했습니다. 일을 하면서 상도 받았지요. 그녀는 어느 시골 마을에서 직업이 없는 수천 명을 발견했습니다. 실업률이 무척 높은 곳이었지요. 그녀는 '이건 도전할 기회야. 내가 무엇을 할 수 있을까?'라고 생각했습니다. 그녀는 활용할 만한 자원이 있는지 조사하기 위해 그 지역의 조감도를 확인했습니다. 그리고 그곳으로부터 5킬로미터 정도 떨어진 곳에 선로가 있다는 것을 발견하고는 생각했습니다. '열차의 경로를 바꿔서 이 지역으로 들어오는 선로를 놓으면 어떨까? 내가 통근자용 철도 차량과 엔진을 만드는 회사를 세우고 사회적 사업의 일환으로 그 사람들을 고용하면 어떨까?' 결국 그녀는 세 곳에서 그 일을 해냈습니다. 사람들에게 관심을 갖고 봉사하기 시작한 덕분에 수백만 달러 규모의 회사를 세울 수 있었던 것입니다.

에베레스트산을 네 번이나 오르고 지구에서 가장 높은 일곱 개의 봉우리를 두 번씩 등반한 어느 멋진 신사와 아일랜드에서 저녁을 먹고 있을 때의 일입니다. 그는 북극과 남극을 도보로 여행했고 서양의 어느 누구도 가본 적 없는 몇몇 나라에서 원주민과 함께 살았습니다. 모험가인 그는 눈물을 글썽이며, 그것이 자기가 어렸을 때부터 하고 싶었던 일이라고 말했습니다. 그가 원했던 건 오로지 모험가가 되는 것이었습니다. 그는 자신의 불안과 두려움을 극복하기 위한 계획을 고안해냈습니다. 한 가지 두려움을 극복할 때마다 그는 다른 두려움을 찾아 그것을 극복하는 방법을 알아내려고 노력합니다. 그런 전략을 가진 그는 수많은 사람에게 영감을 줍니다. 그는 놀라운 일을 수없이 해냈습니다. 그는 자신의 가장 큰 두려움을 찾고, 그것을 극복하고, 그다음 두려움으로 넘어가는 것을 추구했습니다. 그것이 곧 그의 인생이지요. 그는 그 일을 통해 큰 부를 쌓았습니다. 그의 이름은 팻 팔베이 **Pat Falvey**이고, 그는 영감을 주는 모험가이자 리더입니다.

긍정적인 시각으로 모든 일을 문제가 아닌 과정으로 보는 사람은 어떤 장애물과도 마주칠 일이 없습니다. 그들은 어떤 일이 일어나더라도 회복탄력적입니다. 그들은 무엇이 천재성, 혁신성, 창의성과 인간의 문제에 대한 기발한 해결책을 촉진하는지 압니다. 혁신을 일으키거나 자신의 천재성을 일깨우는 삶은 쉽지 않습니다. 이는 자신에게 영감을 주는 도전을 추구함으로써 발전해나가는, 회복탄력적인 삶입니다.

나는 열여덟 살 때 내 삶을 마스터하기로 결심했습니다. 당시에는 그것이 무엇을 의미하는지조차 잘 몰랐지만, 지금은 압니다. 삶을 마스터한다는 것은, 타고난 창의적이고 혁신적인 천재성을 깨워서 인류에 봉사할 독창적인 아이디어를 생각해낸다는 의미입니다. 나는 외부 세계에 종속된 삶을 살고 싶지 않았습니다. 그 세계에 영감을 주는 무언가를 내가 직접 만들고 싶었습니다.

나는 당신의 내면 깊은 곳에도 그런 바람이 있다고 믿습니다. 나는 당신이 이 지구상에서 무언가 놀라운 일을 해내고, 변화를 일으킨다는 타고난 소명을 가지고 있다고 믿습니다. 그러기를 꿈꾸면서도 자신을 다른 사람과 비교하는 태도는 우리를 종종 멈칫하게 만듭니다. 그러는 대신 우리의 일상적인 행동을 우리 자신의 최우선가치를 중심으로 하는 영감과 비교하면, 놀라운 일이 일어납니다.

조화롭고 진정한 상태일 때 당신의 자존감은 치솟습니

다. 만약 내가 컵케이크를 만들고 배달하는 사업을 시작했다면 아마 특출나지 않았을 겁니다. 요리와 운전은 내가 잘하는 일이 아니니까요. 만약 당신이 고양이인데 물고기처럼 헤엄치기를 기대하거나 물고기인데 고양이처럼 기어오르기를 기대한다면, 당신은 스스로에게 뭔가 문제가 있다고 생각할 겁니다.

다른 누군가의 삶을 살려고 노력하는 순간, 당신 자신의 자격 수준, 자신감 그리고 창의성, 혁신성, 성과는 낮아집니다. 우리는 다른 누구의 그늘 속에 살기 위해 존재하지 않습니다. 우리는 자기 자신에게 놀라운 일을 하도록 허락했던 거인들의 어깨 위에 서기 위해 존재합니다. 본질의 수준에서, 그리고 진정한 영혼의 수준에서 보자면 당신은 전혀 부족함이 없습니다. 하지만 그보다 현혹적인 감각의 수준에서 보면 무엇인가가 빠진 것처럼 보입니다. 당신 자신이나 다른 사람들에게서 무엇인가 부족한 것이 있음을 인식하고 그에 대해 평가할 때, 순간적으로 당신의 잠재력은 쪼그라듭니다.

메리 케이 애시가 조언했듯이, 하루도 빠짐없이 당신이 오늘 할 수 있는(몇 주씩 걸리는 것이 아니라 오늘 안에 끝낼 수 있는) 최우선순위의 일을 예닐곱 가지씩 기록하세요. 하루가 가기 전에 그것을 다 끝내면 하나를 더 추가하세요. 그것도 끝내면 또 하나를 추가하되, 목표를 달성하지 못해 주눅이 드는 일은 없도록 해야 합니다. 그저 당신이 할 수 있는 최우선순위의 일을 해나가세요. 그것을 기록하고, 그중에서도 가장 중요한 것과 가장 일관된 것을 찾아보세요. 당신이 섭렵하고자 하는 한 가지 일을 발견했다면 나머지는 남에게 맡기는 기술을 익히세요. 그러면 당신의 회복탄력성이 커지기 시작할 것입니다.

당신은 사업은 하고 싶지 않지만, 가정은 꾸리고 싶을 수 있습니다. 그래서 만약 사업을 하는 사람과 결혼을 한다면, 당신은 가장 훌륭한 당신이 되어 상대방을 섬깁니다. 이는 상대방이 인류에 봉사할 수 있는 사업을 일으키도록 그들에게 영감을 주는 일입니다. 직접적 또는 간접적으로 사람들에게 봉사하지 않는 한, 당신은 영감을 받는 삶을 살 수 없습니다. 그렇게 행동하기 전까지는 의미와 성취감을 극대화할 수 없기 때문입니다. 뇌는 감각 피질과 운동 피질로 구성됩니다. 감각 피질은 보상을 받기 위한 것이고, 운동 피질은 봉사하기 위한 것입니다. 'deserve(보상을 받을 만한, 그럴 만한 자격이 있는)'라는 말은 'serve(봉사하다)'에서 비롯되었습니다.

내 인생의 샤이닝 스타

한번은 컨퍼런스 때 강연을 마친 내게 어느 사랑스러운 가족(부부와 세 자녀)이 다가왔습니다. 그중 열네 살 된 딸아이가 내게 말했지요. "선생님께 드릴 게 있어요. 이 DVD를 받아주세요."

"네가 만든 거니?" 내가 물었지요.

"맞아요."

나는 고맙다고 말하고 그것을 주머니에 집어넣었습니다. 그날 밤 라스베이거스 공항에 있던 나는 그 DVD를 내 컴퓨터에 넣었습니다. 학교를 배경으로 그 아이가 노래를 부르고 춤을 추는 공연 영상이 화면에 펼쳐졌습니다. 그 전해에 그 아이가 직접 만들고 안무까지 짠 이 노래에는 「샤이닝 스타 **Shining Star**」라는 제목이 붙어 있었습니다. 그녀의 이름은 빅토리아 애머럴**Victoria Amaral**로, 당신도 온라인에서 그녀의 영상을 찾아볼 수 있습니다.

빅토리아가 아홉 살이었을 때 내 발표회에 참석했던 그녀의 아버지는 나의 CD, DVD, 책을 모두 구매했습니다. 그는 집으로 돌아가 그것들을 듣고 보기 시작했습니다. 빅토리아도 자동차 뒷좌석에서 CD를 함께 들었고, 나의 메시지는 그녀의 마음속에 스며들었습니다.

빅토리아는 아버지에게 말했습니다. "아빠, 나는 내 목적과 사명이 뭔지 알아요. 나는 멋진 배우, 가수, 공연자가 되고 싶고, 그래서 특별한 수업을 듣고 싶어요. 그 일을 하기 위해 필요한 모든 것을 할 거예요." 그녀는 사명선언문과 목표를 글로 적고 거기에 집중했습니다. 위대한 사람들의 특성을 자기 것으로 만들기 시작했고 다른 사람들에게서 발견한 위대한 점이 자기 내면에도 있음을 깨달았습니다. 그녀의 내면은 금광이나 다름없었죠. 젊든 나이 들었든 누구나 목표를 이룰 수단을 알게 되면 그들의 삶에서 놀라운 일이 일어납니다. 나는 그런 모습을 숱하게 지켜봤습니다.

이 사랑스러운 소녀는 그 원리를 적용하기 시작했습니다. 가능한 한 많은 수업을 들었고, 배우와 안무가의 영상을 시청했습니다. 그녀는 사명을 수행하는 중이었습니다.

요즘 아이들이 단것을 즐기고 하루라도 빨리 10대에서 벗어나고자 하면서 노는 것은 그들의 본모습이 아니라, 그들의 최우선가치가 표현되지 못하고 억압되어서 나타나는 증상이라고 확신합니다. 어려서부터 자신의 최우선가치에 따라 살 기회를 얻은 아이들은 처음부터 특별한 일을 하게 됩니다. 그들은 그저 놀고 도망치고, 단것만 먹으려 하지 않습니다. 그들은 자신의 사명에 따라 살기를 원합니다. 나는 아주 어린 아이들에게서 그러한 장면을 목격해왔고, 그 모습을 보는 건 매우 고무적인 경험입니다.

영상을 본 나는 짤막한 이메일로 빅토리아에게 감사의 답장을 보내 계속 잘해나가길 바란다고 격려했습니다. 그해 말, 내가 샌프란시스코에서 진행한 '돌파구 경험' 워크숍에 빅토리아의 아버지도 참석했습니다. 빅토리아와 그녀의 어머니도 오고 싶어 했는데 그 주말에 공연 일정이 있다고 했습니다. 하지만 빅토리아는 프로그램 시작 전에 잠시 들러서 내게 DVD가 아닌 편지 한 통을 건넸습니다. 열어보니 디즈니로부터 온, 높은 수익이 보장되는 사업 거래 제안서가 있었습니다. 후에 이는 더 큰 거래로 이어졌지요. 가치관과 조화를 이루고 영감을 받는 삶을 사는 인간의 한계가 도대체 어디까지인지 모르겠습니다. 내가 아는 건 그런 삶을 살면 특별한 일이 일어나기 시작한다는 것뿐입니다.

위대한 사람들의 특성

당신은 일론 머스크**Elon Musk**가 일반적인 틀을 뛰어넘는 일을 하고 있다는 데 동의하나요? 리처드 브랜슨**Richard Branson**이 일반적인 틀을 뛰어넘는 일을 해왔다고 생각하나요? 우리는 그들에게서 존경할 만한 점을 발견한 뒤에 성찰적인 시각으로 자신을 신중하게 들여다보고 우리 내면 어느 곳에 그와 같은 습성과 자질이 있는지를 찾아낼 수 있습니다. 우리가 비교와 판단으로 편파적이 되거나 사람들을 떠받들거나 깎아내리기 위해 존재하지 않는다는 것을 깨닫고 나면, 자기반성과 사랑이 가득한 성찰을 하게 됩니다. 그렇게 할 때 우리는 이미 우리 안에 있는 것이 무엇인지를 볼 수 있고 깨울 수 있습니다. 그러고 나면 비로소 거인들의 어깨 위에 설 수 있습니다. 새로운 가능성의 장에서 살면서 우리가 더욱더 비범한 일을 할 수 있도록 허락하게 됩니다.

나는 위대한 사람들의 특성을 내 것으로 만들고자 성찰의 시간을 갖는데, 그 덕분에 매주 내 삶에 날아드는 기회에 깜짝 놀랍니다. 매 주말 '돌파구 경험'을 진행할 때마다 자신에게 어떤 습성이나 재능이 부족하다고 생각하는 사람들을 만나는데, 나는 그들에게 그렇지 않다고 알려줍니다. 그들은 단지 그들의 최우선가치와 일치하면서도 독특한, 또 다른 형태의 습성과 재능을 가지고 있을 뿐입니다.

애정, 분노, 자부심, 수치심, 죄책감처럼 편도체에서 비롯되는 양극화된 감정은, 제대로 해석되지 않거나 피드백으로 활용되지 않으면 당신이 숙련된 삶을 살고 실행 중추의 안내를 받는 것을 가로막을 수 있습니다. 나는 '돌파구 경험'을 통해 사람들이 편도체의 감정적 반응 충동과 본능을 조절할 수 있도록 훈련시킵니다. 이 과정을 통해 사람들이 더 전략적이고 의미 있고 특별한 일을 할 수 있기 때문입니다.

자신에게 어떤 질문을 하느냐에 따라 우리가 상황을 보는 시각이 달라집니다. '왜 나한테 이런 일이 일어나는 거지?'라고 묻지 말고 '내 최우선가치를 달성하는 데 이 일이 어떤 도움이 될까?'라고 물어보십시오. 사람들은 대부분 '어떻게 하면 돈을 잘 벌어서 그렇게 되고, 그렇게 하고, 그것을 가질 수 있을까?' 혹은 '어떻게 하면 그 일을 하면서 100만 달러를 더 벌 수 있을까?'라고 묻지 않고, '어떻게 그 일을 감당할 수 있을까?'라고 묻습니다.

나는 새로운 삶을 보여주는 신선한 질문을 할 수 있도록 사람들을 훈련시킵니다. 당신의 수준은 당신이 최우선가치와 얼마나 일치하는 삶을 사느냐에 정확히 비례합니다. 내가 할 수 있는 최선은, 사람들이 자신의 최우선가치를 발견하고 그 가치를(특히 그들에게 가장 큰 영감을 주는 텔로스를) 중심으로 하는 자기 삶의 교향곡을 지휘하도록 돕는 것입니다.

변화 없이도 변화를 일으키는 방법

런던에서 열린 '돌파구 경험' 행사에 참여한 한 신사는 25년 전에 있었던 일로 인해 생긴 아버지에 대한 경멸 때문에 사업적으로나 재정적으로 한계를 느끼고 있었습니다. 그는 25년이 넘도록 아버지와 말도 하지 않고 지냈지만 다른 한편으로는 아버지의 성실함을 존경하는 마음도 있었지요. 그의 경멸은 의식적인 부분이었고, 존경은 무의식적인 부분이었습니다.

당신의 결정 가운데 대부분은 영혼의 지혜라고 불리곤 하는 초의식적인superconscious 마음 대신, 의식 속에 잠재하는 바로 그 분열을 통해 진행됩니다. 의식적인 것과 무의식적인 것이 완전한 의식으로 통합되지 않는 한, 그것들은 당신을 분열시키고 당신의 삶을 지배하게 됩니다.

그 '돌파구 경험'에서 그 신사는 내가 '디마티니 메소드 Demartini Method'라고 부르는 방법을 아버지에게 적용하기로 하고 그 일에 아주 공을 들였습니다. 디마티니 메소드는 당신이 감정적으로 어려워하는 사람이나 권위 있는 인물의 긍정적·부정적 특성을 모두 관찰해서 받아들이는 방법입니다. 결코 쉽지 않은 일이었습니다. 그는 아버지를 원망했고 그의 모든 특성을 받아들이기를 어려워했습니다. 그는 아버지의 어떤 특성에 대해서는 의식적으로 독선적인 태도를 보였고 ("저는 결코 그렇게 되지 않겠다고 맹세하고 기도했습니다"), 자기가 존경하는 아버지의 특성 앞에서는 무의식적으로 자신을 위축시켰습니다. 하지만 그에게는 경멸하는 습성과 존경하는 습성 모두를 받아들이는 태도가 필요했습니다. 자신의 영웅적인 면과 악당적인 면 모두를 받아들이기 전까지는 진정성과 리더십을 갖추기 어렵기 때문입니다. 스스로의 주인이 되기 위해 당신의 반쪽을 완전히 없애버릴 필요는 없습니다. 그러는 대신 당신의 모든 면을 받아들이고 당신 내면에 그 모든 것이 자리 잡고 있다는 사실을 인지하고 인정하는 편이 현명합니다.

'디마티니 메소드'를 끝내고 나자, 그 신사는 아버지의 특성 가운데 자신이 경멸하는 것과 존경하는 것을 모두 받아들이고 마음속에 품었던 감정적 흥분을 가라앉혔습니다. 한

층 더 완전한 의식을 얻고 마음이 열린 그는 영감과 감사의 눈물을 글썽이며 새롭게 깨달은 감사의 마음을 아버지와 나누고 싶어 했습니다. 그리고 바로 그 순간 그의 휴대폰이 울렸습니다. 25년 만에 아버지한테서 문자 메시지가 온 것입니다. 그 자리에 참석했던 물리학자들조차 이해하기 힘든, 어떤 양자 얽힘 현상이 발생한 것만 같았습니다. 나는 그것을 매트릭스**matrix**라고 부릅니다.

우리가 사랑하지 않는 것은 우리가 그것을 사랑할 때까지 우리 삶을 통제할 것입니다. 우리가 감사하지 않는 것도 우리가 그것에 감사할 때까지 우리 삶을 통제할 것입니다. 우리의 판단은 우리가 그 판단을 초월할 때까지 우리 삶을 통제합니다. 주변 사람들에 대한 사랑을 제한하는 한 우리의 자존감은 극대화될 수 없습니다. 결국 사랑하면, 변화 없이도 변화를 일으킬 수 있습니다. 무엇인가를 고치는 것이 아니라 자연스럽게 모든 것을 제대로 보게 되기 때문입니다. 가장 질서정연한 인식을 가진 사람이 세상에 가장 큰 변화를 일으키며 리더가 될 수 있습니다.

더 높은 기준을 향하여

전문적인 학위나 훈련을 받을 가치가 있느냐는 질문을 하는 사람이 가끔 있습니다. 나는 당신이 배제적이지 않고 포용적인 배움을 원하며, 당신에게 가장 큰 영감을 주는 대의명분이나 사명에 필요한 모든 분야의 모든 것을 배우고 싶어 한다고 굳게 믿습니다.

내게는 열 살 때 '디마티니 메소드' 연습 프로그램을 수료한 조력자가 한 명 있습니다. 이제 스물한 살이 된 그는 때때로 유력인사를 상담하기도 합니다. 그는 1만 5천 권 가까이 되는 책을 읽었습니다. 정식 학위는 없지만 그는 나의 훌륭한 퍼실리레이터facilitator 가운데 한 명입니다. 학위와 상관없이 그는 어느 학교의 수준보다 뛰어난 석학입니다. 형식적인 교육이 모두에게 반드시 필요하다고 말할 수는 없습니다. 하지만 배울 수 있는 모든 것을 배우는 것이 좋습니다. 당신이 섭렵하고 싶은 분야에 대한 전문지식을 습득하고 그것이 최고의 수준에 다다를 때까지 배우세요. 하루에 30분씩 집중해서 책을 읽으면 7년 후에는 최고의 수준에 오를 수 있습니다.

전문대학원에 다니던 당시 나는 신경학을 공부했는데 그 주제에 관한 책을 닥치는 대로 많이 읽었습니다. 신경학 교수님이 낸 시험 문제에 나는 'A는 이런저런 이유로, B는 이런저런 이유로 시대에 뒤떨어진 답이다'라고 답안지에 써서 제출했지요. 그건 교수님의 출제 의도에서 벗어난 대답이었고 나는 낙제점을 받았습니다. 교수님 방에 찾아가 물었지요. "도대체 저를 낙제시키신 이유가 뭔가요?"

"시험에서 이런 답을 적으면 안 되네."

나는 "왜 제가 해서는 안 되는 것을 교수님이 결정하시나요?"라고 말했습니다. 그러고는 마흔다섯 권의 신경학 교재가 들어 있는 상자를 보여드렸습니다. 교재 곳곳에는 공부를 하면서 내용을 정리한 쪽지가 붙어 있었지요. "교수님만이 제가 생각하는 유일한 권위자는 아닙니다. 저는 여기 있는 권위자들도 이용할 거예요. 그들의 어깨 위에 서서 그들을 뛰어넘을 겁니다." 나는 신경학을 배우러 온 거지, 내 지식을 틀에 가두고 구식 시험을 통과하기 위해 대학원에 온 게 아니었으니까요.

교수님은 이렇게 말했습니다. "나는 자네가 그렇게 진지한 학생인지 몰랐네. 나한테 장난을 치는 줄 알았어." 그러고는 나를 자기 수업에서 면제시키고 학점을 주셨으며, 자신이 몸이 안 좋을 때에는 나에게 대신 강의를 맡아달라고 부탁하셨습니다. 그러니 세상 어느 학교의 기준도 당신이 그것을 넘어서는 것을 막지 못하게 하십시오. 계속 배우고 더 높은 기준을 세우십시오.

최우선이 최고는 아니다

관계는 양성성androgyny, 兩性性을 추구합니다. 당신이 만약 지적 추구, 사업적 감각, 부 쌓기에 집중하는 사람이라면 아마도 아기, 사교, 미용, 쇼핑에 집중하는 배우자를 끌어당기게 될 것입니다. 배우자의 최우선가치가 자녀와 가족이라면 당신의 최우선가치는 아마도 일이겠지요. 그렇지 않으면 가족을 먹여 살릴 수 없을 테니까요.

당신과 배우자의 가치관이 똑같지는 않으리라는 것을 알아야 합니다. 만약 완전히 똑같은 두 사람이 있다면 둘 가운데 하나는 필요없는 존재가 됩니다. 결혼의 목적은 쾌락적 행복의 즉각적인 충족이 아닙니다. 결혼은 당신의 가치순위에서 아래쪽에 있는 일을 위임할 만한 사람을 찾기 위한 것입니다. 농담으로 한 말이지만, 이것만은 알아두세요. 만약 당신에게 예쁜 아이들이 있다면 부부 가운데 한쪽은 아이들에게 집중할 겁니다. 물론 부부가 모두 양성성 공식의 양쪽에서 다양하게 참여할 수 있지만, 아마 당신의 배우자나 당신 중 한 사람은 일을 하며 생계를 책임지게 될 것입니다.

많은 사람이 자신을 최우선으로 여겨주는 배우자가 최고라고 생각하며 환상 속에 삽니다. 워크숍에서 한 여성을 만났는데, 그녀의 남편은 그녀를 최우선으로 여겼어요. 과연 둘 사이는 어떻게 됐을까요? 비유적으로 말하자면 그 여성은 남편을 죽이고 싶어 했습니다. 그가 하루 24시간 그녀 곁에서 그녀와 사랑을 나누고, 함께 시간을 보내고, 그녀를 껴안고, 그녀와 전화하고, 그녀를 붙잡고 있으려고 했기 때문입니다. 그녀는 아무것도 할 수가 없었어요. 나는 그녀에게 말했습니다.

"당신은 당신을 최우선으로 여기는 남자를 원하는 게 아닙니다. 당신을 한 네 번째쯤으로 여기는 남자를 원하는 거죠. 당신은 직업이 있는 남자를 원합니다. 그게 첫 번째예요. 돈도 좀 있어야 하고요. 그게 두 번째일 겁니다, 그렇죠? 세 번째에는 몇 가지 다른 것이 있겠죠. 세 번째나 네 번째가 더 이상적입니다. 그 아래도 위도 아니죠. 왜냐하면 그가 당신을 첫 번째로 여기면 당신은 자유를 빼앗겨 숨이 막힐 테고 생활비도 전부 직접 책임져야 할지도 모르니까요. 서로를 세 번째나 네 번째, 아니면 다섯 번째 정도로 여기는 게 좋을 거예요. 당신이 잘하는 분야는 당신에게 소중하기 때문에 그것이 더 실용적인 관계라고 할 수 있습니다."

양성성은 가족 역동family dynamic에서 생산과 재생산이 균형을 이루도록 자동적으로 기능할 것입니다. 다시 말하지만, 당신 삶의 질은 당신이 하는 질문의 질에 달려 있습니다.

"배우자의 최우선가치가 당신에게 가장 중요한 것을 이루는 데 어떤 도움이 되나요?"

당신의 배우자가 하는 일이 당신에게 어떤 도움이 되는

지 알려면 이 질문에 30, 40번씩 대답해보세요. 그러면 배우자에게 감사하게 되고 끊임없이 배우자를 고치거나 바꾸려고 들지 않을 것입니다. 그것을 본 당신의 배우자도 당신에게 똑같이 할 수 있겠지요. 배우자가 당신을 위해 어떻게 헌신하고 있는지를 당신이 알지 못하고, 당신이 배우자를 위해 어떻게 헌신하고 있는지를 배우자가 알지 못한다면, 서로 존중하는 대화라고는 찾아볼 수 없게 될 겁니다. 둘이서 번갈아가며 독백을 하게 되고 관계는 벼랑 끝으로 치닫겠지요.

당신의 최우선가치를 상대방의 최우선가치나 그들에게 영감을 주는 것과 관련지어서 소통하지 않고 당신의 가치관이 옳다는 생각에 상대방이 그에 맞춰 살기를 기대하는 것은 헛된 일입니다. 당신의 배우자는 의뢰인, 또는 고객과 같은 존재입니다. 소통하는 방법, 고객의 최우선가치를 충족시키는 방법을 배우지 못하면 그들은 다른 곳으로 떠나가고 맙니다.

Part 3

가치실현을 위해
우리 몸이 하는 일

회복탄력성을 방해하는 주요 요인 중 하나는 무의식적 동기와 숨겨진 의도입니다. 당신의 지인 중에도 어떤 일을 할 거라고 말해놓고도 계속 다른 일만 하는 사람이 분명 있겠지요.

이미 살펴본 바와 같이 각 개인은 문화, 신념, 피부색, 나이, 성별과 상관없이 일련의 우선순위(자기 삶에서 가장 중요하거나 가치 있다고 생각하는 것에서부터 가장 그렇지 않은 것까지)에 따라 살아갑니다. 아무도 그들에게 가치순위의 최상위에 있는 일을 성취하도록 동기를 부여할 필요가 없습니다. 그 일에 관한 한 그들은 내적으로 영감을 받기 때문입니다. 당신은 당신의 전체적인 가치관을 지지하는 일을 할 때 자부심을 느낄 것입니다. 반면 그에 어긋나거나 반대되는 일을 할 때에는 수치심이 들겠지요.

누구의 가치관도 옳거나 틀렸다고 할 수 없는데도, 사람들 대부분은 다른 사람의 가치관이 자기의 것과 비슷하지 않을 때 자신이 옳고 다른 사람은 틀렸다고 생각합니다. 가치관이 서로 비슷한 상대는 친구로 여기고, 그렇지 않으면 적으로 여깁니다. 외부의 누군가가 당신의 가치관을 지지한다면 당신은 아마 그가 윤리적으로 선하다고 생각할 것입니다. 또 누군가가 당신의 가치관에 도전한다면 당신은 아마 그가 윤리적으로 악하다고 나쁘다고 생각할 것입니다. 당신의 내적 도덕과 외적 윤리는 당신의 전체적인 가치관과 연결되어 있습니다. 바로 이런 이유로 사람들은 가치관을 도덕이나 윤리와 연관 짓거나 혼동하기도 합니다.

X이론적 인간과 Y이론적 인간

1960년대에 사회학자 도널드 맥그리거Donald McGregor는 경영학을 연구하면서 X이론적 인간과 Y이론적 인간이 있다는 사실을 발견했습니다. Y이론적 인간은 자발적 또는 내재적으로 움직입니다. 그들은 자기가 하는 일을 좋아하고 스스로 일을 시작했으며, 일하는 것이 좋아서 하는 사람이었습니다. 반면 X이론적 인간은 인센티브와 외부 동기를 필요로 했습니다.

만약 당신이 고용한 사람이 자신의 최우선가치와 그 일이 일치한다고 여긴다면, 그는 인센티브 프로그램이나 보너스, 휴가에 대해 묻지도 않고 "제가 할게요"라고 말할 것입니다. 그는 그 일을 원하고, 하고 싶어 합니다. 반대로 그 일이 자신의 최우선가치와 일치하지 않는다고 생각하는 사람은 휴가, 인센티브, 보너스에 대해 묻겠지요. 그는 월요병에 시달리고, 수요일을 한 주의 고비로 여기고, 금요일이라 다행이라고 생각합니다.

자기가 하는 일과 최우선가치가 일치하는 사람은 휴가에 대해 생각하지 않습니다. 일이 휴가나 마찬가지이기 때문이지요. 그들은 성취감을 느낍니다. 자신의 천직이 곧 최우선가치인 그들은 일을 하고 정당한 보상을 받는 것을 좋아합니다.

지지와 도전의 경계에서

이러한 사실이 건강 및 질병과는 어떤 관련이 있을까요? 자신의 가치관에 맞는 일을 할 때마다 뇌에서는 도파민, 옥시토신, 엔케팔린, 엔도르핀 같은 화합물질이 늘어납니다. 이 물질은 즐거움을 유발하고 중독성이 있어서, 당신은 그것이 분비되도록 자극하는 활동에 끌립니다. 사람들은 어떤 일이 불이익보다 훨씬 큰 이득을, 위험보다 훨씬 큰 보상을 주는

지를 생각하여 행동하고 결정을 내립니다. 이러한 활동은 뇌에서 가장 많은 양의 도파민, 옥시토신, (뇌의 아편성 물질로 불리는) 엔케팔린을 만들어냅니다.

앞서 언급했듯이 뇌에는 신경세포 외에 신경아교세포라는 또 다른 세포가 있습니다(각 신경세포당 아홉 개에서 열 개씩). 그리고 이 세포는 어떤 일이 최우선가치와 얼마나 일치하는지에 반응합니다. 당신이 최우선가치의 실현으로 여기는 일을 할 때마다 당신의 신경아교세포는 자동적으로 전뇌 실행 중추의 신경세포를 미엘린화myelinate합니다. 미엘린은 신경세포의 축삭(긴 부분)을 감싸고 있는 물질로, 신경세포가 전기 자극을 전달하는 속도를 높여 당신이 최우선가치를 실현하는 능력을 향상시킵니다. 또한 당신 자신의 행동이나 다른 사람들의 행동이 당신의 가치관에 저항할 때에도 어떤 화합물질이 만들어지는데, 그러면 그 세포들은 탈미엘린화demyelinate되어 자극 전달 능력이 둔화됩니다. 희망과 유익함은 전뇌를 미엘린화하고, 무력감과 절망은 전뇌를 탈미엘린화합니다.

탈미엘린화 질환은 대개 장기간의 절망 및 무력감과 관계가 있습니다. 연구 결과에 따르면, 영감을 주고 최우선가치를 실현해주는 일, 성취하고 나면 자존감을 느낄 수 있는 도전 과제를 발견하면 알츠하이머병의 진행을 늦출 수 있다고 합니다. 그러한 일은 환자의 손상된 뇌세포 기능을 변화시키고 그중 일부를 회복시켰습니다. 이렇게 우리 뇌는 변화하는 인지적 환경에 적응합니다. 뇌는 살아 있으며 가소성을 지닙니다.

44년 전, 내가 신경학 관련 일을 처음 시작할 당시에는 사람들이 오늘날과 같이 신경 가소성을 완전히 이해하지 못했습니다. 우리는 신경 발생neurogenesis, 즉 새로운 신경세포의 생성에 대해서 알지 못했습니다. 또 뇌를 훈련시키거나 다시 개발할 수 있다는 사실도 몰랐지요. 하지만 이제는 그럴 수 있다는 걸 압니다.

우리는 일련의 가치관, 즉 우선순위에 따라 살아갑니다. 우리는 자신의 최우선가치를 실현하고자 노력합니다. 그것을 돕는 일에는 마음을 열고, 그것을 방해하는 일에는 마음을 닫습니다. 우리는 그에 따라 우리의 신경계를 구축, 또는 파괴하거나 개조합니다.

삶에서 지지와 도전이 균형을 이룰 때 우리 몸의 적응력은 최고조에 이릅니다. 과잉보호를 받았던 휴스턴 메디컬 센터Houston Medical Center의 버블 보이에 관한 이야기를 들어봤을 겁니다. 버블에서 나오자마자 그는 즉시 병에 걸렸습니다. 생명 활동은 지지와 도전의 경계에서 최대로 발전합니다. 그 결과, 우리는 피질하 편도체의 기능을 통해 우리의 가치관을 지지하는 것을 찾는 동시에 그에 대한 도전도 끊임없이 끌어당깁니다. 지지만 받는다면 우리는 계속 미숙하고 의존적인 상태로 머물 것이기에 더 빨리 독립성을 갖추기 위해 도전적인 일을 끌어당기는 것입니다. 지지와 도전이 균형을 이룰 때 우리는 최대한 성장할 수 있습니다.

포식자와 먹잇감이 있는 생태계에서도 마찬가지 일이 벌어집니다. 먹잇감은 우리가 우리 가치관을 성장시키고 지지하기 위해 이용하는 음식입니다. 하지만 생태계에는 먹잇감만이 아니라 포식자도 있지요. 포식자는 우리를 적응시키고 변화시키기 위해 끊임없이 우리에게 싸움을 걸고 공격합니다. 그렇지 않다면 우리는 아무런 활기 없이 가만히 앉아서 너무 많이 먹고 건강도 잃고 말 것입니다.

다시 말해, 최대의 성장과 발전은 지지와 도전의 경계에서 일어나지만 우리의 피질하 편도체는 도전 없는 지지를 찾는 경향이 있습니다. 우리는 우리의 가치관을 지지하는 것을 추구하면서도 우리를 최대한 성장시키기 위해 가치관에 대한 도전을 계속해서 끌어당기는 모순 속에서 살아갑니다. 당신도 알다시피 비슷한 것들끼리는 끌리기 마련이지만 반대되는 것들끼리도 서로를 끌어당깁니다. 우리는 우리와 비슷한 것에 끌리기도 하지만, 우리의 미숙한 의존성을 깨뜨리고 성장하고자 우리와 반대되는 것들도 끌어당깁니다.

의식과 무의식 사이

신경계의 일부인 자율신경계는 생리 기능을 담당하는 내장, 세포, 거의 모든 조직을 관장합니다. 자율신경계는 교감 신경계와 부교감 신경계로 나뉘는데, 당신의 가치관이 지지를 받을 때는 부교감 신경계가 활성화됩니다(휴식, 이완, 소화). 그리고 가치관이 도전을 받을 때는 교감 신경계가 활성화되지요(투쟁 혹은 도피). 이 둘 중 하나가 극단적으로 나타나면 스트레스 반응이 일어납니다.

이 둘이 통합되어야 진정한 웰니스wellness를 이룰 수 있습니다. 지지와 도전의 균형은 우리를 성장시키며, 자율신경계의 두 부분이 균형을 이룰 때 건강이 유지됩니다. 웰니스란 신체적 온전함을 의미합니다. 만약 도전보다 지지를 더 많이 인지하거나 지지보다 도전을 더 많이 인지한다면, 신경계의 해당 부분은 우리의 인지가 객관적으로 균형을 이루지 못하고 있음을 알려주기 위해 신체적 증상을 만들어냅니다.

당신의 생리적·심리적·사회적·심지어 종교적인 측면에서 나타나는 모든 증상은 당신의 균형, 항상성, 진정성을 회복하려는 노력이자, 계속 변화하고 외부적 간섭을 받는 환경에서 회복탄력성과 적응력을 극대화하기 위한 시도입니다. 고통과 피곤함이란 변화하는 환경에 적응하지 못했다는 뜻입니다. 그렇기에 우리 삶에서 일어나는 모든 일은 궁극적으로 항상성 유지를 위한 피드백 메커니즘이라 할 수 있습니다.

교감 신경계는 주로 낮 동안에, 당신이 삶의 도전적 상황을 처리할 때 작동합니다. 교감 신경계는 우리 몸으로 산소를 운반하는 적혈구를 활성화합니다. 이를 물질을 분해하고 몸을 산화시키는 이화catabolic 작용이라고 부릅니다. 그렇기 때문에 숨을 들이마시면 교감 신경계가 활성화됩니다. 말단 근육까지 혈액을 공급해 하루의 도전에 대처할 준비를 하는 것이지요. 이 부분이 활성화되면 몸의 안쪽 중앙 소화기관으로부터 더 바깥쪽 근육들로 혈액을 보내 투쟁 또는 도피를 준비시킵니다. 동시에 소화계통은 둔화되고 건조해집니다. 이때 음식을 먹으면 소화가 잘되지 않습니다.

부교감 신경계는 신체를 회복시키고 만드는 동화anabolic 작용을 하는 밤 동안에 더욱 활발하게 작동합니다. 부교감 신경계는 백혈구를 생성하고 면역체계를 회복시킵니다. 이때 유사분열(세포 분열)이 일어납니다. 이 신경계가 활성화되면 에스트로겐을 비롯해 이완과 관련한 기타 호르몬의 분비가 촉진됩니다.

만약 도전보다는 지지를 더 많이 받는다고 인지한다면 당신 몸에서는 에스트로겐이 생성됩니다. 반대로 지지보다는 도전을 더 많이 받는다고 인지하면 테스토스테론이 생성되지요. 스트레스를 많이 받는 여성은 간혹 털이 더 많이 나거나 여드름이 생길 수 있습니다. 그런데 그들이 갑자기 지지를 받는다고 느끼면 마음이 진정되면서 피부가 매끈해지고 심지어 났던 털이 빠지기도 합니다.

하나의 과정은 낮 동안 몸을 파괴하고, 다른 하나는 밤 동안 몸을 만듭니다. 변화하는 환경에 적응하기 위해 끊임없이 적응과 재창조를 반복하는 것이지요. 우리 몸은 깨고 자고 깨고 자고, 파괴하고 만들고 파괴하고 만드는, 이화적이고도 동화적인 하나의 체계입니다.

당신이 받는 지지와 도전이 균형을 이룰 때 당신의 성장, 발전, 건강은 극대화됩니다. 어린 시절 당신의 삶을 자세히 살펴보세요. 만약 당신의 어머니가 당신을 과잉보호하고 과도하게 지지했다면 보통 아버지는 그와 반대로 더 단호하고 공격적으로 대응하여 균형을 맞추곤 했을 겁니다. 혹은 그 반대로 아버지가 인자하고 어머니가 공격적이었을 수도 있습니다. 아니면 부모님은 둘 다 과잉보호를 하는데, 형제가 당신을 못살게 굴었을 수도 있지요. 온 가족이 당신을 지지한다면 가족 밖에서 당신을 괴롭히는 사람이 나타납니다. 자연은 개인의 삶에, 사회에 그리고 생태계에 지지와 도전을 모두 제공합니다. 그것이 생명이 진화하고 적응하고 회복탄력성을 지니며 성장하는 데 도움이 되기 때문입니다.

가치관을 지지하는 일만 계속 추구한다면 당신은 미숙하고 의존적으로 남겨질 겁니다. 당신에 대한 도전으로부터 도망친다면 당신에게 영감을 주지 못하는 도전이 당신을 계속 따라다닐 겁니다. 현명한 사람은 영감을 주지 못하는 도전을 기다리는 대신 영감이 되는 도전을 추구합니다. 영감을 주고 도전적이면서도 가치순위가 높은 행동으로 당신의 하루를 채우지 않으면, 가치순위가 낮고 영감을 잃게 만드는 일이 당신의 하루를 가득 채울 것입니다. 이런 일은 직장에서만이 아니라 우리 삶의 모든 영역에서 일어납니다.

신체의 거의 모든 증상은 자율신경계에 의해 통제되는 세포 기능의 과잉 또는 결핍 가운데 하나에서 비롯됩니다. 결과적으로, 당신의 인지가 불균형할 때 당신은 의식적 마음에 그 불균형에 대해 경고하기 위해 생리적인 증상을 만들어냅니다. 의식적 마음은 그 불균형을 정신 또는 잠재의식에 기억이나 심상의 형태뿐 아니라 피드백 반응을 일으키는 충동이나 본능의 형태로도 저장하며, 이는 당신이 사랑의 진리와 동시적 균형을 받아들일 준비가 될 때까지 유지됩니다.

겪을 때는 끔찍하다고만 생각했는데 나중에 보니 그 안에 굉장한 것이 숨겨져 있었음을 깨닫게 되는 사건이 있지 않나요? 반대로 굉장하다고 생각했던 일에서 끔찍한 것을 발견할 때도 있지요. 사실, 우리가 불완전한 인식으로 판단하기 전까지 모든 사건은 중립적입니다. 그 불완전한 인식 속에서 등식의 반대쪽에 대한 자신의 무지를(지금 도전 없는 지지 또는 지지 없는 도전을 추구하고 있음을) 알리기 위해 우리는 증상을 만들어냅니다. 완전한 등식을 추구하려 하지 않을 때마다 우리는 그 반대쪽을 찾기 위한 증상을 만들어내고, 그것을 찾고 나서야 그 증상에서 자유로워집니다.

각 세포도 몸 전체와 마찬가지로 반응합니다. 세포에는 세포벽과 세포핵이 있습니다. 세포는 수용체, 자극과 호르몬에 반응하도록 특수화된 당단백질, 신경전달물질, 신경조절물질, 신경 호르몬 등으로 둘러싸여 있습니다. 이 호르몬들은 고리형 AMP와 고리형 GMP라고 불리는 2차 전달자들을 활성화합니다(AMP는 아데노신일인산, GMP는 구아노신일인산-옮긴이). 그리고 이 작은 2차 전달자들은 차례로 세포 안팎으로 이온을 움직여서 핵이 유사분열을 거쳐 세포를 생성할지, 세포사멸을 거쳐 세포를 파괴할지를 알려주는 일련의 효소를 활성화합니다.

만약 지지보다 도전을 더 많이 받고 있다면 세포는 유사분열 메커니즘을 느리게 할 것입니다. 왜냐하면 우리가 몸 전체 차원을 보호하기 위해 내부 기관의 자원을 이용하는 것처럼, 세포는 세포벽 손상을 막기 위해 중앙에 있는 자원을 바깥쪽으로 이동시켜야 하기 때문입니다.

인지에 대한 반응의 정도가 가볍게든 아니면 심각하게든 어느 한쪽으로 치우치면, 그것은 때로 질병이라고 불리게 됩니다. 반응하는 세포나 조직에 따라 병명은 달라집니다. 세포 생리학, 핵합성 생리학, 효소 생리학에 대해 안다면 어떤 효소가 활성화되는지, 어떤 수용체가 활성을 띠는지, 어떤 호르몬이 활동적인지, 또 어떤 감정이 그런 반응을 일으키는지에 대한 힌트를 얻을 수 있습니다.

요즘에는 의료 분야가 너무 세분화된 나머지 학제적 접근이 부족해서 효소학 전문가와 세포생리학 전문가가 서로 소통하지 못할 때도 있습니다. 그래도 그러한 모든 면에서 개별 환자를 살펴보고, 그들의 심리 상태 측면에서 세포가 무엇에 반응하는지를 알아보는 것이 좋습니다. 몸은 인식 속에서 무슨 일이 일어나고 있는지를 드러냅니다. 심신 관련 응용생리학과 심리학을 공부하면 할수록 당신 몸의 지혜, 몸의 적응 능력, 몸의 피드백 반응이나 질병이 얼마나 대단한 의미를 지니는지 알게 되어 더 겸허한 마음이 들 것입니다.

도전보다 지지를 더 많이 받는다고 인지할 때는 도파민에 취하고 홀리는 상태가 되기 쉽습니다. 누군가에게 푹 빠지면 당신은 그 상대가 당신과 다르기보다는 비슷하다고 인지합니다. 그는 당신의 친구가 됩니다. 당신의 정체성이 당신의 최우선가치를 중심으로 이루어진다고 말했던 것을 기억하지요? 당신은 최우선가치를 통해 스스로의 정체성을 확인합니다. 가치관이 비슷한 사람을 보면 당신과 동일시하면서 그를 좋아하거나 푹 빠져들지요. 그의 단점, 차이점 그리고 당신의 가치관에 도전하는 행동이나 습성은 보지 못할 수 있습니다. 하지만 그러한 차이점과 단점은 분명히 존재하며 조만간 발견될 수밖에 없습니다.

보통은 상대방에게 푹 빠져 있는 시기에 아이를 낳습니다. 내 생각에는 우리가 종족 유지를 위해 중독되고, 도취되고, 단점에 눈이 머는 경향이 있어서 그런 것 아닐까 합니다. 그렇지 않으면 그렇게 충동적으로 행동하지는 않을 테지요. 우리가 어떤 상황에 처해 있고 누구와 그 일을 하고 있는지 제대로 안다면, 그리 쉽게 번식하지 않을지도 모릅니다. 농담 삼아 하는 말이지만, 몇 분간의 활동이 수십 년간의 '보상과 벌'이라는 성장의 경험으로 이어질 수 있습니다.

누군가에게 푹 빠지면 당신은 그에게 마음을 열게 됩니다. 그는 마치 당신이 잡아먹고 싶어 하는 먹잇감과 같습니다. '자기', '컵케이크', '스위티파이', '슈가', '허니', '허니버니' 같은 애칭을 떠올려보세요. 동시에 당신은 그들에게 속거나 상처 입기 쉽습니다. 당신은 그들 앞에서 자신을 낮추고 그들을 떠받듭니다. 우리는 이것을 '사랑에 빠진다'라고 부르며, 이는 곧 도취를 뜻합니다. 당신이 누군가를 떠받들면 그를 잃을까 봐 두려워지고, 일시적으로나마 내가 스페인 모델에게 했던 것처럼 그를 붙잡아두기 위해 당신의 우선순위와 최우선가치를 희생하려 할 수도 있습니다. 당신은 이러한 도취로 인해 스스로 생성한 도파민에 중독되다시피 할 수 있습니다. 그 결과, 상대방이 떠나면 금단 증상으로 슬픔, 비탄, 후회 등을 경험합니다.

다른 사람의 최우선가치를 당신의 삶에 주입하면 그 가

치가 당신의 의식적 마음으로 들어옵니다. 당신 자신의 가치 관은 잠시 뒤로 물러나 부차적인 것이 됩니다. 진정한 자아 와의 접속이 끊기고 당신은 당신이 아닌 다른 누군가가 되려 고 합니다.

당신이 누군가에게 빠져 자신을 낮추고 있다는 징후는 어떻게 알아볼까요. 자신에게 명령형으로 말한다면 확실합 니다. "내가 지금 하는 일 말고 다른 일을 해야 해." "나는 이 일을 해야 해." "이건 꼭 해야 하는 일이야." 또는 이렇게 질문 하기도 합니다. "왜 이렇게 집중을 못 할까?" "왜 나는 자제심 이 없을까?" "나는 왜 계속 방해만 될까?" "왜 나는 내가 말한 대로 할 수 없을까?" "왜 하기로 한 일을 끈질기게 하지 못할 까?" "왜 나는 계속 결심만 하면서 그에 따라 살지 못할까?" 당신이 말하는 대로 행하지 않는다면, 그것은 당신이 동경하 거나 잠시나마 권위자로 여기는 누군가에 의해 주입된 가치 관에 자신을 종속시키고 있기 때문입니다.

최우선가치와 일치하지 않는 목표나 의도를 세우면 당 신은 어떤 행동을 할 때마다 자신의 최우선가치로 돌아가려 고 할 것입니다. 이때 분노가 쌓이기도 하는데, 이는 당신이 있는 그대로의 당신이 될 수 없기 때문입니다. 그러면 당신 의 자율신경계는 분열됩니다. 의식적인 어느 한 부분은 홀린 상태로 특정한 생리적 반응을 유발하고, 현재 무의식적인 나 머지 부분은 상대방을 원망하면서 다른 반응을 만들어냅니다. 어딘가에 뚜렷한 결핍이 없는 한 명백한 기능 과잉은 나타나지 않지만, 한 부분은 의식적으로 표현되고 다른 한 부분은 '억압되거나' 무의식적으로 표현됩니다.

의식과 무의식 사이에 갈등이 있을 때는 무의식이 주로 이깁니다. 아무리 의식적으로 다른 누군가의 가치관에 따라 살려고 애써도 당신은 자신의 최우선가치관으로 계속 돌아갑니다. 당신의 무의식은 당신의 결정 대부분을 좌우합니다. 우리는 다른 것을 하고 싶다고 말하면서도 계속해서 자신이 실제로 더 가치 있게 여기는 것으로 돌아갑니다. 중요한 것은 어떻게 말하느냐가 아니라 어떻게 사느냐입니다.

누군가에게 푹 빠질 때 우리는 일시적으로 스스로의 모습을 보지 못하고 강화된 상태를 잃습니다. 진정으로, 그리고 최우선가치와 일치하는 상태로 살아갈 때에만 우리는 가장 강한 잠재력과 힘을 가지기 때문입니다.

놀라운 신체 메커니즘

우리를 꼼짝 못 하게 하고 진정하게 살지 못하게 하는 두려움에는 다음 일곱 가지가 있습니다.

- 어떤 영적 권위의 도덕과 윤리를 어기는 것에 대한 두

려움

- 지성, 교육, 창의성이 충분하지 못한 것에 대한 두려움
- 사업 실패에 대한 두려움
- 돈을 잃거나 벌지 못하는 것에 대한 두려움
- 사랑하는 사람을 잃는 것에 대한 두려움
- 사회적 거부에 대한 두려움
- 건강, 죽음, 질병에 대한 두려움, 또는 우리가 원하는 것을 이루기에 충분한 활력이나 아름다움의 부족에 대한 두려움

이 일곱 가지 두려움은 자기 축소의 과정에서 발생하는데, 사업 지식이나 성과, 더 많은 지성, 더 많은 영적 인식을 비롯한 기타 자질에서 탁월하다고 여기는 다른 사람에게 자신을 종속시킨 결과로 발생합니다. 다른 사람을 과대시하고 스스로를 축소하는 한, 우리는 우리가 아닌 누군가가 되려고 의식적으로 노력하면서 자기 정체성의 일부를 부인하게 됩니다. 무의식적으로는 여전히 자신의 가치순위에 따라 살아가면서도 실수를 하고 있다고 생각합니다. 사실 외부로부터 주입된 가치관의 관점에서 볼 때만 실수일 뿐, 우리 자신의 최우선가치에 따르면 실수가 아닌데도 말이지요. 온전한 인간의 정신을 가진 진정한 개인의 내면에는 실수라고 인지할 만한 것이 아무것도 없습니다. 다른 사람들과 자신을 비교하

고 그들의 가치관과 목표를 우리에게 주입할 때에만 우리가 실수를 하고 있는 것처럼 보입니다.

누군가가 우리의 가치관과 인식에 이의를 제기하면 우리는 그들에게 마음을 닫고 분개하기 쉽습니다. 그 결과 우리는 그들을 깔보고 독선적으로 변합니다. 배우자에게 화를 내고, 그에게 독선적으로 굴고, 그가 당신보다 못한 사람인 양 깔보는 투로 말한 적이 있나요? 당신의 가치관을 그에게 투영하고 그가 그 가치관에 따라 살기를 기대하면 좌절감과 허무함만 생길 뿐입니다.

다른 사람 앞에서 당신 자신을 낮추면 당신은 스스로에게 감사할 줄 모르는 사람이 됩니다. 누군가를 깎아내리면 그에게 감사할 줄 모르게 됩니다. 따라서 당신이 다른 사람을, 또 당신 자신을 판단하거나 인지 불균형을 겪을 때 당신은 감사할 줄 모르게 됩니다. 이것은 몸과 마음에 여러 증상을 만들어냄으로써 회복탄력성이 떨어지는 상태로 만듭니다.

감사할 줄 모르는 것은 불균형한 심리 상태이기 때문에 우리 몸에 질병을 일으키는 가장 큰 원인이라고 할 수 있습니다. 이는 도전보다 더 많은 지지를 받거나 지지보다 더 많은 도전을 받고 있다는 뜻일 수 있습니다. 불균형한 마음으로는 자율신경계의 균형을 이룰 수 없고 감사한 마음으로 '마음의 문을 여는' 행동을 할 수가 없습니다. 감사함은 곧 완전한 평정 상태, 완벽하고 동시적으로 균형 잡힌 마음 상태입니다. 감사할 줄 모를 때 우리는 거시적으로 사회생활에 내재된 균형을 보는 대신 우리의 가치체계를 다른 사람들에게 투영하고 우리에게 지지 또는 도전이 되는 그들의 행위나 무위에 따라서 그들을 판단합니다.

내재된 균형을 존중하지 않을 때 우리 몸은 우리 자신이 무엇을 하고 있는지 알리기 위한 증상을 만들어냅니다. 감사할 줄 모르는 것은 방사형 확장이 아니라 중력에 가깝습니다. 그렇기에 당신을 끌어올리기보다는 내리누르지요. 감사하는 마음을 가질 때 우리는 밖으로 뻗어 나가며 공간과 시간의 지평을 넓히게 됩니다. 감사할 줄 모르면 우리는 위축되고 결국 정신과 병원을 찾게 됩니다. 정신과 병원에 가는 이유는 감사할 줄 모르는 마음이 조금이라도 있기 때문입니다.

나는 '돌파구 경험'을 통해 사람들이 진정한 가치순위를 깨닫도록 돕습니다. 그들 중 대다수는 그에 대해 제대로 알지 못합니다. 그들은 외부 권위자들에게 스스로를 종속시키고 그 권위자들의 이상을 자기 삶에 주입하는 데 너무 익숙한 나머지, 남의 정체성과 자신의 진정한 자아를 혼동하고 다시 진정한 모습을 되찾기 위해 병을 만들어냅니다. 우리의 생리적 피드백 체계와 심리적 직관은 우리의 의식과 무의식이 다시 합쳐지도록, 그래서 일치되도록 다양한 시도를 합니다. 그렇게 되면 우리는 가장 완전한 삶을 살고, 가장 큰 영감을 받으며, 가장 건강하고 회복탄력적이 됩니다.

우리 중 대부분은 적어도 두어 가지 새해 결심을 하지만 그걸 지키지 못하죠. 평균 80퍼센트는 1~2주 안에 포기하고 맙니다. 이는 그들이 세운 목표가 그들의 최우선가치에 따른 것이 아니라 일방적인 환상에 가까운 것이기 때문입니다.

내가 생각하기에 우울증은 질병이 아닙니다. 물론 일부 전문가와 제약업계가 특히 신경 화학적 불균형 모델을 설득적으로 드러내는 경향이 있다는 건 압니다. 하지만 내가 다루었던 수천 가지 사례를 보면 그게 사실이라고 보기 어렵습니다. 나는 우울증을 비현실적인 목표나 환상에 중독되었음을 알려주기 위한 의식적 마음의 피드백 메커니즘으로 여깁니다. 환상에 집착하는 한, 의식적 마음은 그 중독을 끊고 항상성을 유지하고자 피드백 반응인 증상을 만들어내야 합니다. 우리 몸은 꽤 영리하며 우리의 진정한 자아를 깨우기 위해 놀랄 만한 일을 해냅니다. 최우선가치에 따라 살 때 우리는 더 객관적이거나 중립적이 되며 고통과 쾌락, 지지와 도전을 똑같이 견딜 수 있습니다. 최우선가치에 따라 살지 않을 때 우리는 더욱 주관적으로 편향되며 즉각적인 만족을 추구하고 충동적인 중독으로 빠져듭니다. 중독적인 성격은 실현되지 못한 최우선가치, 잘못 인식된 황홀한 꿈과 고통스러운 악몽의 부산물입니다. 최우선가치가 실현되지 않으면 음식, 마약, 섹스, 알코올 등에 중독될 가능성이 높습니다. 우리 안에서 영감과 성취감을 느끼지 못하기 때문에 즉각적인 만족을 찾는 것입니다.

사람들은 의식적으로 또는 무의식적으로 자신의 최우선 가치를 실현하기 위해 놀랄 만한 일을 합니다. 나는 한 여성이 가족들이 자기를 찾아오게 하려고 실제로 불치병을 일으킨 임상 사례를 본 적이 있습니다. 그녀는 아이들이 10대일 때 끝없이 요구하고 여러 기대로 숨 막히게 했습니다. 그녀의 아이들은 그녀로부터 최대한 멀리, 지구 반대편으로 떠나버렸지요. 그녀는 죄책감을 유발하는 온갖 행동을 동원해 가족을 되찾으려 했지만 아무런 소용이 없었습니다. 그녀가 결국 불치병에 걸리자 가족이 그녀를 찾아왔지요.

그녀와 함께 이 상황을 살펴볼 기회를 얻은 나는 그녀에게, 그 질병으로부터 무엇을 얻고 있는지 알려달라고 청했습니다. 그러자 갑자기 그녀는 깨달음을 얻은 듯 말했지요. "오, 세상에, 드디어 우리 가족이 모이게 되었어요. 나는 이 순간을 30년 동안 기다려왔답니다." 그 말에 나는 울컥할 수밖에 없었습니다.

다른 예로, 나는 당뇨병 환자를 연구한 적도 있는데, 내 생각에 당뇨에 걸린 사람들에게는 어떤 심리학적 특징이 있습니다. 그들은 결정하는 것을 좋아하며 상대방의 결정에 귀를 기울이려 하지 않습니다. 그들은 독선적이고 신랄하며 자기 가치관을 다른 사람에게 투영하는 경향이 있습니다. 그들에게 어떤 일을 하게 하려면 보통은 그것이 그들 자신의 결정인 것처럼 보이도록 하는 편법을 쓰는 게 효과적입니다.

반면에 저혈당증 환자는 남의 이목을 의식하는 편으로 자신을 낮추는 경향이 있습니다. 도전을 받는다고 느끼고, 신랄해지고, 자신을 부풀리고, 건방지고 독선적인 기분이 들 때는 혈당이 올라갑니다. 지지를 받는다고 느끼고, 다정해지고, 자신을 위축시키고 겸손하고 굴욕감을 느낄 때는 혈당이 내려갑니다. 혈당이 낮은 사람들은 겸손하고 수줍어하는 편입니다. 그들은 다른 사람들과의 관계에서 자신을 낮춥니다. 연구자들이 발견한 바에 따르면, 고양이는 당뇨병에 걸릴 확률이 높고 개는 저혈당증에 걸릴 확률이 높습니다. 고양이에게 어떤 일을 하라고 시키기는 어렵지만 개는 비교적 훈련이 쉽습니다.

오랫동안 심한 당뇨병을 앓던 환자가 내 연구실에 들어왔습니다. 그녀는 눈이 안 보이고 다리에 궤양이 생기기 시작한 상태였습니다. 신경병증을 앓고 있는 게 분명했지요. 의사들은 "이 증상은 계속 진행될 거예요. 인슐린을 복용하고 추적 관찰해야 하며, 당신은 점차 신체 기능을 잃게 될 겁니다"라고 말했습니다.

예전에 당뇨병성 말초신경병증 때문에 다리를 절단해야 하는 상황에 놓인 한 환자가 있었습니다. 우리는 특수한 계획을 적용해 책임감 있게 일하여 그의 다리를 살렸고, 혈당도 정상에 더 가깝게 만들었습니다. 나는 그에게 그런 변화를 일으켰으므로 이 여성을 위해서도 무엇인가를 할 수 있다는 자신감을 느꼈습니다.

나는 그녀에게 움직임과 운동, 식단 변경, 심리적 인지와 목표 다루기 등 할 일이 빼곡한 계획을 제시했습니다.

그녀는 나를 쳐다보며 말했습니다. "디마티니 선생님, 무슨 말씀인지 알겠지만 저는 그렇게 할 수가 없어요."

"저는 어떤 결과가 나올지 벌써 흥분되는데요. 우리가 좋은 결과를 얻을 수 있다는 걸 저는 알아요."

"디마티니 선생님, 저는 그 일 때문에 온 게 아니에요."

"무슨 뜻이죠?"

"저 밖에 있는 사랑스러운 아프리카 여성이 보이시죠? 제 휠체어를 밀어주는 사람이요. 그녀는 8년 동안 저와 함께했어요. 그녀는 저를 사랑해주고 저에 대한 모든 것을 알고 있죠. 제가 휠체어에서 일어나서 제 삶으로 되돌아간다면 어떤 도전과 책임이 기다릴지 두려워요. 그리고 그녀를 잃는 것이 휠체어에 앉아 죽어가는 것보다 훨씬 더 두려워요. 저는 해결책이라는 걸 찾으려고 의사 선생님들을 찾아다니고 있어요. 그러면 치료도 받을 수 있고 수입도 유지되니까요. 하지만 사실은 이 단계까지 와서 다시 책임을 져야 하는 상황을 맞이하느니 차라리 죽고 싶어요."

이렇듯 이런 환자들에게서는 가끔 무의식적인 동기를 볼 수 있습니다. 그들이 건강을 향해 움직이는 순간 그들은 그것을 피할 메커니즘을 생각해내는데, 이는 그들이 자신의 질병으로부터 이차적인 이득과 숨은 이점을 얻고 있기 때문입니다. 많은 질병이 다양한 목적을 달성하기 위한 의식적인, 또는 무의식적인 전략인 것입니다.

스무 살 어린 여자와 눈이 맞은 남편이 이혼 서류를 준비하고 있다는 사실을 알게 된 지 2주 만에 유방암 1기 판정을 받은 한 여성이 있었습니다. 남편, 자신의 정체성, 그리고 아이들을 잃게 된다는 생각이 그녀로 하여금 그러한 상태를 나타내게 했던 것입니다. 내가 그녀에게 몇 가지 질문을 하고 그녀의 무의식적 동기를 밝히자, 그녀는 울었습니다. 그녀는 다른 여자가 남편을 차지하지 못하게 하기 위해 자신이 스스로에게 그런 짓을 했다는 걸 믿을 수 없어했습니다. 남편이 이혼을 포기하자 그녀의 1기 유방암은 관해remission(암이 치료 없이 축소되거나 사라지는 현상)라는 드문 현상을 통해 섬유화되어 사라져버렸습니다. 우리는 우리의 가치를 실현하기 위해 놀랄 만한 일을 감내해냅니다.

꼬리표를 붙이거나 비난하지 않고

중독이란, 당신과 다른 가치관을 지닌 사람이 당신이 최우선 가치를 실현해나가는 행동이 그들에게 큰 반발심을 일으키고, 그들보다 당신이 그러한 행동을 더 많이 할 때 붙이는 일종의 꼬리표입니다. 당신과 주량이 비슷하고 자주 당신과 함께 술을 마시는 사람은 당신을 중독자라고 부르지 않고 친구라고 부릅니다. 하지만 당신이 그들의 가치관에 도전하는 행동을 하고 그들이 보기에 당신이 감당할 수 있는 수준보다, 또는 그들 자신보다 술을 더 많이 마신다면 그들은 꼬리표를 붙이기 시작합니다. "넌 중독자야. 도움을 받아야 해."

'진단diagnosis'이라는 말은 그리스어로 '~을 통하여'를 뜻하는 'dia'와 '지식'을 뜻하는 'gnosis'가 합쳐진 말이지만 '둘'을 뜻하는 'di'와 '무지'를 뜻하는 'agnosis'의 합성어이기도 합니다. 눈먼 자가 눈먼 자를 이끄는 격이라고나 할까요. 진단은 절대적인 과학이 아니며, 때로는 꼬리표일 뿐입니다.

세계에서 가장 권위 있는 진단 의학센터 중 한 곳은 2차, 3차 소견 및 부검서를 비교한 결과 완벽하거나 정확한 진단은 전체의 50~75퍼센트에 불과하다는 사실을 발견했습니다. 긍정 오류와 부정 오류가 너무 많았습니다. 누군가가 너무 많이 먹거나 과음하거나 과도한 섹스를 한다면, 다른 누군가는 그를 중독자라 부를 것입니다. 그런 꼬리표를 붙이는 사람이 많아지면 그는 그 말을 믿거나 수긍하기 시작하겠지요. '익명의 알코올 중독자들Alcoholics Anonymous(1935년 미국 시카고에서 시작된 알코올 중독자들의 금주 모임-옮긴이)'의 회원들을 본 적이 있나요? 그들을 보면 간혹 중독 증상이 알코올에서 그 모임 자체로 옮겨가는 사람이 있습니다. 그들은 사회에서 꼬리표 없이 활동하기 위해 남에게 조금 더 잘 받아들여지는 중독으로 선회한 것입니다.

최근에 나는 음식을 하루 종일 먹는 여성과 함께 작업을 한 적이 있는데, 그녀는 나와 함께 있는 동안에도 다섯 접시는 먹더군요. 그녀는 계속해서 내게 과식을 해결하도록 도와달라고 부탁했습니다. 그녀의 의식적 마음은 이렇게 말하고 있었습니다. '저는 그만 먹고 싶어요. 정말 죽을 지경이에요. 제 모습을 좀 보세요.' 그 말은 이렇게 들리지요. '저는 멈추고 싶어요. 그렇게 해서는 안 돼요. 이렇게 해야죠.' 여기서 명령형에 주목해보십시오.

내가 그녀에게 한 첫 질문은 "당신은 먹는 것으로부터 어떤 무의식적 이점을 얻고 있나요? 한번 같이 알아내봅시다"였습니다.

"이점 같은 건 없어요."

"천만에요. 인간이 어떤 행동을 하는 건 의식적으로나 무의식적으로 단점보다 이점이 더 많기 때문입니다. 당신은 거기에 아무런 이점이 없다고 하지만 깊이 들여다보면 분명히 있어요. 이제부터 우리는 그것을 밝혀내 무의식적 마음에서 의식적 마음으로 옮겨서, 당신이 왜 이런 행동을 보이는지 깨닫고 그것을 보다 만족스러운 형태로 변화시키는 방법을 찾을 겁니다. 그러니 당신에게 먹는 것이 어떤 이점을 지니는지 알아봅시다."

"하나도 생각이 안 나는걸요."

"다시 생각해보세요. 이점이 뭘까요? 영적·정신적·재정적·사회적·신체적 이점도 있을 수 있고 직업이나 가족과 관련된 것도 있을 수 있어요. 당신의 삶을 쭉 둘러보며 찾아보세요."

그녀는 다시 입을 열었습니다. "도무지 찾을 수가 없어요." 그게 무슨 뜻일까요? 아마도 '그런 이점은 찾고 싶지 않아요. 지금 내가 하고 있는 일에 관한 진실을 밝히고 싶지 않다고요'일 겁니다

누군가에게 무의식적 이점을 찾아보라고 했을 때 금방 찾지 못한다면, 그는 찾으려는 시도를 제대로 하지 않은 것입니다. 그는 현재의 인식을 유지하고자 하며 숨은 동기가 있을지도 모른다는 가능성을 믿고 싶어 하지 않습니다.

꽤 오래 고군분투한 이후 마침내 우리는 하나의 이점을 찾아냈습니다. 그녀의 눈에 눈물이 흘렀습니다. 우리는 그녀의 어머니, 언니, 남동생, 아버지가 모두 비만이라는 사실을 밝혀냈습니다. 만약 그녀가 비만이 되지 않았다면 가족과 어울리지 못했을 겁니다. 참 터무니없는 이유 아닌가요!

그리고 우리는 그녀보다 두 살 위인 언니가 그녀보다 덩치가 더 컸으며 어릴 적에 그녀가 관심을 받는다는 이유로 괴롭히고 때렸다는 사실을 알게 되었습니다. 그녀는 언니의

괴롭힘을 피하기 위해 몸집을 키우고 언니에게 맞서려고 언니보다 더 많이 먹어야겠다고 결심했던 것입니다.

두 가지 이점을 알게 된 나는 더 많은 이점을 알아내려고 파고들었습니다. 그래서 세 번째 이점을 찾아냈지요. 비만이었다가 살이 빠지면 피부가 처진다는 것이었습니다. 다이어트를 하던 당시 피부가 처지는 게 보이자 그녀는 생각했지요. '이건 감당 못 하겠어.' 결국 그녀는 피부를 매끈하게 돌려놓기 위해 다시 먹기 시작했습니다.

우리는 또 다른 사실도 알아냈습니다. 그녀가 급격한 다이어트로 체중을 상당히 줄였을 때였습니다. 그때 한 남자가 그녀에게 애정을 표현했습니다. 그는 능숙하게 그녀를 유혹해 성관계를 가진 뒤, 다음 날 그녀를 차버렸지요. 그래서 그녀는 맹세했습니다. '다시는 살을 빼서 그렇게 연약해지지 않을 거야.'

그날 우리는 79가지 무의식적 이점을 찾아냈습니다. 요령을 터득한 그녀는 그날 밤에 더 많은 것을 생각해냈고 결국 이점은 150가지나 되었습니다.

다음 날 그녀가 와서 말했습니다. "저는 살을 뺄 의도가 전혀 없는 거네요, 그렇죠?"

"당신이 현재 생각하는 가치와 이점들에 따르면, 아마 그렇죠."

"그래서 제가 무엇을 하든, 어떤 계획을 세우든 금세 제

자리로 돌아와 또 먹고 있었던 거네요. 꼭 자동 조절기처럼."

"맞아요, 당신의 결정은 불이익보다는 최대한의 이득을, 위험보다는 최대한의 보상을 기반으로 하니까요."

"덕분에 정말 대단한 것을 알게 되었어요."

150가지 이유 중 40가지에 대해 그녀는 진한 눈물을 흘리고 깊은 깨달음을 얻었습니다. 일단 무의식적인 동기를 의식으로 끌어냈으니, 우리는 그것들을 가지고 무엇인가를 하면 되었습니다.

나는 그녀를 판단하지 않았습니다. 꼬리표를 붙이거나 비난하지 않았습니다. 그녀가 잘못했다거나 무력하다고 말하지도 않았습니다. 오히려 나는 이렇게 말했습니다. "스스로를 안아줄 시간이에요."

"왜죠?"

"먹기라는 단 한 가지 행동에서 150가지 이점을 발견하는 아주 굉장한 일을 해냈으니까요. 아주 기발해요. 스스로를 안아주세요." 그녀는 수많은 이점을 가진 단 하나의 행동으로 본인이 전략적으로 얼마나 뛰어난지를 드러냈습니다.

나는 누군가에게 중독자라는 잘못된 꼬리표를 붙이지 않습니다. 그건 생산적이지 못한 일이라고 생각합니다. 나는 하나의 행동으로 많은 이점을 얻는 그들의 기발함을 높이 삽니다. 나는 그녀에게 이렇게 말했습니다. "단 하나의 행동으로 그 많은 이점을 얻기 위해 그동안 당신이 얼마나 노력했는지 알겠나요?"

"이제는 알겠어요."

"그렇게 할 수 있는 힘이 있는 것처럼, 당신에게는 다른 행동을 시작할 힘도 있습니다. 우리는 그 이점을 다양화하고 다른 방향으로 설정할 수 있어요."

"그건 어떻게 하는 거죠?"

"당신에게 먹으면 안 된다고 말하지는 않을 거예요. 대신 그 이점을 다른 다양한 방향으로 돌릴 겁니다. 그러면 당신이 그러한 다른 행동을 하거나 원하는 것을 먹을 때 옳고 그름에 대해 신경 쓰지 않아도 될 거예요."

"제가 뭘 하면 될까요?"

"우리는 먹는 것 말고 그런 혜택을 얻을 수 있는 네다섯 개의 실행 가능한 대안을 생각해낼 겁니다."

먼저 나는 첫 번째 이점에 대해 그녀에게 물었습니다. "당신이 먹지 않고도 신체 사이즈와 상관없이 가족의 일원이 되어 어울릴 수 있는 방법은 뭘까요? 함께 식사하는 것 말고 당신이 가족과 함께할 수 있는 일은 뭔가요?"

우리는 TV 시청, 영화 보기, 함께 교회 가기를 비롯한 네다섯 가지 대안을 적어보았습니다. 꼭 먹거나 몸집이 크지 않아도 가족의 일원이 될 수 있는 대안적인 방법이었지요. 그런 다음 150가지 이점 각각에 대해 네다섯 가지 실행 가능한 대안을 찾았습니다. 다 해서 대안이 750가지나 되었습니다.

　그 안에는 중복되는 대안도 있었고, 여러 가지 이유로 결국 실행 가능한 대안은 40개에 불과했습니다. 그리고 우리는 그중에서 우선순위가 높은 것들, 즉 가장 자주 나왔던 대안을 가려냈습니다.

인식의 균형을 되찾는 7단계

대안을 주욱 적은 뒤 나는 그 정보를 바탕으로 '디마티니 메소드'식 가치 결정 방법을 적용했습니다. 그 여성의 삶이 무엇을 보여주었는지 살펴봄으로써 그녀의 세 가지 최우선가치를 알아냈습니다. 그녀가 무엇을 하는 데에 가장 많은 시간을 보내는지, 그녀의 공간을 가장 많이 채우는 것이 무엇인지, 어떤 행동이 그녀에게 가장 큰 활력을 주는지, 그녀가 무엇에 가장 많은 돈을 쓰는지, 그녀가 원하는 삶의 모습 중 가장 실현 가능성이 높은 것에 대한 그녀의 생각과 내적 비전은 어떠한지, 내적 대화를 지배하는 것은 무엇인지를 살펴보았지요. 그녀는 언제 가장 체계적이었나? 언제 가장 절제력이 있었나? 다른 사람들에게 어떤 이야기를 가장 자주 했나? 무엇이 그녀에게 가장 큰 영감을 주었나? 어떤 지속적인 장기 목표를 가지고 있었나? 나는 그녀의 삶이 무엇을 보여주었는지를 차근차근 살펴보았습니다. 사람들에게 가치관이 무엇인지 물어보면 종종 자기도 모르게 거짓말을 하기 때문입니다. 나는 그녀의 이상이나 환상이 아니라 그저 그녀의 삶이 보여준 바에 관심을 두었습니다.

기업에 가서 그곳의 리더나 경영진 앞에서 발표를 하자면, 그들은 자신의 가치관을 자주 왜곡하며 때로는 거짓말까지 합니다. 그들은 실제로 무엇이 그들을, 나아가 기업을 움직이는가를 보는 대신 마케팅을 목적으로 사회적 이상주의를 이용합니다. 나와 협업했던 한 임업 회사는 사명선언문에 '비용 대비 효율이 가장 높은 임업, 목재, 종이 제품의 생산에 헌신하겠다'라고 적어두었습니다. 하지만 사실 그 회사의 최고경영자가 이 기업에 헌신한 이유는 어렸을 때 너무 가난해서 종이를 살 수 없었기 때문이었습니다. 그는 세상의 어떤 아이도 다시는 그런 일로 굴욕감을 느끼지 않도록 하겠다고 다짐했지요. 그의 진짜 내재적 동기는 깊은 내면에 숨어 있던 어린 시절의 기억에서 비롯되었습니다. 지금의 피상적인 동기는 언번 좋은 마케팅 회사가 생각해낸 것이었죠. 중요한 것은 피상적인 동기가 아닌 진짜 동기를 찾는 것입니다.

우리 내면에는 우리가 사람들 앞에 내보이는 허울이 아닌 또 다른 삶이 있습니다. 그 진짜 핵심 가치를 찾아내세요.

과식을 하던 그 여성의 이야기로 돌아가보죠. 그녀의 3대 최우선가치를 알아낸 나는 연결 및 연결 해제 과정을 시작했습니다. 이는 새로 알아낸 실행 가능한 대안 행동을 그녀의 3대 최우선가치와 연결하고, 이전의 과식 행동을 3대 최우선가치와 연결 해제하는 과정입니다.

"첫 번째 실행 가능한 대안 행동은 당신의 3대 최우선가치를 실현하는 데 구체적으로 어떻게 도움이 되나요?" 이 질문에 최소 30번 이상 대답합니다.

이 작업을 다섯 가지 실행 가능한 대안 각각에 대해 순서대로 수행합니다.

그리고 연결을 해제할 때는 이렇게 묻습니다. "기존의 과식 행동은 당신의 3대 최우선가치를 실현하는 데 구체적으로 어떻게 방해가 되나요?" 이 질문에 최소 30번 이상 대답합니다.

이 과정을 처음부터 다시 말하자면 다음과 같습니다.

1단계: 그가 이른바 중독된 행동(이 경우에는 과식)으로부터 얻는 이점 찾기

2단계: 실행 가능한 대안 찾기

3단계: 그의 삶의 모습을 보고 그의 결정을 좌우하는 진정한 가치관 찾기

4단계: 가장 자주 등장하는 다섯 가지 실행 가능한 대안을 찾아 그 사람의 최우선가치와 연결하기

5단계: 이른바 중독된 행동(과식)을 최우선가치로부터

연결 해제하거나 분리하기

6단계: 중독의 원인이 되는 '하위 중독**subdiction**(디마니티가 고안한 용어로, 중독의 바탕이 되는 억압 및 회피 반응-옮긴이)'을 알아내기. 반대되는 하위 중독 행동이 없는 중독 행위는 없습니다. 뭔가를 추구한다는 것은 곧 그와 반대되는 것을 피하는 것입니다.

7단계: '디마티니 메소드'를 이용해 기존에 있던 사랑과 분노, 환상과 악몽, 환희와 고통, 자신감과 수치심의 균형을 맞추기

앞서 언급했듯이, 실행 가능한 대안은 질문을 통해 가치와 연결됩니다. '이 실행 가능한 대안이 당신의 최우선가치를 실현하는 데 구체적으로 어떻게 도움이 되나요?' 이 질문에 30번 이상 대답하고 나면 다시 묻습니다 '이 실행 가능한 대안은 당신이 두 번째, 세 번째로 우선시하는 가치를 달성하는 데 구체적으로 어떻게 도움이 되나요?'

그런 다음 두 번째 실행 가능한 대안으로 넘어가 그것을 또다시 3대 최우선가치와 연결하고 세 번째, 네 번째, 다섯 번째에 대해서도 같은 과정을 거칩니다. 이렇게 해서 다섯 가지 실행 가능한 대안을 3대 최우선가치와 연결하는 것입니다.

무언가를 최우선가치와 연결할 때마다 전뇌 신경은 희

소 돌기 아교세포**oligodendrocyte**에 의해 미엘린화되며, 이러한 새로운 조절과 신경 가소성의 결과로 감각 및 운동 기능이 지금까지와는 다른 방향으로 움직이게 됩니다. 이 과정은 수천분의 1초 안에 일어나기 시작합니다. 당신이 질문하고 대답하는 순간 신경계가 스스로를 개조하기 시작하는 것입니다. 나는 대안을 최우선가치와 연결해 신경계를 개조합니다. 그러면 그 사람들이 세상을 보는 눈이 달라집니다. 실행 가능한 대안을 그들의 최우선가치와 연결할 수 있다면 그들의 지각적 인식, 결정, 행동은 그에 상응하는 방향으로 움직일 것입니다. 다만 그 연결을 강화하기 위해서는 최소한 30가지는 이점을 생각해내는 것이 좋습니다.

5단계는 기존의 중독을 3대 최우선가치로부터 분리하는 것입니다. 이때 나는 본래 문제로 넘어가(이 경우에는 과식) 그러한 습관이 3대 최우선가치를 어떻게 방해하는지 묻습니다. 중독되었다는 비난을 받는 상황에서 실행 가능한 대안이 없다면 스트레스, 불안, 죄책감이 생겨 중독 행동을 계속하게 되며, 뇌는 비난을 피하기 위해 더 많이 미엘린화됩니다. 이러한 불안 없이 기존의 이른바 중독 행동에서 최우선가치로 가는 경로를 탈미엘린화하려면 뇌를 미엘린화할 수 있는 실행 가능한 대안이 있어야 합니다. 단점이나 최우선가치에 도전해서 또 다른 단점을 야기하는 행동을 똑바로 바라보면, 본래 뇌의 경로를 탈미엘린화하고 신경 가소성을 이용해 새롭고 조금 더 실행 가능한 방향으로 움직일 수 있습니다.

연결 해제의 경우에도 나는 사람들에게 '이 행동이 당신의 최우선가치를 또 어떻게 방해하나요?'라고 질문하고 최소 30번은 대답하도록 합니다. 그러고 나면 실행 가능한 대안이 생기기 때문에 불안, 죄책감, 수치심 없이 단점을 모아볼 수 있습니다. 실행 가능한 대안과의 연결, 그리고 본래 행동으로부터의 연결 해제를 통해 그들은 대안 행동에 점차 더 큰 영감을 느낍니다. 그들은 어서 내일이 되어서 새로운 경로로 자신의 가치를 실현하기를 바라게 됩니다. 새로운 일을 하고자 하는 더 크고 자발적인 욕구가 안 생긴다면 아직 연결이 충분히 이루어지지 않은 것입니다.

이 과정은 당신을 감격시킬 것입니다. 나는 수년간(어떤 경우에는 6년간) 헤로인에 중독되었다가 부작용이나 금단 증상도 없이 완전히 약물을 끊는 사람들을 봤습니다. 금단 증상은 약물 때문이 아니라 약물을 복용할 때 생기는 뇌의 연상 작용(당신의 가치관과 환상을 지지하는)에서 비롯됩니다. 그러한 환상을 단점과 함께 해소해버리면 금단 증상은 줄어들거나 아예 일어나지 않습니다. 금단 증상은 어느 정도는 뇌 속 화합물, 즉 뇌의 아편성 물질뿐 아니라 도파민과 옥시토신의 차단 때문이기도 합니다.

6단계는 중독을 유발하는 하위 중독을 알아내는 것입니다. 나는 이제껏 하위 중독이 없는 중독을 단 한 건도 보지 못했으며, 중독에는 일반적으로 한 가지에서 다섯 가지의 하위 중독이 동반됩니다. 하위 중독이란 당신의 가치관에 매우 도전적이고 고통스러워서 기억하기조차 싫은 것입니다.

덴버에 알코올 중독자인 한 남성이 있었습니다. 그는 아버지에게 쌓인 감정적 응어리를 풀기 위해 '돌파구 경험'에 참석했습니다. 역시 알코올 중독자였던 그의 아버지는 때로는 매우 공격적이고 강압적이었지요. 어머니는 아버지와 상보적 대립자였습니다. 어머니는 때로는 지극히 수동적인, 무력한 과잉보호자였습니다. 아내가 너무 무력하고 남편이 강압적이면 가정폭력이 발생할 가능성이 커집니다. 그 남성의 가정은 그 전형에 해당했습니다. 하지만 수년간의 불안정한 가족 역동을 거친 뒤 결국 어머니는 아들이 네 살 때 병으로 세상을 떠나고 말았습니다.

아버지는 이제 집안의 기본적인 일을 맡아서 할 아내가 없다는 데 화를 내며 아들한테 아내 역할을 맡겼습니다. 아들은 요리를 하고, 어머니가 했던 일을 대신해야 했습니다. 그 후 10년 동안 그 어린 소년은 아버지가 시키는 모든 일을 담당했습니다. 해야 할 일을 하지 않으면 아버지는 아들을 때렸습니다.

열네 살이 되어 마침내 그 소년은 자립할 수 있을 만큼 강해졌다고 느꼈고 아버지에게 "꺼져"라고 말했습니다. 그는 아버지의 트럭을 훔쳐 타고 친구와 술을 마시러 나갔고, 그러다 사고가 나서 친구는 죽고 그는 병원에 입원했습니다.

그 사실을 안 아버지는 병원에 와서 이렇게 말했습니다. "트럭이 박살 났으니 이제 난 어떻게 출근하라는 말이냐? 다시는 널 보고 싶지 않다."

이 소년은 그러한 지각적 상처 또는 하위 중독을 안고 자랐습니다. 그는 가장 친한 친구의 죽음을 어떻게 받아들여야 할지 몰라 마음속 깊이 묻어두어야 했습니다. 그의 아버지는 그를 때리곤 했는데, 이 역시 그로서는 받아들일 수 없는 일이었습니다. 왜냐하면 아이의 마음속 깊은 곳에는 부모가 무슨 짓을 하든 그들을 사랑하는 마음이 있으며, 내적 갈등을 유발하는 그런 도전적인 역학관계에 어떻게 대처해야 하는지에 대한 대안적인 전략을 항상 알고 있지는 않기 때문입니다. 음주는 이렇게 잠재의식 속에 저장된 인식을 처리하는 그만의 방식이 되었습니다.

하위 중독을 어떻게 처리할지 알지 못하면 중독이 발생합니다. 다른 극단적인 무언가를 피하려는 경우가 아니면 극단적인 것을 추구하는 일은 드뭅니다. 다음 단계는 그 극단적으로 양극화된 인식이 무엇인지를 알아내는 것입니다.

'디마티니 메소드'는 균형 있게 처리하지 못한 경험과 관련한 분노와 감정적 응어리를 해소하는 방법을 알려줍니다. 우리는 감사하다는 말만 남을 때까지 균형을 맞추고, 중화시키고, 하위 중독을 해소합니다. 당신이 자기 과거사의 희생양이 되는 한, 당신은 운명을 지배하지 못할 것입니다. 왜냐 하면 멀리하고 싶은 것과 오히려 부딪히게 될 것이기 때문 이지요. 당신이 비난하는 것이 무엇이든 당신은 오히려 그것 을 번식시키고, 끌어당기고, 또 그와 같이 될 것입니다. 당신 이 묻고자 하는 것이 당신을 묻을 것입니다. 당신이 저항하 는 것은 끈질기게 지속될 것입니다. 인식의 균형을 통해 하 위 중독을 해소하면 이른바 중독에 대한 잠재적인 욕구를 해 방시킬 수 있습니다.

'디마티니 메소드'로 하위 중독이 균형을 이루고, 해소되 고, 제대로 인식되고 나면 다음 단계로 넘어갈 때입니다. 당 신의 삶에서 불균형할 정도로 지나치게 고통스럽거나 행복 한 기억, 환상, 악몽에 대해 일련의 질문을 던져 그것들의 인 식의 균형을 되찾는 것입니다. 누구든 당신을 비난했던 기 억이 있다면 그와 동시에 누가(실제든 가상이든) 당신을 칭찬 했는지 기억해보십시오. 누군가가 당신을 거부했던 순간에 는 다른 누군가가 당신을 받아들이고 원했음을 알게 될 것입 니다. 누군가가 당신을 멍청하다고 여겼을 때 다른 누군가는 당신을 똑똑하다고 생각했습니다. 이것은 불균형한 인식의 균형을 되찾는 연습입니다. 우리는 자신의 평가가 옳다고 믿 는 데 너무 익숙해져 있어서, 무의식적으로 저장되고 직관에 의해 드러나기를 기다리고 있는 그 이면을 찾아보는 데에는 충분한 시간을 내지 않습니다.

희생양적 사고방식에서 벗어나기

나는 스물세 살 때 『인간의 건강과 질병의 환상적 기초**The Illusional Basis for Man's Health and Disease**』라는 제목의 책을 썼습니다. 그 책에서 나는 서로 대립되는 두 가지 없이 무엇인가를 인식하는 사람은 없다는 내용을 다루었습니다. 대비되는 것 없이 한쪽으로 치우친 기억을 갖고 있을 때 우리는 그것을 감정적 응어리라 부르며, 그것은 우리가 다시 균형을 잡아줄 때까지 풀리지 않습니다. 불균형한 감정을 해방시키기 위해 당신의 직관은 당신이 무시하고 있는 측면을 드러내려고 노력합니다. 당신이 완전히 의식적이고, 진정성 있고, 회복탄력적이 되도록 당신의 무의식을 의식으로 돌려놓으려 합니다.

만약 당신에게 어떤 것에 중독되었다는 꼬리표가 붙어 있다면, 나는 당신의 직관이 무의식적인 내용과 동기를 드러내는 데 도움이 될 만한 질문을 할 것입니다. 이는 당신을 괴롭힐 가능성이 있는 기억과 상상 속의 감정적으로 응어리로부터 당신을 해방시키기 위한 것입니다. 나는 당신이 정신적 방정식을 풀어 균형을 잡도록 돕습니다. 처음에는 당신이 태어나서부터 5세까지의 내용에 접근하기 위해 일종의 회귀 기법을 사용해야 할지도 모릅니다. 하지만 6세부터 10세까지, 11세부터 20세까지, 20세부터 30세까지 그리고 당신의 현재 나이에 이르기까지, 간단히 '디마티니 메소드'만 이용하면 당신이 불균형한 인식의 균형을 얼마나 많이 되찾을 수 있는지를 알 수 있습니다. 이렇게 하면 당신은 중독인 애호와 하위 중독인 혐오를 해소하게 되는데, 이 둘은 서로 떼려야 뗄 수 없는 것이기 때문입니다. 쾌락 없는 고통이나 고통 없는 쾌락을 느끼는 한, 당신은 양극성 중독, 하위 중독, 또는 애호-혐오 시스템을 구축합니다.

그다음 단계는 당신이 감사나 사랑을 표현하지 않은 사람(당신 자신이나 다른 사람들)을 알아보는 것입니다. 당신의 삶에서 감사하다고 말할 수 없는 것은 다 응어리입니다. 그것은 당신을 운명의 주인이 아닌 과거사의 희생자로 만듭니다. 나는 사람들이 그 응어리를 모두 없애도록 합니다. 편도체로 인한 만족감 부족과 인식의 양극화가 없는 한, 무언가에 중독될 일은 없습니다.

물론, 나도 중독의 유전학에 대해 공부했으며 많은 유전자가 중독과 관련된다는 것도 압니다. 그러나 다수의 유전자가 켜지거나 발현되고, 꺼지거나 억제되는 것은 인식 및 그와 연관된 자율적·후생적後成的 발현에 의해 이루어집니다. 이는 후생유전학 연구로 밝혀진 새로운 정보입니다.

'아버지가 그랬으니 나도 그렇게 되어야 해'라는 생각에 빠지기는 매우 쉽습니다. 이는 희생양적 사고방식으로, 자기 강화를 가로막고 환상으로부터의 해방에 걸림돌이 됩니다.

우리 안에는 엄청난 힘과 잠재력이 있습니다. 윌리엄 제임스의 말처럼, 인간은 인식과 태도의 변화로 인생을 바꿀 수 있습니다. 우리가 인식하는 방식을 통제한다면 우리 자신에게 붙인 꼬리표와 우리의 기능을 변화시킬 수 있는 엄청난 힘을 갖게 됩니다. 모든 경우가 이런 식으로 쉽고 빠르게 변할 수 있다는 말은 아니지만, 아주 많은 경우에 우리는 변화할 수 있는 힘을 가집니다. 의식적 또는 무의식적 동기를 통해 방향을 잡아나가면 변화는 가능합니다.

정신의 기능과 전략을 이해하고 지혜롭게 활용할 때 우리는 생리적·심리적으로 심대한 변화를 일으킬 수 있습니다. 최우선가치와 일치하는 삶을 살 때 당신은 가장 큰 잠재력과 뛰어난 회복탄력성을 갖게 됩니다.

나는 우리 마음속 잠재력의 한계가 어디까지인지 알지 못합니다. 디팩 초프라**Deepak Chopra**(인도 출신 하버드대학교 의학박사이자 베스트셀러 작가-옮긴이)가 말했듯이 그것은 무한할 수도 있습니다. 최근에 만난 열 살짜리 자폐적 석학(자폐증 등의 뇌 기능 장애가 있으면서 특정 분야에 천재성을 보이는 '서번트 증후군'에 걸린 사람-옮긴이)은 천체 물리학에 관한 글을 몇 분 만에 읽고 400쪽 분량의 글을 사진을 찍듯 기억했습니다. 그뿐 아니라 나는 병을 자연스럽게 완치한 사람들도 봤습니다.

캐나다 앨버타주 캘거리의 한 의사가 11년째 국소 회장염(크론병)을 앓고 있는 환자를 내게 보냈습니다. 그녀는 소장 궤양, 혈변, 심한 복통, 복부 팽만, 피로감 등으로 몸속이 말 그대로 너덜너덜해진 상태였습니다. 그녀는 아버지에 대한 성적 혼란 때문에 내적 갈등을 겪었습니다. 어머니는 자신의 성욕을 억눌렀고, 아버지는 그 억눌린 성적 욕구 때문에 다른 방식으로 성욕을 채웠습니다. 그리고 딸은 그것을 포착했지요.

다시 말하지만, 부모가 아무리 무언가를 억압해도 아이들은 때때로 그것을 표현하게 됩니다. 무언가를 비난하면 그것을 육성하게 됩니다. 당신이 가장 크게 비난하는 것, 가장 많이 억압하는 것을 알면 당신의 아이들이 무엇에 전문가가 될지를 알 수 있습니다.

이 경우, 아이는 어머니의 성적 억압을 아버지와 함께 경험하고 있었습니다. 아버지는 그 감정의 응어리를 해소하기 위해 자위 문제에 대한 수치심과 죄책감을 무시해버렸습니다. 그녀는 온갖 사회적 의무와 아버지, 어머니에 대한 감정 사이에서 생긴 내적 갈등을 어떻게 처리해야 할지 몰랐기에 어려서부터 국소 회장염에 시달리기 시작했던 것입니다.

나는 '디마티니 메소드'를 이용해 그 감정적 응어리의 많은 부분을 해소했습니다. 그녀는 아버지와 어머니에게 마음의 문을 열고 더 고차원적인 시각을 갖게 되었습니다. 자기가 현재의 직업을 선택하게 된 이유와 자기 삶에 남자를 끌어들인 이유도 깨닫게 되었지요. 그녀는 감사의 눈물을 흘렸습니다. 그날은 그녀가 국소 회장염 증상을 보인 마지막 날이 되었습니다.

치유의 변화

캐나다 온타리오주 해밀턴에서 열린 '돌파구 경험' 세미나 프로그램에 참석한 한 40대 남자가 있었습니다. 그는 태어날 때부터 눈이 멀고 귀가 들리지 않았지만 척추 지압사로서 훌륭하게 일했습니다. 듣거나 볼 수 없었기에 운동 감각과 촉각이 예민했던 그는 손으로 일하는 대단한 전문가였습니다. 전세계에서 사람들이 그를 보기 위해 찾아왔습니다. 그는 여성 비서 한 명과 같이 참석했는데, 그녀는 손과 손가락을 이용해 촉각으로서 의사소통을 돕는 특수한 통역사이기도 했습니다.

그 프로그램에서 나는 통역사를 통해 그의 인생에서 가장 큰 분노의 원인이 무엇인지를 물었습니다. 분노의 중심에는 아버지가 있었습니다. 그는 태어날 때 산도를 통과하던 중 머리가 기형이 되었습니다(이는 종종 있는 일이며 보통은 나중에 머리가 정상으로 돌아옵니다). 그것을 본 아버지는 그에게 정신 장애가 있다고 생각했습니다. 자기 자식이 기형 또는 정신 이상이라는 사실을 감당할 수가 없었던 아버지는 아내의 품속에 있던 벌거벗은 아이를 손으로 쳐서 바닥에 떨어뜨렸습니다. 그러고는 곧바로 가정을 떠나서는 아내와 자식을 다시는 보지 않았습니다. 아이들이 이런 일들을 기억하지 못한다고 생각해서는 안 됩니다. 나는 사람들의 기억을 되돌리다가 그들과 함께 나중에서야 떠올리게 된 놀라운 경험을 발견하곤 합니다. 그들의 기억력은 믿을 수 없을 정도로 대단합니다. 일부 전문가는 그러한 기억은 있을 수 없다고 말하지만, 그런 일은 분명히 일어나며 가만히 들여다보면 확인 가능한 내용이 발견되는 경우가 아주 많습니다.

자정이 되자 대부분의 워크숍 참석자가 '디마티니 메소드' 과정을 마쳤지만, 그는 아니었습니다. 집으로 돌아간 그는 새벽 3시까지 혼자서 그 질문 과정을 진행했습니다. 새벽 3시가 되자 그는 어떤 깨달음을 얻었습니다. 그의 머릿속에 '창피하다'는 말이 떠올랐습니다. 어머니의 품속에 있던 그를 아버지가 떨어뜨렸을 때 무방비 상태의 벌거숭이였던 자신의 모습이 창피했던 것입니다. 그의 마음 한구석에서 들리는 말이라고는 '그를 보고 싶지 않아. 그의 목소리를 듣고 싶지 않아'뿐이었습니다. 그는 일종의 신체화somatization(심리적인 우려가 신체적 증상으로 전환되는 것)를 통해 청각과 시각을 차단해버렸던 것입니다.

새벽 3시, 새로운 연상을 통해 마음속에 있던 무의식적인 내용을 깨운 이 남자는 삶의 퍼즐을 맞추었습니다. 그는 사고로 여겼던 그의 출생이 일순간에 선물이 되었음을 깨달 있습니다. 그 출생이 그를 유명하게 만들어준 기술이자 오늘날 삶의 대부분을 차지하는 치유술로 그를 이끌었기 때문입니다. 모든 것을 거부나 단점으로만 인식했던 그는 불현듯 그동안 보지 못했던, 단점을 상쇄하는 장점을 분명히 보게 되었습니다. 그는 감사의 마음이 들었습니다. 또 마음을 열고 처음으로 아버지에 대한 사랑을 느꼈습니다. 그는 말을 하기 시작했습니다. "나는 그 일 때문에 치료사가 되었어. 그 사건 때문에 특별한 기술을 갖게 되었지. 그 일 때문에 지금의 내가 된 거야. 이제 나는 그 일이 실수였다고 생각하지 않아. 그 일에는 더 고귀한 목적이 있었던 거야." 그는 더는 자기 과거사의 희생자가 아니었습니다.

그 남자는 자기가 한 일을 녹음해 다음 날 아침에 내게 가져다주었습니다. 파일을 틀었더니 아무런 소리도 들리지 않았습니다. 그러다 어느 순간 배경에서 괘종시계가 울리는 소리가 들렸습니다. 그리고 어머니와 아버지에 대한 감사의 마음으로 황홀해하던 그는 "맙소사! 오, 세상에! 시계 소리가 들려. 내 귀가 들린다!"고 말했습니다. 몇 초 후, 그는 소리가 나는 쪽으로 고개를 돌렸습니다. 40년 만에, 그의 시력과 청력이 회복되었던 것입니다. 나는 아직 그 테이프를 가지고 있습니다. 당신도 그것을 들으면 크게 감동할 것이고, 등골이 오싹해지고 눈에 눈물이 맺히는 경험을 하게 될 것입니다.

그날 아침, 내가 들어가자 몇몇 사람이 그 남자를 둘러싸고 있었습니다.

"무슨 일인가요?" 내가 물었습니다.

그 남자가 말했지요. "어젯밤 새벽 3시에 제 시력과 청력이 돌아왔습니다. 저는 다시 보고 들을 수 있게 되었어요." 나는 너무나 놀라고 큰 영감을 받은 나머지 잠시 자리에 앉아야 했습니다.

하지만 이 놀라운 회복에도 장단점은 있었습니다. 그의 아내의 정체성은 남편에 대한 지지를 중심으로 형성되어 있었습니다. 그것이 더는 필요치 않게 되자, 그에게는 보이지 않거나 들리지 않는 것만큼이나 힘든 큰 도전이 생겨났습니다. 자연은 지지와 도전의 균형을 수반하므로 새로운 지지에는 새로운 도전이 따르게 마련입니다.

어쨌든 몸을 치유하는 데 있어서 균형 잡힌 마음은 거의 한계가 없어 보였습니다. 너무나 많은 치유적 변화를 목격한 나는 1997년에 『받은 복을 세어보아라: 감사와 사랑의 치유력Count Your Blessings: The Healing Power of Gratitude and Love』이라는 책을 쓰기도 했습니다.

나는 20대 중반에 휴스턴에 있는 MD 앤더슨 암센터MD Anderson Cancer Center 옆에서 일을 하다가 몇몇 의사, 간호사와 친해졌습니다. 종양학과 수석 간호사는 이렇게 말했습니다. "여기 들어오는 사람들의 성격이나 태도를 보면 누가 살아남고 누가 그렇지 않을지를 구별할 수 있는 경우가 많아요.

87퍼센트 정도는 예측이 가능하죠." 비록 말기 환자들이긴 해도, 그들의 의식적·무의식적 동기가 그들이 사느냐 죽느냐를 결정하는 경우가 많았다는 것입니다.

타인 가치와 자기 가치

지식을 연구하는 인식론epistemology의 한 갈래인 가치론axiology은 말 그대로 가치를 연구하는 이론입니다. 경제학은 가치론에서 파생됩니다.

심리학자 에이브러햄 매슬로Abraham Maslow는 성격과 동기에 관한 그의 유명한 연구에서, 만약 당신이 적당한 의식주나 생식을 누리지 못하면 그런 것들을 찾아다니게 된다고 말했습니다. 이것을 생존이라고 합니다. 나는 입을 옷이 없고, 거리에서 살고, 음식을 구하러 다닌다는 게 어떤 것인지 압니다. 10대 때 그렇게 살았으니까요.

생존에 필요한 그런 기본적인 것을 얻고 나면, 당신은 안전이라는 또 다른 단계로 넘어갑니다. 기본적인 욕구가 만족되면 그것을 보호하고 아무에게도 빼앗기지 않으려고 합니다. 이것은 영역성입니다. 음식을 얻으면 아무도 못 가져가게 하고 싶고, 성관계를 가지면 그 상대를 아무도 빼앗아가지 못하게 하고 싶지요.

안전이 확보되면 사회화로 넘어갑니다. 당신은 동료들 앞에서 자랑합니다. "내가 가진 걸 좀 봐. 내가 가진 트로피를, 내 집을 보라고."

그다음 단계는 자존감입니다. 마지막은 주변의 모든 사람이 당신의 반영임을 깨닫는 자기실현 또는 자기충족 단계입니다. 우리는 다른 사람들의 위나 아래에 있으려고 존재하는 것이 아니라, 그들에게 봉사하고 우리 자신뿐 아니라 그들도 만족하는 삶을 살 수 있도록 돕기 위해 존재합니다. 이 단계는 평정과 공평이 지배합니다.

우리 삶에서 가장 결여되었다고 인식되는 것이 가장 중요한 것으로 인식될 수 있습니다. 돈이 충분하지 않다고 생각하면 돈을 찾게 됩니다. 살 곳이 없다고 생각하면 집을 찾게 됩니다. 결과적으로 우리의 가치관은 인식적으로 아직 충족되지 않은 것에 기반을 두고 있습니다.

또 다른 관점에서 보면 다음과 같은 여섯 가지 유형의 가치관이 있습니다.

1. 공허감이 있으면 메우고 싶다.
2. 질문이 있으면 답하고 싶다.
3. 미스터리가 있으면 풀고 싶다.
4. 문제가 있으면 그에 대한 해결책을 찾고 싶다.
5. 모르는 것이 있으면 알고 싶다.

6. 혼란을 보면 질서를 찾아주고 싶다.

우리는 끊임없이 우리의 세계를 이해하려고 노력하고 있으며, 이해가 안 되는 것을 이해하고자 가치를 부여합니다.

가치론에는 타인 가치와 자기 가치, 이렇게 두 가지 측면이 있습니다. 내가 당신의 필요를 충족시키고, 당신의 질문에 대답하고, 당신의 문제나 미스터리를 해결하고, 당신이 도전에 맞서는 것을 도울 수 있다면 나는 당신에게 가치 있는 존재입니다. 내가 내 문제를 해결하고, 스스로의 질문에 답하고, 내 자신의 공허감을 채울 수 있다면 나는 자기 가치를 지닙니다.

내게 타인 가치가 있다면 수입원이 생길 겁니다. 그리고 자기 가치가 있다면 그 수입의 일부를 보유할 것입니다. 자기 가치 없이 타인 가치만 있다면 돈은 벌겠지만 그것을 유지하지 않고 써버리거나 다른 사람들에게 건넬 것입니다. 자기 가치는 훌륭하지만 타인 가치가 없으면 소득은 창출하지 않고 무엇을 얻든 전부 쌓아둘 것입니다. 반성적 인식을 통해 자기 가치는 물론 타인 가치도 지닌다면, 사람들에게 기여하고 수입을 창출하는 동시에 그 일부는 보유하게 될 것입니다.

가치는 도덕이 아니다

부wealth는 웰빙well-being과 전인whole being을 의미합니다. 왜 나하면 당신은 이제 온전whole해졌기 때문입니다. 이것이 바로 내가 말하는 가치입니다. 가치는 반드시 고전적인 도덕과 윤리에 국한되지 않습니다. 사회적 계약이나 위선적인 이상은 가치 그 자체라기보다는 가치의 부산물입니다. 당신은 당신의 가치관을 지지하는 것에 쉽게 마음을 열고 그것을 좋게 여기는 경향이 있습니다. 반면 당신의 가치관에 도전하는 것에는 마음을 닫고 그것을 나쁘게 여기곤 하지요.

가치는 사람들 대부분이 생각하는 것과 큰 관련이 없을 수 있습니다. 사람들에게 "당신의 가치관은 무엇인가요?"라고 묻는다면 그들은 온전함, 진실함, 정직 등을 언급할 테지만, 그들의 진짜 삶이 보여주는 바에 초점을 맞추면 실상은 그렇지 않습니다. 그들이 시간과 에너지를 어떻게 사용하는지, 그리고 앞서 말한 그 밖의 가치 결정 요인을 살펴보면(26쪽 참조), 그들의 진정한 가치는 정직이나 온전함에 관한 것이 아닙니다. 이 두 가지는 사회적 이상주의이자 많은 경우에 도덕적 위선일 뿐입니다.

가치는 당신이 자발적으로 당신의 시간, 에너지, 돈을 쓰는 것과 관련 있습니다. 나의 최우선가치는 인간 행동의 법칙을 이해하고 가르치는 것입니다. 그것이 내가 시간을, 에너지를, 돈을 쓰는 방법이며 내 공간을 채우는 방식입니다. 나는 그에 대한 훈련을 받았고, 그것에 대해 생각하고 집중하며 시각화합니다. 그것은 내게 큰 공허함이 있음을 뜻합니다. 내 분야에는 내가 이해하고 해결하고자 하는 거대한 미지의 영역이 있습니다. 나는 마치 사탕 가게에 들어간 아이가 된 것만 같습니다. 모르는 것이 너무도 많은, 호기심 많은 아이. 만약 그러한 공허함이 없었다면 나는 그러한 가치를 갖지 못했을 것입니다.

우주의 질서

사랑과 분노 사이의 바람직한 균형을 어떻게 잡느냐는 질문을 받곤 합니다. 어떻게 하면 당신이 관심을 쏟는 사람에게 마음을 열고 진정성 있게 대할 수 있을까요?

우리는 사람들을 떠받들거나 깔보기 위해 존재하지 않습니다. 지나친 겸손으로 그들에게서 보이는 것이 우리 안에도 있음을 인정하지 않거나, 지나친 거만함으로 우리에게서 보이는 것이 그들 안에도 있음을 인정하지 않아서는 안 됩니다. 우리는 반성적 인식을 갖고, 다른 사람과 우리 자신에게 동시에 마음을 열고, 그 둘 모두의 장엄함과 온전함을 깨닫기 위해 존재합니다.

내가 '돌파구 경험'에서 실시하는 연습이 있습니다. 우선 우리가 다른 사람에게서 가장 존경하거나 경멸하는 특성, 행위나 무위를 고릅니다. 그런 다음 성찰 및 반성을 통해 우리 자신 안에 그와 같은 특징, 행위나 무위가 어디에 있는지를 발견합니다. 어떤 행동을 존경한다면 그것의 단점을 찾고, 어떤 행동에 대해 화가 나면 그것의 장점을 찾음으로써 균형을 맞춥니다. 정직하게 내면을 들여다보면서 다른 사람들이 무엇을 했든 간에 그것을 우리가 어디서 누구에게 똑같은 정도로(양적으로나 질적으로나) 했는지를 알게 됩니다. 우리가 한 일이 너무 자랑스럽거나 부끄럽다면, 상대방에 대한 단점이나 장점을 찾아냄으로써 그것을 상쇄합니다.

다음으로 누군가가 당신에게 무언가를 했을 때, 그와 균형을 맞추기 위해 그때 당신에게 동등한 반대 행동을 한 사람은 누구인지 알아봅니다. 이로써 당신은 전에는 알지 못했을 우주의 고차원적 질서 혹은 내재된 지성을 깨닫게 됩니다. 어떤 신학자는 신이라 부르고, 또 어떤 사람들은 조직화된 거대한 장, 내재적 질서, 동시성, 동등하되 반대인 힘, 논쟁 확대의 법칙the law of eristic escalation(질서가 길게 유지될수록 혼란의 효과가 더 강해지는 것-옮긴이), 매트릭스, 또는 그 밖의 것으로 부릅니다. 어떤 경우든, 삶에는 생물학적 유기체가 지지와 도전의 경계에서 최대한 진화하고 성장하도록 하는 장이 존재합니다.

몇 년 전에 나는 생명 및 세포의 기원과 그것들이 지구 상에 어떻게 생겨났는지를 설명한 『살아 있는 세포의 신비 Mysteries of the Living Cell』라는 두 권으로 된 책을 썼습니다. 연구 당시 나는 세포를 지배하는 엄청나고 복잡한 지능에 큰 충격을 받았습니다. 그것에 대해 연구한다면 절로 겸손해지지 않을 도리가 없습니다.

한번은 미국의 이론 물리학자이자 수학자 겸 생물학자인 프린스턴 고등연구소 Princeton's Institute for Advanced Studies의 프리먼 J. 다이슨 Freeman J. Dyson과 이에 관해 논의한 적이 있습니다. 그는 우주의 각 계층 구조마다 지능의 장이 있을 가능성을 인정했습니다. 세포 내부에서 일어나는 일을 무작위적 열역학으로 완전히 설명할 길은 아직까지 없습니다. 우리는 그 시스템의 운영 주체로 추정되는 비인간형 지능 앞에 겸손해져야 할 것입니다. 아무리 전 세계의 노벨상 수상자를 다 모아서 하나의 초의식을 만든다고 해도, 그들은 단세포 생물이 어떻게 작동하는지 알아내지 못할 것입니다. 그러나 42억 년 전, 이른바 인류의 진화가 있기 전에도 그 세포는 완벽하게 작동하고 있었습니다.

흥미로운 점은, 고고학자들이 퇴적물 속에서 찾아낸 230만 년 된 조악한 부싯돌을 보고는 초기 지능의 흔적이라고 하면서도 그보다 훨씬 더 복잡한 세포는 지능의 흔적으로 여기지 않는다는 것입니다.

원치 않는 행동에서 벗어나는 방법

1단계 벗어나고자 하는 행동에서 어떤 무의식적 이점을 얻고 있나요?

2단계 그 이점을 얻을 수 있는 실행 가능한 대안에는 무엇이 있을까요?

3단계 삶의 모습을 바탕으로 하는 진정한 가치관은 무엇인가요?

4단계 이 실행 가능한 대안이 최우선가치를 실현하는 데 구체적으로 어떤 도움이 되나요? (대안과 최우선가치 연결하기: 가장 많이 나온 5가지 대안에 대해 작업)

5단계 기존의 행동은 최우선가치를 실현하는 데 구체적으로 어떻게 방해가 되나요? (기존의 행동과 최우선가치의 연결 해제하고 분리하기: 3대 우선가치에 대해 작업)

6단계 가치관에 매우 도전적이고 고통스러워서 기억하기조차 싫은 것은 무엇인가요?

7단계 고통스러운 그때로 돌아가 정반대로 당신에게 힘을 주고, 위안을 주었던 것은 무엇인가요?

입으로는 그만두고 싶다고 말하면서도 지속하는 행동이 있다면 그건 인식의 균형이 깨졌기 때문입니다. 7단계 과정을 거치며 인식의 균형을 회복하고 바라던 바를 이루십시오. 과거사의 희생양이 아니라 운명의 주인으로 거듭날 수 있습니다.

1단계:

2단계:

3단계:

4단계:

5단계:

6단계:

7단계:

Part
4

평온하고 건강하게
매일매일 성장하기

콘래드 워딩턴**Conrad Waddington** 교수는 1942년경 후생유
전학이라는 용어를 만든 것으로 알려져 있습니다. 후생유전
학의 'epi-'는 위**above** 또는 외부를 뜻합니다. 후생유전학은
유전자 코드가 유전자의 외부, 위, 또는 주변의 것에 어떤 영
향을 받는지, 그리고 무엇이 유전자를 발현시키거나 그러지
않게 하는지를 다룹니다. 후생유전학은 오늘날 건강 분야에
서 가장 대두되는 학문이며 우리의 삶과 회복탄력성과도 아
주 밀접하게 관련됩니다.

처음에 과학자들은 유전 현상이 안정적이라고 믿었습니
다. 즉, 유전자가 유사분열(간단한 세포 분열)을 통해 딸세포로
전달되는 일이 반복되는 것이라고 믿었지요. 하지만 그들은
궁금해졌습니다. '무엇이 세포를 분화시키는 걸까?' 결국, 딸

세포가 겉보기에 부모세포와 유전적으로 동일하다면 유전자 이외의 무언가가 그 세포의 모양, 형태 그리고 활동을 변화시키는 것으로 보였습니다. 우리는 같은 유전자형을 가지고 있다 해도 개성뿐만 아니라 세포의 형태에 있어서도 분명 서로 다른 표현형phenotypes을 지니는데, 이것을 어떻게 설명할 수 있을까요?

이 현상을 설명하기 위해 이론가들은 단순한 세포 번식 이상의 무언가를 생각해내야만 했습니다. 1940년대의 새로운 발견을 통해 과학계는 무엇이 유전자 발현에 영향을 미치는지 알아볼 수 있게 되었습니다.

세포들의 상호작용

육신으로서의 우리가 처음 생겨날 때부터 시작해봅시다. 생식은 생식세포gamete라고 불리는 두 개의 성세포, 즉 정자와 난자가 합쳐질 때 일어납니다. 생식세포는 감수분열을 통해 생겨납니다. 즉, 각 세포는 두 세트의 염색체를 반으로 나누어 두 세포가 서로 합쳐질 수 있도록 합니다. 두 세포가 만나면 접합자zygote가 만들어집니다. 접합자는 성적으로 번식하는 모든 생명체의 세포와 마찬가지로 이배체diploid입니다(정자와 난자는 이와 달리 반수체haploid입니다. 이 성세포는 아버지나 어머니로부터 받은 단 한 세트의 유전자만 가지고 있습니다). 접합자도 분열을 하며, 유사분열을 통해 부모세포의 유전자 코드를 복제한 딸세포들을 만듭니다.

처음의 세포 두 개는 접합자와 비슷합니다. 그것들은 다시 분열해 네 개의 세포로 이루어진 사면체 형태를 만듭니다. 이 세포들은 다시 여덟 개의 세포로 복제되는데, 이 분열을 통해 생성된 세포 군집은 상실배로, 그다음에는 포배로 성장합니다. 이것들이 분열하면 포배강이 만들어지며, 포배강은 낭배를 형성합니다.

낭배기(수정 1~2주)에는 이미 뚜렷한 변화가 나타나기 시작합니다. 이 시기에 세포들은 눈에 띄게 분화하기 시작합니다. 분화란 하나의 세포에서 다른 종류의 세포들이 만들어지는 것을 말합니다. 이때부터 나중에 신경계, 피부, 근육, 혈관을 형성하게 될 것들이 보이기 시작합니다.

낭배는 배엽층으로 분화하기 시작해 외배엽, 중배엽, 내배엽을 만듭니다. 내배엽은 장, 위 그리고 간의 내벽으로 발달합니다.

이 발달을 시작하는 초기 세포인 접합자는 분화의 전능성**totipotential**을 지닙니다. 이는 200~220가지 종류의 다른 세포들과 함께 완전한 생물체를 창조할 수 있는 잠재력을 지닌다는 뜻입니다.

그와 동시에, 외배엽은 척삭(배아 발생 과정에서 나타나는 첫 골격 구조-옮긴이)과 신경계를 발달시키기 시작합니다. 셋째 주에는 이미 신경계가 형성되기 시작하고, 둘째 주에서 셋째 주에는 심혈관계, 즉 심장이 이미 분화하는 중입니다. 이 시점에 세포는 다능성**pluripotential**을 지니는데, 이는 세포가 전능성까지는 아니어도 여전히 수많은 가능성을 지니고 있음을 의미합니다. 세포가 완전히 분화되는 출생 시기와 출생 이후에 각각의 세포는 단능성을 지니게 됩니다. 각 세포는 독특하고 전문화되어 있습니다. 이제 우리 몸에는 모든 기능을 담당하는 세포가 존재합니다.

초기의 세포는 나무가 가지를 뻗듯 발달의 각 단계에서 분화하기 시작하기 때문에 줄기세포라고 불립니다. 이 과정에서는 유전자가 동일하고 비교적 일관성이 있기 때문에 유전자형도 꽤 일정하게 나타납니다.

세포가 분화하는 원인은 무엇일까요? 부모세포와 두 개의 딸세포는 서로 신호를 교환합니다. 이는 광자 상호작용 **photonic interactions**으로, 정보 전달에 빛의 입자를 이용하는 빛 기반의 세포 상호작용입니다.

세포들은 또한 양전하나 음전하를 띤 아원자**subatomic** 입자를 교환하기도 하는데, 이것은 양전자 및 전자 기반의 세포 상호작용입니다. 또 칼슘, 아연, 마그네슘, 구리와 같은 특정한 원자가 교환되며 딸세포의 기능을 살짝 바꾸기도 하는데, 이는 양이온 및 음이온 기반의 세포 상호작용입니다. 세

시크릿 회복탄력성

포가 더 분화함에 따라 아미노산 전달체와 신호 분자들이 생성됩니다. 이 신호 분자들은 세포의 형태morphology를 변화시키기 때문에 처음에는 모르포겐morphogen이라고도 불렸습니다. 이들은 신호signals라고 불리기도 합니다. 어쨌든, 세포가 분열하고 분화하기 시작할 때에는 독특한 반응과 세포 간의 새로운 전달 신호가 활성화됩니다.

최초의 세포는 자기 자신과 상호작용을 하는데, 이것을 자가 분비 기능autocrine function이라고 합니다. 그다음에는 인접한 세포들과 상호작용을 하며 이를 근접 분비 상호작용juxtacrine interaction 또는 기능function이라 부릅니다. 이 과정이 점차 복잡해지고 여전히 가깝지만 접하지는 않은 세포들에까지 작용이 미치는 것을 주변 분비 기능paracrine function이라고 합니다. 'para-'는 가깝다는 뜻입니다. 이것은 세포 옆에 연결되어 있음을 의미합니다. 게다가 그 세포들을 하나로 묶는 접합부와 섬유들도 있습니다. 그것들은 세포벽을 통해 신호를 보내 세포 간에 정보를 전달합니다.

세포가 분화하면서 여러 종류의 상호작용을 하는데, 한때 우리는 이것을 현미경으로도 볼 수 없었습니다. 하지만 이제는 전자 현미경 및 그와 유사한 기술이 매우 발달해 그 과정을 상세히 알 수 있게 되었지요. 그에 대한 우리의 이해는 매일 커지고 있습니다. 그것은 경외심을 불러일으키면서도 여전히 신비로운 것으로 남아 있습니다.

가장 원시적인 모르포겐들은 아원자 입자에 저장된 양전하 및 음전하를 띤 에너지입니다. 세포 에너지론과 이온 운반체ionophore 연구로 1987년에 노벨상을 수상한 피터 미첼Peter Mitchell은 세포벽을 드나드는 양전하와 음전하를 연구하여 그것이 ATP(아데노신삼인산) 형태의 세포 에너지를 만든다는 것을 알아냈습니다. 그 이후 아원자 입자들과 원자들이 이 일을 하고 있다는 사실이 밝혀졌고, 더 나중에는 특정한 아미노산들(질소, 수소, 탄소와 같은 원소들의 조합)이 그 역할을 하고 있다는 사실이 발견되었습니다. 조직이 만들어지려면 아주 근접한 경우뿐 아니라 멀리서도 작동하는 전달 체계가 필요합니다. 따라서 전기적 또는 화학적으로 작동하는 신경계는 그러한 작은 신호를 몸의 여러 부분에 전달하는 중요한 길로서 등장합니다.

미세 에너지를 연구하는 스탠퍼드대학교의 윌리엄 틸러William Tiller와 대화를 나눈 적이 있는데, 우리는 그러한 모르포겐이 세포벽의 수용체를 활성화한다는 것을 발견했습니다. 수용체는 주로 당과 단백질로 구성되는데, 활성화되면 모양을 바꿉니다. 이 과정에서 양전하 및 음전하 체계가 효소의 연쇄 변화를 알리도록 하는 문이 열립니다.

또 생물학자인 루퍼트 셸드레이크Rupert Sheldrake의 연구를 언급하자면, 그는 우리 몸 주변에 그러한 효소에 영향을 미치는 장field이 있다고 주장하며 이것을 '형태형성장

morphogenic fields'이라고 불렀습니다. 그는 이 장이 그 과정에 전기 화학적인 요소뿐 아니라 활력적인 요소도 더해준다고 믿었습니다. 게다가 세포들은 아주 적은 밀리볼트 단위의 생명장fields of life을 방출할 수 있으며, 그 장은 단세포 또는 그보다 더 복잡한 다세포 생명체의 형태를 바꾸어놓기도 합니다. 이러한 장을 이용해 형태 변화를 시도한 실험들은 분명 성공적이었습니다. 즉, 우리는 이제 이 장들이 유전자와 후생 유전학에 변화를 가져올 수 있다는 것을 알게 되었습니다.

지적 우주

결과적으로, 비록 과학은 아직 기계론적이고 물질주의적인 모델에 기대고 있지만, 우리는 생명을 지배하는 좀 더 미묘한 지능의 장이 있을 가능성을 배제할 수 없습니다. 과학자들은 양자장론quantum field theory을 양전하나 음전하를 띤 입자 및 파동과 그것들의 반입자antiparticle 및 파동이 동시에 균형을 이루고 얽혀 있는 것으로 나타나는 장의 들뜬상태 excitation(전자가 에너지를 흡수해 본래 상태보다 높은 에너지로 이동한 상태-옮긴이)라고 인정할 수 있습니다. 아마도 좀 더 미묘한 수준의 플랑크 단위(물리학에서의 측정 단위-옮긴이)에서는, 긍정적 또는 부정적인 감정 기억과 그와 반대되는 감정

기억 및 상상이 동시에 균형을 이루고 얽혀 있는 것으로 나타나는 장의 들뜬상태에 관한 지적장론intelligence field theory이 있을 것입니다.

곧 우리는 큐비트qubit(양자 컴퓨터의 기본 정보 단위-옮긴이), 스핀트로닉스spintronics(전자의 회전을 활용하는 기술-옮긴이) 소자, 그리고 그보다 더 진보한 전자 기술로 원자 안에서 회전하는 전자에 정보를 저장할 수 있는 최초의 원자 컴퓨터를 갖게 될 것입니다. 그렇게 되면 우리는 정보 기반이 이미 존재하고 있으며, 우리가 그것과 기술적으로 접촉하게 되었음을 깨달을 것입니다.

난해하게 들리겠지만, 끈 이론string theory 파생 연구로 잘 알려진 천체 물리학자 레너드 서스킨드Leonard Susskind는 별에 흡수된 정보가 블랙홀로 들어갈 때 그 정보는 사라지지 않고 블랙홀의 목구멍이나 벽에 2차원 격자 구조로 저장된다고 말했습니다. 이 정보는 나중에 블랙홀이 별이나 은하계와 같은 다른 시스템을 탄생시킬 때 3차원으로 나타납니다. 이는 그 정보가 처음 우주의 일부일 수도 있으며, 따라서 우리가 그것에 더해졌을 수도 있음을 의미합니다. 어쩌면 우리는 그것의 지배를 받고 있는지도 모르지요. 아니면 참여 홀로그램 우주participatory holographic universe 속에 살고 있거나.

이것은 수학이 혼란에 대처하기 위해 만들어진 메커니즘인지 아니면 실제로 자연에 속한 것인지에 대한 논쟁과 유사합니다. 나는 '둘 다'라고 믿는 편인데, 수학은 우주에 내재되어 있지만 우리는 결국 고유하고도 명쾌한 수학적 진실에 근접한 발견을 하게 되기 때문입니다. 또한 처음에는 확인 가능하거나 관련성이 있는 것처럼 보이지 않지만 나중에는 관련성이 매우 높은 것으로 밝혀지는 수학 이론도 많습니다.

나는 지능도 이와 마찬가지라고 생각합니다. 나는 우리가 지능을 추가하고 있다고 생각하지만, 우주의 법칙을 지배하는 더 기본적이거나 근원적인 정돈된 지능이 발견될지도 모릅니다. 이것은 처음에는 목적론적이고 활력론적으로 보일 수도 있지만, 대칭적으로 보존되며 파괴할 수 없는 것처럼 보이는 이 지능은 어쩌면 그저 수학적 지식의 형태를 지녀서 언젠가는 우리가 펼치고 해독하게 될지도 모릅니다. 이러한 인식이 생겨나고 발전하고 있다는 증거는 점점 더 늘어나고 있습니다.

내면의 사고가 의식적 진화 수준을 결정한다

유기체가 발달하는 개체 발생ontogeny 시기, 또는 기관들이 생기기 시작하는 때로 돌아가봅시다. 우리는 세포에서 조직으로, 조직에서 기관 형성으로 나아갑니다. 기관은 체계를 만들고 체계는 몸을 만듭니다. 어떤 기관은 발달을 일찍 시작해서 일찍 마칩니다. 또 어떤 기관은 일찍 시작해서 늦게 마칩니다. 늦게 시작해서 일찍 마치는 기관도 있고, 늦게 시작해서 늦게 마치는 기관도 있습니다. 그리고 우리가 태어난 후에 발달을 마치는 장기도 있습니다.

이 기관 형성 과정 중에 선천적 기형이 있다고 가정해봅시다. 선천적 기형에는 다양한 종류가 있습니다. 어떤 사람은 마제신horseshoe kidney(서로 떨어져 있어야 할 양측 신장이 말굽 모양으로 연결된 신장 기형-옮긴이)일 수도 있고, 또 어떤 사람은 선천성 척추측만증일 수도 있습니다. 일반적으로 한 가지 이상이 있으면 다른 이상도 있을 수 있습니다. 왜냐하면 기관 형성의 특정 단계에서 유전적 변화가 발생했다면(조직적인 독소나 기형 유발 물질, 또는 충격적인 감정과 같은) 동시에 형성 중인 다른 기관에도 보통 영향을 미치기 때문입니다. 따라서 기관 발달 과정의 어느 단계에서나 가속이나 지연이 있을 수 있습니다.

단세포인 아메바는 먹이를 선택하고, 삼키고, 흡수하며 남은 찌꺼기를 배출합니다. 아메바는 찾고, 피합니다. 그리고 먹이를 삼키는 세포 내 이입endocytosis 작용과 찌꺼기를 배출하는 세포 외 유출exocytosis 작용을 합니다. 그래서 어떤 생물학자는 아메바에도 지능이 있다고 믿지요. 자기에게 가치 있는 것을 찾고 그렇지 않은 것을 피하니까요. 원기를 돋우는 먹이에 대한 생존 충동과 유독한 찌꺼기로부터 자기를 지키

려는 본능을 가지고 있으므로, 아메바는 원시적인 형태의 세
포 지능을 가진다고 할 수 있습니다.

단세포 생물에 세포 지능이 있다면 분화의 모든 단계에
서 세포 지능이 존재할 수 있습니다. 나는 세포들이 생겨날
때 집단 지능이 존재한다고 믿습니다. 또 어떤 면에서는 논
란의 여지가 있는 조직 지능도 있다고 믿습니다.

오늘날의 과학은 총체적·활력론적·창발적이기보다는
기계론적이고 환원주의적 접근 방식을 취합니다. 학제적 상
호작용의 부족으로 때로는 전체적 사고 대신 부분적 사고를
합니다. 이에 반해 통합적 접근법의 수평적 사고는 이러한
분야에서 혁신을 일으킵니다.

우리는 단세포에서 시작해(자가 분비 또는 자가 세포 신호
전달로) 서로 아주 인접하거나 가까운 세포들을 발달시킵니
다(근접 분비와 주변 분비 세포 신호 전달로). 그것들은 작은 공
간과 시간 속에서 서로 영향을 미칩니다. 세포는 분화되면서
복잡함을 관리하고 더 큰 공간과 시간 속에서 질서와 조직을
갖추기 위해 체계를 세웁니다. 신경계, 내분비계(원거리 세포
신호 전달로), 순환계는 몸 안의 더 큰 공간과 시간을 수용하
도록 설계되었습니다.

마찬가지로, 우리가 목적론적으로나 더 의도적으로 진화
하고 살아갈 때, 그리고 우리 삶의 결실을 맺으면서 우리는
우리 자신, 우리 가족, 우리 지역사회, 우리 도시, 우리 도, 우

리 국가, 우리 세계, 그리고 우주까지 우리의 공간과 시간의 지평을 계속 넓혀나갑니다. 우리의 가장 깊은 내면을 지배하는 사고 속 공간과 시간의 크기는 우리의 의식적 진화 수준을 결정합니다.

즉각적인 만족, 축소된 공간과 시간의 지평은 우리의 생리적·심리적 발달을 퇴보시키고 우리 몸을 다스리는 데 필요한 고차원적인 지능 및 체제를 약화시켜 결과적으로 퇴화와 질병과 생리적·심리적 장애를 초래합니다. 그래서 최우선 가치에 따라 살아야 유스트레스와 건강 지수가 높아진다고 하는 것입니다.

캐나다의 정신 분석가인 엘리엇 자크Elliott Jaques는 그의 책 『필수 조직Requisite Organization』에서, 기업에서는 가장 큰 공간적·시간적 영역을 관리할 수 있는 사람이 가장 큰 힘을 가진다는 것을 보여주었습니다. 즉각적인 만족은 당신의 삶을 희생시키는 반면, 장기적 비전은 경제적·관리적·관계적 측면은 물론 건강 측면에도 이득을 가져다줍니다. 관계 속에서 하루하루를 살아가는 것은 의미나 목적이 있는 목표를 향한 장기적 비전을 품은 경우와는 다릅니다. 핵심은, 장기적인 사명을 추구하고 계획해두고 매 순간 그 계획 안에서 최우선 순위에 해당하는 행동을 하는 것입니다.

뇌는 가치체계에 따라 끊임없이 진화한다

신경 가소성이란 끊임없이 진화하고 개조되는 뇌의 성질을 말합니다. 내가 1970년대 후반에 신경학을 처음 연구할 당시만 해도 신경 가소성의 신경 발생 부분은 자주 일어나지 않는 것으로 여겨졌습니다. 사람들은 뇌에서 세포의 발생이 사실상 멈추는 발달상의 임계점이 있다고 믿었습니다. 그 후에 과학자들은 자가 발생과 유사분열을 하여 신경을 형성하는 세포들을 발견하기 시작했지요. 이제 그들은 이러한 과정이 뇌 전체에서 일어난다는 것을 발견해가고 있습니다.

뇌를 활발하게 굴리거나 의도적으로 사용하는 것은 신경을 자라게 하는 행동입니다. 한때는 이런 점을 누가 가르쳐주지도 않았고 사람들이 믿지도 않았습니다. 그런 생각을 하는 것조차 무식한 것으로 여겨졌지요. 이제 그 증거는 너무도 분명해서, 우리가 근육을 키우는 것처럼 뇌도 키울 수 있다는 데에는 의심의 여지가 없습니다. 이것은 정말 대단한 일입니다.

이제 그 이유와 방법에 대해 살펴봅시다. 뇌는 여러 종류의 신경과 기타 세포로 이루어져 있습니다. 이미 언급한 바 있는 신경아교세포는 뼈대를 만드는 세포로, 주위의 신경세포들을 지지하는 틀이라고 할 수 있습니다. 신경아교란 신경 접착제를 의미하지요. 그것의 기본 기능은 신경에 영양분을 공급하고, 신경의 자가 복제를 자극하고, 신경을 가지치기하고, 신경이 죽으면 먹고, 신경을 고치고, 시냅스들이 스스로를 강화하도록 돕는 것입니다.

신경아교세포는 종류가 다양합니다. 그중 대부분은 신경과 마찬가지로 발생학상 신경 모세포에서 유래하지만, 일부는 중간엽 조직(혈액 발생원)에서 유래하며 뇌를 개조하는 데 관여합니다.

그중 한 종류는 희소돌기 아교세포oligodendrocyte라고 불리는데, 작게 튀어나온 돌기들 때문에 마치 가지가 달린 나무처럼 보이기 때문입니다. 당신이 뇌를 사용하면 신경세포와 미엘린 껍질이 자랍니다. 반대로 뇌를 사용하지 않으면 그것들은 둘 다 먹힙니다. 나무처럼 가지치기를 당하는 것이지요. 희소돌기 아교세포는 신경세포에 영양분과 미엘린을 공급하지만, 다른 종류의 신경아교세포인 별아교세포astrocyte와 미세 아교세포microglia는 쓸모없는 세포를 감싸고 있는 미엘린을 가지치기하기도 합니다.

그리고 식세포 작용을 하는 미세 아교세포, 지지 역할을 하는 별아교세포는 혈관계에 있는 특화된 세포입니다. 그 외에 위성 세포satellite cell, 방사형 아교세포radial cell, 뇌실막 세포ependymal cell, 슈반 세포Schwann cell도 있습니다. 이렇게 현재 다양한 세포가 신경아교세포로 분류됩니다.

지난 10년 동안 신경아교세포에 대한 이해가 깊어지면

서 그 중요성이 더욱 부각되고 있습니다. 이제 신경아교세포는 장-**fields**의 수신기이자 신호 전달 체계로 간주되며, 당신의 최우선가치가 가리키는 관심과 의도에 반응합니다. 여러 가지 기능을 하는 신경아교세포는 주변 신경 및 그에 수반하는 전자기장에 영향을 미칠 수 있습니다.

연구자들은 정말 놀라운 발견을 했습니다. 신경아교세포가 뇌의 입력 세포와 출력 세포인 감각세포와 운동세포에 영향을 미친다는 것을 말이지요. 바로 여기서 가치체계가 등장합니다. 즉, 신경아교세포는 당신의 가치순위에 반응합니다. 알다시피 아메바는 생존이라는 목적을 달성하기 위해 준세포 수준인 자기 구조를 개조하고자 합니다. 마찬가지로, 인간은 각자의 사명(최우선가치)을 최대한 달성하기 위해 마음속의 항상성 피드백 시스템을 이용해 조직과 체계를 개조하려고 합니다. 당신의 뇌나 신경계는 최우선가치를 추구하는 기관입니다. 이 기관은 당신이 가장 필요하고 가장 중요하다고 인식하는 것을 바탕으로 당신에게 가장 의미 있는 것을 성취하도록 돕는 모든 일을 하고 있습니다. 이러한 효과를 내기위해 신경아교세포는 신경계를 강화하고 다듬습니다.

당신의 가치순위는 당신이 세상을 어떻게 보는지, 살면서 어떤 결정을 내리고 어떤 행동을 하는지에 영향을 줌으로써 당신의 운명을 좌우합니다. 당신은 자신의 가치순위에서 가장 높은 가치에 선택적으로 편향된 관심을 보입니다. 나는 그것을 'ASO^attention surplus order (주의력 과잉 상태)'라고 부릅니다. 우리는 큰 관심을 기울이며(주의력 과잉), 우리가 최우선시하는 가치관에 대한 질서를 세웁니다. 어머니들은 선택적으로 편향된 관심뿐 아니라 선택적으로 편향된 의도도 가질 겁니다. 그들은 자식에게 이익이 될 만한 것을 얻기 위해 자신의 근육을 움직입니다. 심지어 그들의 기억도 선택적으로 편향됩니다. 그들은 최우선가치를 실현하는 데 도움이 될 만한 것을 주로 기억할 겁니다. 그들에게 자식에 관한 이야기를 하면, 그들은 중요한 내용을 잊지 않고 기억할 확률이 더 높습니다.

당신은 중요하게 여기는 사람을 만나면 그들의 이름을 반복하고, 적어두고, 잊지 않으려고 노력합니다. 그러나 전혀 중요하지 않다고 생각하는 사람을 만나면 그들의 이름을 듣자마자 잊어버리고 맙니다. 우리는 낮은 가치를 지닌 영역에 대해서는 주의력 결핍 장애뿐만 아니라 의도 결핍 장애, 기억 결핍 장애까지 겪습니다. 우리는 망설이고 늑장을 부립니다. 우리에게 중요하지 않은 일이니까요. 우리는 유용하지 않은 듯한 정보를 기억에 남기고 싶어 하지 않습니다.

당신의 기억과 상상 체계는 당신의 가치순위에 따라 선택됩니다. 그것들은 당신이 읽고 싶은 것, 배우고 싶은 것, 흡수하고 싶은 것, 닮고 싶은 것, 허용하는 것, 당신이 하는 행동의 기준이 되는 것을 결정합니다.

당신이 최우선가치에 일치하는 삶을 살 때, 신경아교세포는 당신의 최우선가치를 실제로 실현하는 데 필수적인 신경세포들을 미엘린화함으로써 당신을 돕습니다. 또 당신이 최우선가치의 실현에 쓸모없다고 인식하는 것은 탈미엘린화하고, 가지치기하고, 먹어버리지요. 신경아교세포는 당신이 가장 의미 있게 여기는 것을 실현해주기 위해 당신의 뇌를 유연하게 재구성하며, 당신이 회복탄력성을 가질 수 있도록 돕습니다.

잃는 두려움, 얻는 두려움

우리가 적응하는 데 걸림돌이 되는 메커니즘은 크게 두 가지입니다. 하나는 가치순위를 지지하는 것을 잃는 데 대한 두려움이고, 다른 하나는 가치순위에 도전하는 것을 얻는 데 대한 두려움입니다. 이에 대해 자세히 알아보고 다른 주제와 연결해보겠습니다.

당신의 삶에서 어떤 사람은 당신을 지지하고 또 어떤 사람은 당신에게 저항한다고 인식된다는 데 동의하나요? 누군가가 당신의 가치관을 지지할 때 당신은 그를 먹잇감으로 여기거나, 찾아내서 마음을 터놓을 만한 사람으로 생각합니다. 반면에 누군가가 당신의 가치관에 도전할 때 당신은 그를 포식자로 여기거나, 피하고 마음을 닫아야 할 상대로 생각하지요. 당신은 먹기 위해 먹잇감을 찾고 그것은 당신이 성장하는 데 도움을 주므로 동화적입니다. 당신은 먹히지 않기 위해 포식자를 피하고 그것은 당신을 파괴할 수 있으므로 이화적입니다.

내부 생리 기능을 관장하는 부교감 신경계와 교감 신경계에 관해서는 이미 이야기한 바 있습니다. 도전보다 많은 지지가 보이면 당신의 가로무늬근(표면에 가로 줄무늬가 있는 근육으로 인간의 뜻대로 움직일 수 있다-옮긴이)이 이완되고 혈액 및 영양분이 내부 소화기관으로 흘러들어, 음식이 소화되고 동화 작용이 일어납니다.

어떤 도전을 받는 순간에는 우리 몸이 자기 보호를 위한 방어의 목적으로 내부 소화기관의 혈액을 주변부로 흘려보냅니다. 우리 몸은 마치 성벽으로 둘러싸인 고대 도시와 같습니다. 안전하고 편안할 때에는 도심에서 파티를 하고, 먹고, 잔치를 벌이지만 누군가가 갑자기 도전을 하거나 공격해 오면 성벽으로 달려가 도시를 지키는 것이지요.

이 과정은 세포 수준에도 적용됩니다. 당신에게는 핵도 있고, 세포막도 있습니다. 당신의 가치관이 도전을 받으면 영양분은 그 벽을 보호하기 위해 흘러나갑니다. 당신이 지지를 받는다고 느껴 편안해지면 영양분은 핵과 유전자로 흘러 들어가 유사분열, 성장, 동화 작용을 일으킵니다. 하나는 쇠퇴

하고 분해되는 것이고, 다른 하나는 성장하고 생성되는 것입니다.

또 앞서 언급했듯이, 부교감 신경계는 당신이 편안히 쉬고 있는 밤 동안에 주로 활동합니다. 교감 신경계는 당신이 하루의 도전 과제를 해결하느라 투쟁 또는 도피 모드에 있는 낮 동안에 주로 활동합니다. 하나는 유사분열, 성장, 환원, 복제를 야기하고, 다른 하나는 세포 사멸(세포의 죽음), 산화, 파괴를 야기합니다.

이러한 과정이 완벽하게 균형을 이루면 건강이 유지되는 반면, 균형을 잃으면 병에 걸립니다. 부교감 모드에서는 에스트로겐을 기반으로 이완과 영양 공급이 이루어지며, 교감 모드에서는 테스토스테론을 기반으로 도전적이고 공격적이 됩니다.

당신이 최우선가치 또는 텔로스의 실현을 추구한다면 신경계 전체가 더 객관적이고 균형 잡힐 것이고 고통과 쾌락, 지지와 도전을 동등하고 회복탄력적으로 받아들이게 되며, 이는 결국 건강으로 이어집니다. 쾌락을 좇느라 낮은 가치에 따라 살려고 하면 불균형이 생겨납니다. 당신은 얻기 어려운 것을 찾고 피할 수 없는 것을 피하려고 하지만, 즉각적인 소비를 찾으면 찾을수록 균형 유지를 위해 당신을 이용하려는 포식자를 더 유도하게 될 것입니다.

여기서 한 걸음 더 나아가 각각의 세포를 살펴봅시다. 핵

안에는 DNA가 들어 있고 DNA 주위에는 작은 단백질 물질인 히스톤histone이 있으며, 이 둘이 합쳐져 염색질이 됩니다.

부교감 신경계는 주로 아세틸콜린을 이용하고, 교감 신경계는 티로신tyrosine이라는 아미노산에서 유래한 에피네프린, 노르에피네프린 등을 이용합니다. 에피네프린과 노르에피네프린은 두 가지 주요한 신경전달물질(각각 콜린성과 아드레날린성)입니다.

도전보다 더 많은 지지를 감지하면 한 세트의 전달물질을 얻게 됩니다. 지지보다 더 많은 도전을 감지하면 또 다른 세트를 얻습니다. 이것들이 세포외액 내의 특정 위치로 가서 세포벽을 추적해 리간드(효소나 수용체 등의 단백질에 특이적으로 결합하는 물질-옮긴이)와 결합하는 수용체를 활성화하면, 작은 문이 열리며 고리형 GMP 또는 고리형 AMP가 활성화됩니다.

이를 통해 어떤 정보가 들어갈 수 있는 문이 열립니다. 앞서 말했듯이 세포벽은 그것을 드나드는 것으로 보이는 작은 전하 입자들에 의해 활성화되거나 비활성화됩니다. 이는 키나아제나 포스파타아제라는 일련의 효소를 활성화합니다. 키나아제는 인산염을 전달하고, 포스파타아제는 인산염을 제거합니다. 인은 에너지 화폐로서 활성화 기능을 지닙니다.

이러한 교환 작용의 세부적인 내용은 매우 복잡하지만, 중요한 것은 우리가 몸 전체에서 볼 수 있는 것과 동일한 과정이 세포 안에서도 일어난다는 것입니다. 바로 켜거나 끄는 작용, 촉진하거나 방해하는 작용이지요. 하나는 성장 지향적, 동화적이며 다른 하나는 쇠퇴 지향적, 이화적입니다.

최우선가치에 따라 살아갈 때 우리의 적응력과 회복탄력성은 극대화되는데, 이는 우리가 양 측면의 균형을 맞춘 상태이기 때문입니다. 우리는 지지와 도전 모두를 동등하게 받아들일 수 있습니다. 우리 자신의 텔로스를 가린 채 낮은 가치관에 따라 살려고 하면 불만을 느끼게 됩니다. 그러면 소비나 미봉책과 같은 즉각적인 만족을 찾으며, 활동적**active**이 아니라 반응적**reactive**이 됩니다. 우리는 영감을 잃고, 말없이 자포자기의 삶을 살며, 우리의 자율신경계는 부교감 또는 교감 신경계의 극단에 의해 지배당하게 되며, 결국 그러한 상황을 우리에게 알리는 증상이 나타납니다.

요컨대, 우리의 최우선가치인 텔로스에 따라 사는 것(또는 살지 않는 것)은 우리의 자율성, 후생유전, 신경 가소성에 영향을 주며 이는 우리의 정신 기능을 변화시켜 경우에 따라서는 조현병, 우울증, 심지어 뇌전증 발작을 초래하기도 합니다. 자가면역질환이 점점 더 만연하고 있습니다. 이는 자기 자신에 대한 면역 반응으로 자율신경계의 불균형과 후생유전적 영향의 결과로 나타납니다.

감정적 응어리 식별하기

우리에게는 인식의 비율이라는 것이 있습니다. 누군가가 도전을 해와도 괜찮을 때가 있는가 하면, 어떤 때에는 짜증이 나기도 합니다. 혹은 화가 나서 전투태세를 갖추게 되기도 하지요.

'돌파구 경험'에서 우리는 사람들에게 그들이 감정적 응어리를 가지고 있는 대상, 즉 아주 경멸하거나 아주 동경하는 사람을 찾아보라고 합니다. 그런 다음 그들이 부정적으로 인식하거나 그들의 가치관에 도전하는 사람, 그리고 그들이 긍정적으로 인식하거나 그들의 가치관을 지지하는 사람에 대해 떠오르는 모든 것을 적어보라고 합니다.

상대가 도전적이라고 인식하는 동시에 그에 수반되는 긍정적 지지를 함께 인식할 수 있다면 인식의 중화를 통해 그들은 더 회복탄력적이 됩니다. 그러나 잊지 말아야 할 점은, 회복탄력성도 지지하는 측면에 속한다는 점입니다. 당신이 누군가에게 푹 빠져 있을 때 얼마나 빨리 그 감정에서 헤어나 진정한 자신의 모습을 되찾느냐는 그와 동시에 수반되는 도전적 단점을 얼마나 빨리 인식하느냐에 달려 있습니다. 당신이 누군가를 원망하고 있고 지나친 자존심 때문에 그들에게서 인식되는 장점을 받아들이지 못한 채 자기 자신을 부풀린다면, 당신은 얼마나 빨리 스스로를 진정시켜 온전한 모습을 되찾을 수 있을까요? 당신의 회복탄력성은 당신이 처음에 좋다고, 혹은 나쁘다고 인식했던 상대나 문제의 양면을 얼마나 빨리 보느냐에 따라 결정됩니다.

자기가 선택한 상대를 크게 원망하는 참가자들은 장점은 보지 못한 채 긍정적인 면보다 부정적인 면을 훨씬 더 많이 적기 쉽습니다. 만약 그 사람이 이 방 안으로 들어온다면 어떨까요? 어떤 면이 활성화될까요? 교감 신경계, 투쟁 또는 도피적인 측면일 것입니다. 우리는 독선적으로 상대방을 깎아내립니다. 그리고 그에게 명령하듯 내뱉습니다. "이렇게 해야 합니다." "저렇게 되어야 해요."

하지만 만약 우리의 가치관을 지지한다고 인식하는 사람이 온다면 우리는 그에게 푹 빠질 가능성이 높습니다. 부정적인 면보다 긍정적인 면을 더 많이 인식하고 단점은 보지 못하게 되는 것이지요.

당신이 그 사람들에게 푹 빠지거나 그들을 원망하면 실제로 일어나는 일의 일부 또는 절반은 보지 못하게 됩니다. 이러한 맹목은 당신을 괴롭힙니다. 푹 빠져서 열중할 때는 상대의 상실이나 부재를 두려워하게 됩니다. 분개하거나 원망할 때는 그런 상대의 획득이나 존재를 두려워하게 됩니다. 불균형한 관점을 가진다는 것은 현실의 절반을 무시하는 일로, 우리는 이것을 무지라고 부릅니다.

무지는 우리가 감정적, 반응적, 비이성적, 분류적일 때 드러납니다. 우리의 인식이 더 비이성적이고 분류적일수록, 후생유전학적 효과 가운데 하나가 더욱 활성화되어 세포의 기능이 오락가락하거나 불규칙해집니다. 세포의 정상적 표현이 과해지거나 부족해지면 질병이 발생합니다.

당신이 만약 당신의 아이를 칼로 찌르고 욕보인 누군가를 만난다면 긍정적인 면보다는 부정적인 면을 훨씬 더 많이 보게 될 것입니다. 이때 부정적인 면 대 긍정적인 면의 비율은 7 대 1일 수도, 심지어는 15 대 1이나 20 대 1일 수도 있습니다. 그 비율이 7 대 1이 넘으면(긍정 대 부정이든, 부정 대 긍정이든) 당신의 부정적 피드백에 기반한 직관은 자기조절 능력을 상실하여 항상적 균형을 되찾지 못하게 됩니다. 그러면 당신은 인식의 균형을 되찾도록 해주는 '디마티니 메소드'와 같은 수단에서 도움을 받아야 할 수도 있습니다.

그러나 긍정 대 부정의 비율이 7 대 1 이내일 때는 당신이 스스로를 점검함으로써 체계의 균형을 되찾을 수 있습니다. 결국 당신의 감정은 저절로 진정될 것입니다. 극단적인 심취나 극단적인 원망이라는 감정적으로 심하게 양극화된 인식은 당신이 지닌 직관의 자기조절 능력을 넘어서는 것으로, 망상성 정신분열증 같은 양극성 장애나 해리성 장애를 일으킬 수 있습니다. 이런 경우에는 외부의 영향을 받거나 안정화를 위한 최적의 질문을 할 줄 알아야만 조절 능력을 되찾을 수 있을 겁니다.

내적 생태계와 외적 생태계는 각각 지지와 도전의 균형을 필요로 합니다. 당신이 균형을 인식하지 못하고 있을 때에는 그것을 알리기 위해 당신의 몸에 후생유전적 증상이 생겨납니다. '돌파구 경험'에서 나는 사람들에게 그 균형을 드러내기 위한 구체적인 질문을 던집니다. 균형을 발견하는 순간 그들은 자기 자신의 생리 기능과 심리를 변화시킵니다. 그러면 건강 및 웰빙과 관련해서 믿을 수 없는 변화가 일어납니다.

왜곡된 기억을 축적하고, 그에 따라 행동하고, 과거사의 희생자가 되는 한 우리는 후생유전학적 변화와 퇴보를 일으키게 될 것입니다. 우리의 인식이 한쪽으로 치우쳐 7 대 1 이상의 비율을 보이면 몸에서는 우리 자신에게 그것을 깨닫게 하기 위한 양극화된 추구 또는 회피 증상이 자동적으로 나타납니다. 상실이나 획득에 대한 두려움 때문에 감정적으로 양극화되고 스트레스를 받으면 우리의 생리 기능은 퇴보하고 세포 탈분화로 인해 후생유전자가 발현되지 못해 원시적인 반응으로 되돌아가게 됩니다. 그랬을 때 우리의 유전적 발현 가운데 일부는 후생동물metazoa(하나의 세포로 된 원생동물을 제외한 모든 동물을 일컫는 말-옮긴이)의 계통 발생학적 단계 중 단세포 유기체가 다세포 유기체로 분화하기 시작했던 단계와 일치하는 발생학적 단계로 되돌아갑니다. 바로 이 단계에서 암이 발생합니다. 이는 대개 휴면 상태에 있는 오래된 유전자 툴킷**toolkit**이 다시 활성화될 때 일어납니다.

암의 원인

암은 극도로 괴로운 양극화에 의해, 즉 우리가 발달 과정 중 어느 단계에선가 충격적인 경험을 할 때 유발될 수 있습니다. 그 경험을 상기시키는 무언가가 있다면 그 과정은 계속 활성화될 수 있습니다. 연구자들은 암유전자나 암을 일으키는 바이러스 유전자 조각이 후생우전적으로 켜지거나 꺼질 수 있음을 발견했습니다. 암유전자를 차단할 수 있는 억제 유전자 역시 후생유전적으로 켜지거나 꺼질 수 있습니다.

나는 이 주제를 45년 동안 연구했습니다. 종양학계에서 인정받은 내용을 넘어서는 것이 암의 발달에 영향을 미치건만 의료계에서 이를 인정하는 사람은 거의 없습니다. 그들은 심리적인 요소를 피합니다. 왜냐하면 그들은 사람들을 실제로 통제할 수 없고, 사람들 또한 스스로를 통제하지 못한다는 것을 알기 때문입니다. 하지만 사람들은 극심한 정서적 스트레스를 받으면 급속도로 암을 생성하거나 촉진시킬 수 있습니다.

우리 모두의 몸 안에서는 암세포가 끊임없이 생겨나거나 가라앉고 있지만, 보통 그것들은 꾸준히 감시를 당합니다.

자연살생세포natural killer cells가 정기적으로 우리 몸의 암세포를 찾아내고 없애는 감시 역할을 하고 있지요.

암세포는 이수성aneuploidy, 즉 염색체 수의 불균형을 지닙니다. 유전체의 유전자 가운데 극히 일부분만이 실제로 전사transcription(DNA를 본떠 RNA를 만드는 과정-옮긴이)에 관여하며, 나머지는 정크 DNA라고 불리곤 했습니다. 과학자들은 차츰 정크 DNA가 실은 '쓰레기'가 아님을 알게 되었지요. 정크 DNA는 우리가 괴로워할 때 재활성화되는 조절 요소로 이루어져 있었던 겁니다.

정크 DNA 중 가운데 일부는 점핑 유전자jumping gene라고 불리는데, 이는 자기 위치를 바꾸어 복제나 결실deletion과 같은 유전적 돌연변이와 비슷한 발현을 이끌어냅니다. 그들 가운데 일부는 RNA와 단백질로 전사되거나 다시 DNA로 역전사됩니다. 그들은 세포 안에서 바이러스처럼 작용하여 바이러스성 암유전자 활성화를 일으킵니다. 우리의 감정은 이러한 과정에 영향을 미칠 수 있습니다.

줄기세포 연구 덕분에 피부세포를 채취해 정상적인 심장세포로 만들 수 있게 됐으며, 그 반대도 가능해졌습니다. 앞으로 10년 안에 이 과정의 설계는 아마 완전해질 것입니다. 우리는 정상 세포를 다시 접합자로 되돌리는 방법을 알게 될 것이며, 어떤 세포든지 다른 세포로부터 분화시킬 수 있게 될 겁니다. 조직을 회복시키기 위해 세포를 재성장시킬 수도 있고, 피부세포를 채취해 거부반응 없는 새로운 심장을 만들 수도 있습니다.

우리가 감사하고 사랑하는 상태에 있을 때 전뇌는 혈액과 산소를 공급받습니다. 그렇지 않고 괴로움에 빠져 있을 때는 혈액이 피질하 편도체와 후뇌hindbrain로 흘러듭니다. 이는 피질하 영역의 뇌 기능이 활성화되면 더 탈분화된, 또는 원시적인 세포 수용체와 신호 분자가 형성되기 시작할 수 있음을 의미합니다.

나는 이것을 20대 때 처음 알았습니다. 조직학, 발생학, 병리학 문헌들을 살펴본 후 놀라운 상관관계가 관찰된다는 것을 발견했지요. 당시에는 오늘날과 같은 정도의 후생유전학적 자료가 없었습니다. 이제 나는 심리학이 생리학과 떼려야 뗄 수 없는 관계에 있다는 것을 분명히 압니다. 앞으로는 의학이 세포와 후생유전학뿐만 아니라 이러한 경로를 활성화하거나 비활성화하는 마음속 인식의 심리적 비율까지 연구하여, 우리 자신의 생리 기능을 변화시키거나 건강 또는 질병을 야기할 가능성에 대해 밝혀낼 것입니다.

양면을 동시에 인지하기

양자 전기역학에 대한 공로로 노벨상을 받은 리처드 파인만

Richard Feynman은 그의 저서 『파인만의 여섯 가지 물리 이야기』에서 보손**boson**과 페르미온**fermion**이라는 두 가지 입자가 있다고 말했습니다.

보손은 중력, 전자기력, 약력**weak nuclear force**, 강력**strong nuclear force**과 같은 힘이나 에너지의 입자입니다.

페르미온은 물질과 반물질의 입자로 양전자, 전자, 쿼크 등이 있습니다. 양전자와 전자는 광자라 불리는 보손 전달 입자를 통한 얽힘으로 서로 소통합니다.

광자는 빛이지요. 공간적·시간적 한계를 초월하며 질량도 전하도 없습니다. 그것은 일종의 에너지 시스템이지만 아인슈타인**Einstein** 방정식에 따라 물질과 반물질로 변환될 수 있습니다. 빛의 입자를 안개상자(기체 속에 안개를 만들어 하전 입자의 궤적을 관측하는 장치-옮긴이)에 집어넣으면 자기적으로 양전자와 전자로 분리할 수 있습니다. 하지만 그것들은 서로 얽히고설키는 게임을 할 것입니다. 실제로는 분리될 수 없지만 분리된 것처럼 보이는 것이지요.

열여덟 살 때 처음으로 양자 물리학을 공부하기 시작한 나는 '인간의 정신과 입자 물리학 사이에는 은유적 연관성이 있을까?'라는 궁금증이 생겼습니다. 여러 물리학자가 그럴 가능성에 대해 논쟁을 하거나 무시해왔으며 심지어는 아예 없다고 단정하기도 했습니다. 분명히 말하지만, 연관성은 있습니다. 나는 '돌파구 경험'에서 거의 매주 그것을 증명하고 있습니다. 50년이 지난 지금, 이 연관성은 무시되지 않습니다. 양자 생물학과 양자 인지quantum cognition 개념이 부각되고 있으니까요.

당신이 긍정적으로 인식하고 당신의 가치관을 지지한다고 생각하는 사람과, 당신이 부정적으로 인식하고 당신의 가치관에 도전한다고 생각하는 사람은 사회적으로 얽혀 있습니다. 사실 그들은 동시에 존재하지만, 우리는 너무 주관적으로 편향되고 무지해서 때때로 그들을 동시에 볼 수가 없습니다. 그들이 같은 공간적 위치에 있지 않고 불확실성의 힘이 세다는 이유로 말이지요. 직장에서 우리를 도와주는 사람도 있고, 집에서 우리를 힘들게 하는 사람도 있습니다. 당신이 직장에서 우쭐해지면 집에서는 아마도 냉정하게 까발려질 것입니다. 배우자의 목적은 당신을 평형 상태로 되돌려놓는 것입니다. 이는 공간적·시간적으로 얽힌 현상입니다. 나는 '돌파구 경험'의 '디마티니 메소드'를 이용해 수천 명이 하나의 거시적 양자 현상과 같은 사건에서 이러한 양면의 동시성을 인식하도록 도와주었습니다.

당신이 누군가에게 푹 빠질 때면 도파민이 분비되고 미숙한 의존자처럼 될 수 있습니다. 하지만 미숙한 의존 하에서는 성장이 불가능합니다. 게다가, 당신은 단점을 못 보는 상태입니다. 결국 당신은 반대편으로 넘어가게 되고 상대를 원망하거나 그에게서 벗어나려 할 것입니다. 그가 비열하고 잔인하다고 생각되겠지만, 사실 그는 당신이 자신에 대한 중독에 가까운 사랑을 깰 수 있도록 돕고 있는 것입니다.

누군가에게 푹 빠졌을 때 당신은 동물과 같은 욕망의 충동이 지배권을 갖도록 내버려두게 되며, 고차원의 뇌인 대뇌 피질('이봐, 저 사람은 양면적이야. 그와 짝을 짓기 전에 직관적으로 그 양면을 알아보는 게 좋을걸'이라고 말해주는 영역) 대신 피질하 영역과 내장 뇌에 지배됩니다.

단지 즉각적인 만족을 주는 충동을 바탕으로 누군가와 짝을 짓는다면 당신은 결국 그들의 전혀 다른 면을 인식하게 되었을 때 그들로부터 스스로를 보호하려는 본능을 갖게 될 것입니다. 하지만 그러한 매력을 완화하고 당신의 직관과 이성으로 균형을 맞춘다면 당신은 그 양면을 다 사랑할 수 있을 것입니다. 결혼식에서 '좋을 때나 나쁠 때나, 부유할 때나 가난할 때나'라고 말하는 것도 이런 이유에서이지요. 상대의 양면을 보지 못한다면 당신은 아마 사랑의 열병 속에서 헤매고 단점을 보지 못하다가 결국 거기에 부딪힐 것입니다. 당신 몸에서는 여러 증상이 활성화될 것입니다. 그 증상은 당신이 처음에는 충동적이었고 나중에는 본능적이었음을 깨닫게 하여 결국 당신의 직관이 '이봐, 저 사람은 네가 생각하는 그런 사람이 아니야'라고 말하면서 동시적 균형을 되찾을 수 있도록 해줍니다. 당신은 사랑 때문에 더 도전적인 부분을 무시하고 있지만, 결국에는 상대가 당신이 생각했던 것과 다르다는 것을 알게 됩니다. 그러면 아마도 당신은 상대가 당신의 통제되지 않은 환상과 다르다는 이유로 그를 원망하게 될 것입니다.

이제 당신에게는 직관적으로 장점을 생각해내려고 노력하는 증상이 나타납니다. 이는 당신이 상대와 당신 자신의 양면을 동등하게 사랑할 수 있는 중심점으로 당신을 되돌려놓으려는 항상성 메커니즘입니다. 누군가를 사랑하되 더는 그에게 심취하거나 원망하지 않게 되는 순간, 당신은 텔로스로 돌아가 당신 자신을 다시 사랑하게 됩니다. 자신이 좋아하는 일을 할 수 있을 때, 자신의 최우선가치에 따라 살아갈 수 있을 때 우리는 상대방과 만족스러운 관계를 맺을 수 있습니다.

관계에서는 자신의 최우선가치뿐만 아니라 다른 사람의 최우선가치를 확인하는 과정이 필요합니다. 상대의 최우선가치가 당신의 최우선가치를 실현하는 데 어떤 도움이 되는지 질문해보세요. 또 당신의 최우선가치는 상대의 최우선가치를 성취하는 데 어떤 도움이 되나요?

만약 이 질문에 대답할 수 없다면 당신과 상대는 의미 있고 존중하는 대화가 아니라 서로 번갈아서 독백을 할 뿐입니다. 당신은 오해의 드라마를 펼치거나 여러 증상 또는 질병을 만들어내면서 당신이 스스로를 사랑하지 않고 진실한 삶을 살고 있지 않다는 것을 자각하게 될 것입니다. 당신은 상대와 당신 자신에 대한 환상에 빠져 있습니다. 당신의 후생 유전적 측면은 피드백을 통해 당신이 가장 의미 있는 목적 달성을 목표로 지지와 도전, 또는 쾌락과 고통을 함께 받아 들이는 진정한 사랑으로 되돌아가도록 피드백을 줍니다. 그 곳이 바로 당신의 회복탄력성이 극대화되는 곳입니다.

텔로스와 텔로미어

유전자에는 텔로미어, 즉 유전자의 끝을 감싸고 있는 형태의 말단 부분이 있습니다. 뇌의 끝부분은 종뇌(전뇌)라고 불립 니다.

당신이 최우선가치에 기반한 텔로스에 따라 살아가면 전뇌가 활성화되고 텔로미어가 확장됩니다. 그러나 당신이 고통을 겪고 고립되어 주변 사람들을 통해 당신을 비추어 볼 수 없을 때(영웅적으로나 악당적으로) 텔로미어는 단축됩니다. 괴로움으로 인해 혈액이 편도체와 후뇌로 흘러들며 수명이 짧아지는데, 이는 당신이 퇴보하면 할수록 당신의 공간과 시 간의 지평이 좁아지고 이 공간과 시간의 지평이 당신의 세포 가 얼마나 광범위하게 잘 상호작용하는지, 당신이 얼마나 오 래 사는지에 영향을 미치기 때문입니다.

일반적으로 사회경제적 수준이 낮을수록 공간적·시간적

지평도 좁아집니다. 공장 근로자는 하루 단위로 삽니다. 감독관은 한 주 단위로 삽니다. 하급관리자는 한 달 단위로 삽니다. 중급관리자는 1년 단위로 삽니다. 상급관리자는 10년 단위로, 그리고 최고경영자는 아마 한 세대의 관점에서 생각할 것입니다. 선지자는 한 세기의 관점에서 생각할 것입니다. 현자는 천년의 관점에서 생각할 것이고, 영혼은 영원의 관점에서 생각하고 있습니다. 세네카Seneca가 시사했듯이, 당신은 누군가의 가장 멀리 있는 목표에 따라 그 사람을 판단합니다.

각 개인의 가장 깊은 내면적 사고 속 공간 및 시간의 크기가 그 사람의 의식적 진화 수준을 결정합니다. 사회경제적 수준이 높으면 출산율과 사망률이 낮은 경향이 있으며, 반대로 그 수준이 낮으면 출산율과 사망률이 높은 경향이 있습니다. 출산율과 사망률은 사람들의 가장 깊은 내면적 사고 속 공간 및 시간의 크기와 반비례합니다.

기업의 출산율과 사망률은 리더가 가진 비전의 크기와 반비례합니다. 리더가 하루 단위로 살아간다면 성공할 가능성이 높지 않습니다. 그들이 일시적인 쾌락과 고통이라는 장애물을 견뎌낼 수 있을 만큼 충분히 훌륭하고 고무적인 비전을 가지고 있다면 그들은 견뎌낼 것입니다.

즉각적인 만족은 돈뿐 아니라 당신의 삶을 앗아갈 수 있습니다. 받은 돈을 즉시, 또 분수에 맞지 않게 써버리는 사람들은 평생 돈의 노예로 일하게 될 것입니다. 부는 장수의 한 요인이므로, 그들은 아마도 낮은 사회경제적 수준에 머물고 수명도 더 짧아질 것입니다. 더 부유할수록 더 오래 살 확률이 커집니다. 또 사회경제적 수준이 높을수록 더 높은 수준의 교육을 받았을 가능성이 높습니다. 교육 수준이 높다는 것은 당신의 인식 속에 더 큰 시간과 공간의 동심구가 들어 있다는 뜻입니다. 그리고 아마도 당신은 더 큰 인도주의적 과제를 맡았거나 그에 기여했을 것입니다.

개인적 또는 사회적 과제를 맡아 해결하지 않으면 당신은 완전한 삶을 살지 못하고 심지어 서서히 죽어갈 수도 있습니다. 힘 있고 활력 있고 회복탄력성이 있는 사람들은 그들에게 영감을 주었던 도전을 추구합니다. 의미 있는 도전이 없으면 성장도 없습니다. 진정성 있고 성취감 있는 삶을 위해서는 지지만큼이나 큰 도전이 필요합니다.

장수의 비결

어떻게 하면 오래 살 수 있을까요? 그 요인에는 여러 가지가 있을 겁니다. 그중 하나는 당신의 최우선가치를 알고, 당신에게 가장 의미 있고 영감을 주는 일을 하기 위해 일상적 행동의 우선순위를 정하는 것입니다. 그리고 자기 스스로에게 지구상에서 뭔가 특별한 일(진짜 도움이 되는, 영감을 주는 행동)

을 할 수 있는 권한을 부여하는 것입니다.

다음은 물을 많이 마시는 것입니다. 물은 가장 보편적인 용매이며, 생화학적 체계나 대사 체계와 같은 필수적인 산화 환원 반응의 질서 유지에 도움을 줍니다. 과도한 흥분제나 진정제는 불안정함을 유발할 수 있습니다. 불안정함이 클수록 예상 수명은 짧아집니다. 순위가 낮은 가치에 따라 살려는 사람들, 보다 동물적이고 격정적인 편도체의 영향을 받아 행동하는 사람은 편협하고 더 많이 불안정한 경향이 있습니다. 자신의 높은 가치에 따라 살아가는 사람은 대개 기여 수준도 더 높아집니다. 그들은 더 고차원적인 뇌의 중심, 즉 수호천사가 하는 말에 귀를 기울이고 더 넓은 시야로 좁은 지상계가 아닌 천상계로까지 자신의 사명을 확장하며 하루하루를 살아갑니다. 이처럼 더 큰 시야와 비전은 그들의 수명을 연장하고 회복탄력성을 더하는 데 도움이 됩니다.

또 다른 비결은 호흡입니다. 도전을 인식하면 당신의 교감 신경계가 활성화되어 들숨이 길어지고 날숨이 짧아지는 경향이 있습니다. 지지를 인식하면 부교감 신경계가 활성화되어 날숨이 길어지고 들숨이 짧아질 수 있습니다. 두 가지 모두 호흡 불균형 상태입니다. 요가 수련자들이 하는 말처럼, 마음이 흔들리면 호흡도 흔들립니다. 호흡이 흔들리면 마음도 흔들립니다. 마음의 균형이 깨지면 호흡의 균형이 잡히지 않습니다. 호흡의 균형이 잡힐수록 수명이 길어지는데, 호흡이 곧 생명이기 때문입니다. 당신의 삶은 첫 호흡에서 시작해 마지막 호흡으로 끝납니다. 호흡을 조절하는 방법을 모르면 수명이 짧아집니다.

호흡이 불안정하면 수명이 단축될 수 있습니다. 호흡이 너무 얕거나 불안정한 아이는 병원에서 내보내지도 않습니다. 들숨과 날숨을 일대일 비율로 하여 횡격막까지 깊게 호흡하고, 물을 많이 마시고, 흥분제나 진정제를 과도하게 복용하지 않고, 당을 제한하고, 질 좋은 음식을 먹고, 당신의 텔로스에 따라 생활하세요. 이것은 오래도록 만족스러운 삶을 누리는 데 필수적인 요인입니다.

반드시 밖에 나가 자연에서 걷고, 당신의 모든 관절 및 근육을 사용하고 스트레칭하여 부드럽게 풀어주세요. 당신이 부교감 신경계를 활성화하면 굴근*, 회내근*, 모음근*이 활성화됩니다. 당신의 교감 신경계는 신근*, 회외근*, 벌림근*을 활성화합니다. 두 자율신경계 사이에 충돌이 생기면 주동근*과 길항근* 간에 긴장이 생겨 그 기능에 조화로움,

---

* 굴근: 팔꿈치나 무릎을 구부릴 때처럼 굴곡 기능을 담당하는 근육
* 회내근: 손바닥을 뒤쪽으로 돌리는 일을 수행하는 근육
* 모음근: 팔이나 다리의 안쪽을 이루는 근육
* 신근: 관절을 펴는 작용을 하는 근육
* 회외근: 손바닥을 앞쪽으로 돌리는 일을 수행하는 근육
* 벌림근: 밖으로 끌어당기는 근육
* 주동근: 어떤 동작을 할 때 주로 움직이는 근육
* 길항근 : 주동근의 반대로 작용하는 근육

유연함, 세련미가 사라집니다. 이로 인해 관절과 조직에 비정상적인 긴장과 압박이 가해지면 뼈가 퇴화되고 관절에 이상 압력이 가해지며 퇴행성 관절 질환이 발생합니다. 그러면 압전 효과에 의한 긴장이나 압력, 또는 양전하 및 음전하의 불균형이 생겨 세포가 변화하고 경우에 따라서는 암이 유발될 수도 있습니다.

더 큰 질문

전 세계 인류의 신학적 구성은 인식의 단계를 반영합니다. 원시시대 초기에 우리는 인간에게 도전하는 자연의 많은 것을 두려워했기 때문에 그것을 억압하고, 막고, 짓밟아줄 것으로 믿는 존재에 호소하기 위해서 신들을 만들어냈습니다. 불안을 극복하게 해주는 온갖 이미지를 바탕으로 신이나 영웅신을 창조했던 것입니다.

마침내 뇌가 확장하고 발달함에 따라 우리는 자연 안에 있는 도전을 조금 더 이성적으로 이해하게 되었습니다. 그러고 나니 우리를 놀라게 하는 것은 자연의 날씨도, 땅도, 식물도, 동물도 아닌 다른 인간들이 되었습니다. 그래서 우리는 우리 자신의 모습을 토대로 신들을 창조했습니다. 사람의 모습을 닮은 신을 만들어 그들을 어디에나 있는 전지전능한 존재로 여겼습니다.

이 모든 것들 외에도, 인간화된 신을 초월한 우주의 잠재적 지성이 있습니다. 이것은 형태도, 인종도, 신조도, 피부색도, 나이도, 성별도 없이 지지와 도전, 창조와 파괴 사이의 균형 속에서 끊임없이 나타납니다. 물리학에서는 이것을 보존 법칙과 대칭 법칙이라 부르며, 이는 수학적인 우아함을 표현합니다. 알베르트 아인슈타인이 진정한 종교성에 대해 말했을 때 이 법칙들을 언급했지요. 나머지는 간혹 일시적으로 나타나는 인간화적 환상입니다.

신성하다는 뜻의 'Divine'은 '내뿜다', '빛나다'라는 뜻의 어근에서 유래합니다. 신성한 지성은 어쩌면 양자 이론가들이 양자진공이라고 묘사하는 것일 수도 있습니다. 빛의 입자, 물질과 반물질의 하전 입자가 나타났다 사라졌다 하는 양자 진공 상태를 이른바 빅뱅의 기원이라고 믿는 사람들도 있습니다. 진정한 과학과 종교는 서로 싸우지 않지만, 인간화된 신을 모시는 종교와 이들 종교에 반대하는 일부 무신론 과학자는 싸우기도 합니다. 진정한 과학자는 인식에 있어서 겸손하고, 한정된 역사뿐 아니라 풀리지 않은 수수께끼들 속에서 살아가고자 하며, 더 큰 질문을 던집니다. 동시에 그들은 형이상학적 질문에 겁을 먹는 경우가 많은데, 그에 대한 대답이 처음에는 추측에 의한 것이기 때문입니다. 각 세대에서 조금씩 더 많은 답을 찾기는 하지만 그 모든 답을 찾아낼 방법은 없습니다.

어쩌면 우주에는 지성, 즉 정보를 기반으로 한 장엄한 질서가 보존되어 있고 우리는 그 일부일지도 모릅니다. 무엇을 하든지 당신은 지지와 도전이라는 살아 있는 사회적 매트릭스 안에 존재합니다. 우리 대부분은 주관적인 평가와 환상을 가지고 살아갑니다. 실제로는 우리가 잘 알아보지 못하는 방식으로 동시에 얽힌 것들을 우리는 서로 동떨어진 것으로 여깁니다. 그것을 알아보게 되면 당신은 감동한 나머지 거기에 존재하는 질서에 대해 감사의 눈물을 흘립니다. 이것이 바로 모든 상호보완적 대립의 통합이자 동시성입니다. 그것은 사람들 대부분이 사랑과 동일시하는 열광을 뛰어넘으며, 우리가 지적으로 성장하고 진화하여 더 큰 공간과 시간의 영역으로, 그리고 그 너머의 광활하고 신비로운 현재로 나아가도록 돕습니다. 왜냐하면 그것이 우리의 운명으로 보이기 때문입니다.

Part 5

어려움과 난관이
우리에게 해주는 말

The Resilient Mind

회복탄력성은 삶의 역경을 관리하는 것과 밀접한 관련이 있습니다. 삶의 역경은 당신이 텔로스에 따라 사는 삶을 되찾고 삶의 양면을 모두 받아들일 수 있게 해주려는 피드백 메커니즘입니다. 성장과 발전은 지지와 도전의 경계에서 극대화되니까요.

스트레스에는 두 가지 형태가 있습니다. 추구하는 것을 잃었다는 인식과 피하려는 것을 얻었다는 인식이 그것입니다. 당신이 살면서 겪게 될 스트레스의 목록을 작성한다면, 결국 이 두 가지 중 하나로 귀결된다는 것을 알게 될 것입니다. 예를 들어, 당신이 돈을 추구한다면 돈을 잃었다는 인식도 스트레스가 되지만 계산서나 도둑처럼 돈을 빼앗아가는 것들을 획득하는 데 대한 인식 역시 스트레스일 것입니다.

앞서 검토한 바와 같이, 스트레스는 당신이 최우선가치에 따라 살고 있지 않다는 것을 알려주는 피드백 메커니즘입니다. 당신이 푹 빠진 대상은 당신의 마음속에서 공간과 시간을 차지하고 주의를 산만하게 할 수 있습니다. 분노 또한 마찬가지입니다. 하지만 당신이 삶에 대한 사랑의 균형 상태를 유지한다면 산만해지지 않습니다. 당신의 에너지가 천재성, 혁신성, 창조성을 북돋우며, 이때가 바로 당신의 회복탄력성이 극대화되는 순간입니다.

위기는 축복이다

1990년대 초, 캘리포니아로 가는 비행기 안에 있을 때였습니다. 내 옆자리에는 기운이 하나도 없고 좀 심란해 보이는 조용한 남자가 앉아 있었고 우리는 대화를 하기 시작했습니다.

"어떤 일을 하세요?" 내가 물었습니다.

"음악 업계에 있습니다."

"멋지군요. 곡을 쓰시나요?"

"썼었죠."

"어떤 곡인데요?"

"오래된 장르예요, 로큰롤에 가까운. 그렇지만 한동안 슬럼프였습니다. 최근에는 눈에 띄게 창의적인 작업은 별로 하지 못했죠. 새로운 곡이 떠오르지 않아요."

나는 그를 도와줄 수 있을 것 같다는 생각이 들었습니다.

"저기, 당신이 창의적인 천재성을 다시 발휘할 수 있는 단계적인 방법이 있는데, 저와 함께 시도해보시겠습니까?"

"네, 좋습니다."

나는 그가 지인의 죽음에 마음을 온통 빼앗긴 상태라는 것을 알게 되었습니다. 또 그는 자기가 새로운 곡을 쓰지 않아 소속된 밴드의 인지도가 조금씩 떨어지고 있다는 이유로 자괴감에 빠져 있었지요. 그는 최근에는 자신이 위대하다고 생각될 만한 그 어떤 일도 하지 않은 채 과거의 명성에 매달려서 살고 있었습니다.

그의 사별의 슬픔을 정리하기 위해 나는 내가 개발한 질문 과정을 이용하기 시작했습니다. 내가 일련의 질문을 통해 그의 슬픔을 해소하자 그는 처음에는 상실로 여겼던 일에 대한 슬픔의 눈물이 아닌, 감사의 눈물을 흘렸습니다. 그런 다음 나는 그가 또 감사할 일이 있는지 잘 생각해보도록 했습니다. 또 '디마티니 메소드'를 이용해 그가 감사하기를 어려워하는 모든 일을 재구성하여 그것을 다른 시각으로 볼 수 있도록 도왔습니다. 불현듯 그는 슬럼프에서 벗어나 활기를 되찾았습니다.

"좋습니다, 이제 눈을 감고 내면으로 들어가 현재 당신이 무엇에 감사하고 있는지 생각해보세요. 감사와 영감의 눈물이 맺힐 때까지 그만두어서는 안 됩니다. 당신이 생각해내는 순간 나는 그것을 보게 될 거예요. 그러면 우리는 내면으로 들어가서, 영감을 받은 가사가 드러나고 새로운 곡이 탄생하도록 만들 겁니다."

잠시 감사한 일을 생각해보던 그는 어느 순간 돌파구를 찾고 감사의 문턱에 다다랐으며, 그의 눈에는 눈물이 흘렀습니다. 그는 마음속에 떠오른 음악과 가사들을 적었습니다.

그는 그 노래를 떠올리며 몸을 움직이더니 뒷좌석 쪽으로 몸을 기울였습니다. 알고 보니 그의 밴드 멤버 네 명이 뒷좌석에 나란히 앉아 있었습니다. 그가 몸을 숙인 채 새로 지은 가사로 노래하기 시작하자, 그들도 머릿속으로 그것을 노래하고 연주하기 시작했습니다. 그들은 그렇게 「와이드 리버 Wide River」라는 곡을 만들어냈습니다.

그 남자는 록스타 스티브 밀러Steve Miller였습니다. 처음에는 그를 알아보지 못했어요. 그를 알아보고는 놀라서 이렇게 말했지요.

"나도 1970년대, 1980년대에 당신 밴드의 노래를 들었어요."

"네, 그래요. 우리가 요즘 좀 뜸했죠."

나중에 나는 그가 어느 쇼에 나와 인터뷰를 하는 모습을 보았습니다. 그는 그 곡을 어떻게 쓰게 되었느냐는 질문을 받고 이렇게 답했습니다.

"비행기에 타고 있을 때였어요. 제 옆자리에 어떤 남자가 앉아 있었죠. 그가 뭔가 이상한 걸 했는데, 덕분에 이 곡이 나왔네요."

재치 있는 대답이었습니다.

간혹 도전을 받고 있다는 생각이 들 때 최적의 질문과 인식의 변화를 통해 그것을 장애물이 아닌 하나의 과정으로 여긴다면, 위기를 최고의 축복으로 바꿀 수 있습니다. 스티브 밀러가 그러한 숙고와 영감의 시간을 갖지 않았다면 그의 위대한 곡 가운데 하나는 탄생하지 못했을지도 모릅니다. 위기는 축복입니다.

걸림돌이 아닌 하나의 과정

전에 오스트리아 멜크 수도원에서 열린 발트첼 컨퍼런스 **Waldzell Conference**에 연사로 초청받은 적이 있는데, 그곳은 다뉴브강이 내려다보이는 아름다운 곳이었습니다. 유전학자이자 세포 생물학자인 폴 너스**Paul Nurse**도 연사로 나섰는데, 그는 진핵 세포 주기가 어떻게 조절되며 세포의 모양과 크기가 어떻게 결정되는지에 대한 연구로 노벨상을 받았지요. 그가 상을 받을 당시 위원회는 그에게 연보에 실을 그의 삶 전체를 기록한 인증된 일대기가 필요하다고 말했습니다.

일대기를 정리하기 시작한 너스는 50대가 된 그때까지도 몰랐던 사실을 발견했습니다. 그의 어머니와 아버지가 실은 그의 부모가 아니라 조부모였던 것입니다. 그는 그때까지 누나가 10대 초반에 임신했었다는 사실은 알았지만 자세한 내막은 몰랐습니다. 당시 딸의 그런 모습을 이웃들에게 보이기 민망했던 부모님은 집에서 멀리 떨어진 다른 도시로 딸을 데리고 갔고, 그녀가 산달을 채워 아기를 낳은 후 부모님이 그 아기를 데리고 가서 키운 것이었습니다.

그리하여 이 어린 소년은 자기 생명의 기원과 발달, 그리고 자신의 진짜 유전자 코드를 알고자 하는 내재된 열망을 품고 자라나게 되었던 것 같습니다. 이러한 욕구는 그가 수십 년간 그 지식을, 즉 이전에는 아무도 알아내지 못했던 정보를 추구하도록 만들 만큼 충분히 컸습니다. 그래서 그는 노벨상을 받았지요.

너스는 스톡홀름에서 상을 받을 때 누나이자 어머니의 노력에 감사하고자 했습니다. 어머니는 고립되었지만, 어머니와 조부모님이 그렇게 하지 않았다면 너스는 아마도 그 상을 받지 못했을 것입니다. 그의 가족에게 가장 큰 수치였던 일이 가장 큰 명성과 가장 큰 감사로 바뀌었습니다. 좌절로 여겨졌던 가족의 위기는 그들의 인생에서 엄청나게 뜻깊은 순간 가운데 하나가 되었습니다.

이러한 균형을 항상 처음부터 알아볼 수 있는 건 아닙니다. 하지만 숙련된 사람은 위기 속에서 최적의 질문을 던지고 축복을 발견함으로써 양쪽을 다 보고 받아들입니다. 대다수는 인생의 절반은 일방적인 환상이라는 아편을 추구하며 도피하려고 애씁니다. 그들은 좌절을 겪으면 외부를 탓하면서도, 자신들을 구해줄 무언가를 외부에서 찾습니다. 그들은 외부에 있는 모든 것이 내면에 있는 것을 반영한다는 사실을, 우리 안에는 부족한 것이 없다는 것을 깨닫지 못합니다.

폴 너스와의 만남은 감동적이었습니다. 그는 생명의 기원과 발달 그리고 유전자 코드에 대해 알고자 하는 열망을 마음속에서 지울 수가 없었다고 말했습니다. 그 자신도 모르게 마음속 깊은 곳에서는 자기 삶에 아직 풀리지 않은 수수께끼가 있음을 느끼고 있었던 것입니다.

어렸을 때 나는 발, 다리, 팔이 안쪽으로 휘어서 금속과 가죽으로 된 교정기를 착용해야 했습니다. 네 살 때 아버지께 교정기를 풀어달라고 애원했지만, 아버지는 교정기를 풀면 내가 다리와 팔을 계속 쭉 뻗고 있어야지 안 그랬다가는 다시 교정기를 해야 한다고 말씀하셨었죠. 오직 자유롭게 움직이고 달리고 싶었던 나는 그 이후 내 힘으로 열심히 뛰어다녔습니다.

아주 어렸을 때 나는 부모님 손에 이끌려 언어 병리학자에게 가기도 했습니다. 여섯 살에 1학년에 들어갔을 때 선생님은 내게(부모님도 계신 자리에서) 아마 읽지도 쓰지도 의사

소통을 하지도 못할 것이고, 그 어떤 것도 이루지 못할 것이며, 인생에서 그리 멀리 나아가지 못할 거라고 말했습니다. 그것은 내가 오늘날 하고 있는 일을 하는 데 필요한 공백이었다는 점에서 완벽합니다. 당신이 인지한 장애물을 걸림돌이 아닌 하나의 과정으로 보지 못했다면, 당신은 혼란이라고 느끼는 것의 고차원적인 질서를 발견할 만큼 깊이 들여다보지 않았던 겁니다. 아마도 지금이 다시 들여다보아야 할 때인지도 모릅니다.

몸이 전하는 메시지와 사명

예전에 호주 시드니에서 신경 내분비학, 심리학, 생리학 등과 관련한 1천 가지에 달하는 건강 질환에 대해 닷새 동안이나 발표를 한 적이 있습니다. 그런 병에 걸리게 되는 심리학적·자율신경계적·후성유전학적 원인을 설명하는 교재도 썼습니다. 일종의 심신 개요서였지요.

5일 동안 학생들과 나는 자율신경계와 신경전달물질, 그리고 이차적인 후성유전학적 효과가 유전자의 발현이나 억제에 어떤 영향을 미치는지, 단백질을 어떻게 바꾸는지, 세포 기능을 어떻게 변화시키는지를 질환별로 살펴봤습니다. 우리는 그러한 변수를 우리 삶에서 일어나는 사건에 대한 인식과 연관 지어서 우리의 정신과 신체가 어떻게 증상을 만들어 내는지를 알아보고자 했습니다.

우리는 우리 몸의 체계와 거의 1천 가지의 다양한 질환을 살펴보았습니다. 다발경화증 이야기가 나오자, 한 신사가 손을 들고 말했습니다. "디마티니 선생님, 다발경화증에 대해 질문을 드려도 될까요? 제가 다발경화증에 걸렸는데, 불과 몇 주 후면 휠체어 신세를 져야 할 거라는 말을 들었습니다. 왼팔은 약해질 대로 약해져서 거의 움직일 수도 없고, 더는 왼쪽 다리에 체중을 싣지도 못하고, 왼쪽 눈은 시신경염 때문에 제 기능을 잃은 상태입니다. 솔직히, 정말 무섭습니다. 무엇 때문에 이렇게 된 걸까요? 제가 할 수 있는 일은 없을까요?"

나는 대답했지요. "우선 몇 가지 질문을 드려봐야 알 수 있겠는데요. 그리고 저는 주로 교육만 해왔어요." 하지만 동시에 이런 생각도 들었습니다. '내가 저 남자를 위해 무엇을 할 수 있을지 한번 보자.'

나는 그에게 다가가 그가 과거에 겪었던 일들에 대해 잠시 물었습니다. 과거의 일은 많은 것을 알려주니까요. 그는 자기가 하는 일에 만족감을 느끼지 못하고 있었습니다. 그는 마치 끝이 보이지 않는 터널을 걷는 느낌이라고 했고 더는 그 일을 감당할 수 없을 것 같다고 했습니다. 하지만 돈을 어느 정도 벌면 자기가 하고 싶은 일을 시작하기에 충분한 대비책이 될 거라는 생각에 계속 돈을 벌고 저축했습니다. 그는 새로운 일의 방향을 확실히 잡아놓지는 않았지만, 숨만 돌릴 수 있다면 정말 좋을 거라고 생각했습니다. 그 지점에 도달하기에 충분한 돈을 모으는 날만을 그는 손꼽아 기다리며 살았습니다.

그가 '난 이제 자유로워질 수 있어. 드디어 이 일을 그만둘 거야'라고 결심한 날, 그는 당시 파트너와 어머니에게 그 사실을 알리러 집으로 갔지만 두 사람 모두 그에게 경제적 지원을 요구했습니다. 또 다른 책임을 져야 한다는 생각이 그의 마음속을 얼어붙게 했고, 그는 결국 하려던 말을 삼킬 수밖에 없었습니다. 그 순간 그는 화가 났지만 사회적으로 주입된 가치로 스스로를 판단했습니다. '네 파트너와 어머니가 도움이 필요하다는데 어떻게 화를 낼 수가 있어?'

이 신사는 자신이 하고 싶은 것과 지금 해야 한다고 느끼는 것 사이에서 내적 갈등을 겪었습니다. 그는 앞이 잘 보이지 않게 되었습니다. 이해력도 잃었습니다. 또 몸의 왼쪽, 즉 여성적 부분이 제 기능을 잃고 말았습니다. 며칠 만에 그는 몸이 쑤시고 마비되고 쇠약해졌습니다. 다발경화증의 증상이 시작된 것입니다. 그는 속으로 소리를 질러댔고 갇힌 듯한 느낌이 들었지만, 그런 말을 하면 안 된다고 느꼈기에 말을 할 수가 없었습니다. 그는 이렇게 소리쳤습니다.

"저는 이 빌어먹을 책임 속에 갇혀 있습니다."

나는 '디마티니 메소드'를 이용해 그가 다른 시각으로 상황을 보고, 혼란스럽게만 보이는 상황 속에 숨은 질서를 찾도록 도왔습니다. 우리는 무슨 일이 일어난 건지, 그리고 그가 관심을 받고 원하는 것을 얻도록 하기 위해 그의 병이 어떻게 노력하고 있는지를 샅샅이 살펴봤습니다. 이제 그는 보험 덕분에 직장을 떠날 수 있게 되었습니다. 다발경화증은 퇴직의 좋은 핑계가 되어주었죠. 그것이 그의 유일한 탈출구였습니다. 질병은 종종 무의식적인 전략의 결과입니다.

우리가 그의 무의식적인 동기와 전략을 연구하고 분류하는 동안 깊은 깨달음을 얻은 그의 눈에는 갑자기 눈물이 핑 돌고, 코에서 콧물이 흐르고, 입에서는 침이 흘렀습니다. 그의 여자친구는 팔로 그를 감싸 안았고, 그는 그 세미나에서 15분 동안 카타르시스를 경험했습니다. 마침내 그는 터널의 끝에서 희미한 빛을 보았고(왜 그가 그러한 병을 만들었는지) 자기가 정말 하고 싶었던 일을 깨달았습니다. 사람들이 속박에서 벗어나도록 돕는 것이 그의 꿈이었고, 그는 그 꿈을 이룰 수 있는 방법을 보았던 것입니다.

세미나가 끝난 후 집으로 돌아간 그 신사는 밤에 꿀처럼 단 잠을 잘 수 있었습니다. 다음 날 아침, 잠에서 깨어난 그는 세미나 장소로 왔고 세미나실로 들어와서 곧장 내게 다가왔습니다. 마이크를 켜고 강연할 준비를 하고 있는 나를 두 팔로 껴안으며 그가 말했습니다. "제 왼쪽 눈에 선생님이 보입니다. 왼팔로 선생님을 안을 수 있고요. 또 왼쪽 다리로 걸어서 혼자 힘으로 계단을 올라왔어요. 어제 무슨 일이 일어난 건지 모르지만, 뭔가 바뀌었습니다."

"굉장해요. 다발경화증은 때때로 완화되기도 하고 악화되기도 합니다. 기복이 있기 때문에 일시적인 상태가 아니라고 확신할 수는 없지만, 계속 노력해봅시다."

그날 오후 내가 비행기를 타러 갔을 때 그 신사도 공항에 동행했습니다. 클럽 라운지에서 우리는 그의 치유 과정을 촉진하기 위해 '디마티니 메소드'를 이용하여 우리가 파악할 수 있는 모든 문제를 해결하자는 행동 계획을 세웠습니다.

그 신사는 계획에 착수했습니다. 부분적인 계획이 아니었습니다. 그는 자기 삶에서 확인할 수 있는 잠재의식 속의 모든 내적 갈등과 판단(분노, 도전, 그리고 그가 감사하지 않았던 것)을 해결했습니다. 그것들의 목록을 만들고 '디마티니 메소드'를 이용해 체계적으로 처리해나갔습니다.

그의 담당 신경과 의사는 "지나친 희망은 갖지 마세요, 일시적인 현상이니까요. 이것은 진행성 퇴행성 질환입니다"라고 말했었습니다. 하지만 6개월 후, 그 의사는 이렇게 말했지요. "무슨 일이 일어난 게 틀림없어요. 보통 6개월 안에 증상들이 다시 나타나게 마련인데, 아무런 증상도 없었습니다."

그 신사는 말했습니다. "저는 '디마티니 메소드' 훈련 프로그램을 막 마쳤습니다. 혹시 제가 다른 다발경화증 환자들과 그 작업을 해봐도 괜찮을까요? 뭔가 도움이 될지도 모르니까요." 다른 다발경화증 환자들과 함께 작업을 시작한 그는 그들의 감정적 응어리를 없애고 비슷한 결과를 내기 시작했습니다. 몇 년 뒤 그는 조깅도 할 수 있게 되었으며, 현재 다발경화증의 징후는 전혀 보이지 않습니다.

인체의 한계가 어디까지인지는 나도 모르지만, 우리의 증상이 우리를 다시 진정한 모습으로 되돌려놓으려고 한다는 건 압니다. 그것이 드러내는 메시지와 사명을 우리가 알아낸다면, 증상은 우리가 뭔가 특별한 일을 하도록 인도합니다. 왜냐하면 우리 안의 힘은 우리 주변의 장애물보다 훨씬 더 대단하기 때문이지요. 그 증상은 우리가 회복탄력성과 진정성을 유지할 수 있도록 애씁니다.

그 신사가 전에 겪었던 위기는 이제 축복이 되었습니다. 그는 오늘날 그가 하는 일에 영감을 받습니다. 또 사람들에게 그 방법을 적용함으로써 큰돈을 벌고 있습니다. 그는 수십 명의 다발경화증 환자들을 도우며 일부 신경학자의 관점을 변화시키고 있습니다.

위기는 축복입니다. 역경은 선물입니다. 퇴보는 전진이며, 상처는 훈장입니다. 더 깊이 들여다보는 시간을 가지세요. 최우선순위에 해당하는 행동으로 우리의 마음과 일상을 채우면 회복탄력성, 적응력, 양면성과 우리 자신 및 주변 세계를 보고 포용할 수 있는 능력이 확장됩니다.

열한 살짜리 디자이너

이번에는 라스베이거스에서 열린 컨퍼런스에서 강연을 했을 때의 일입니다. 하날레이 스완**Hanalei Swan**이라는 열한 살 소녀가 무대에 올라 감동적인 연설을 했습니다. 그녀의 발표 후 나는 그녀에게 물었습니다.

"네가 놀라운 기회로 바꾼 가장 큰 도전은 무엇이었니?"

그녀는 이 질문에 긴 이야기를 펼쳐내 보였습니다.

제가 태어났을 때, 부모님은 모든 걸 잃고 파산을 신청하셨어요. 부모님은 『나는 4시간만 일한다』를 읽고 '다 버리고 여행을 떠나자'고 결심하셨죠. 그게 저한테는 최고의 행운이었어요. 이 세상을 교과서에 나와 있는 것이 아니라 실제 모습 그대로 볼 수 있었기에 지금의 제가 있을 수 있었죠. 저는 세계의 여러 문화, 사람들 그리고 장소들로부터 영감을 찾을 수 있었어요. 여행하는 동안 저는 유행하는 옷 디자인을 만들기 시작했고, 제 아이디어를 스케치북에 그려두었어요.

발리에 있을 때였어요. 식당에 앉아 있는데 옆자리의 한 여자분이 저희 부모님과 이야기를 나누었죠. 저는 식당 소파에서 깊이 잠들어 있었고요.

엄마는 그 여자분께 물었어요. "어떤 일을 하세

요?”

"저는 패션 디자이너예요.”

저는 화들짝 잠에서 깨어났어요. 제 바로 옆에는 스케치북이 놓여 있었고, 저는 "저도요"라고 말했죠.

"패션 디자이너라면 스케치북을 가지고 있겠구나"라고 그 여자분이 말했어요.

저는 스케치북을 보여드렸어요. 그 여자분이 제 스케치들을 보시더니 "실제로 만들어볼 만한 작품들인걸"이라고 말했어요.

그 이후로 저는 패션 디자이너가 되었어요. 그 경험은 제가 좋아하는 일을 찾아서 할 수 있도록 영감을 주었죠. 저는 여성들이 아름답다고 느낄 수 있는 멋진 디자인을 만들기로 결심했답니다.

연설 당시 그 소녀는 벌써 직원도 여섯 명이나 두고 있었습니다.

소녀의 이야기는 여기서 끝나지 않았습니다. 소녀는 "하지만 저는 여러 장소를 여행하고 몇 번씩 방문하면서 우리 지구가 너무 많이 오염되어 있는 걸 보게 되었어요. 전에는 아름다웠던 곳들이 쓰레기로 가득 차 있기도 했죠. 저는 예술과 패션을 사랑하는 마음에 지구를 지킨다는 사명을 접목했어요. 이제는 매일 제가 좋아하는 일을 하면서 지구도 도울 수 있답니다."

이 가족의 위기가 축복이 되었음을 알겠나요? 파산 시점에는 그것이 가장 힘든 일처럼 보였을지 모르지만 그 안에는 지지적인 측면도 있었기에 이처럼 고무적 결과가 탄생한 것입니다.

가르침과 가치

나는 부모들로부터 종종 이런 말을 듣습니다. "아들의 학교생활이 걱정됩니다. 저희 아들이 많이 우울해해요. 그 아이는 자기가 우선시하는 내재적 가치 및 행동과 인식적으로 전혀 부합하지 않는 주제를 배우고 있습니다. 그래서 지루해하죠. 어렸을 때부터 정말 좋아했던 것을 배울 기회가 없었어요. 자신의 최우선가치나 이상과 일치하지 않는다고 인식하는 체계 속에서 압박을 받아왔어요."

때때로 나는 학교에서 교사, 교장 선생님, 그리고 학생을 대상으로 강연을 합니다. 나이를 불문하고 배우는 것을 싫어하는 남학생이나 여학생은 한 번도 보지 못했습니다. 하지만 그들은 자신들에게 가장 큰 본질적 의미를 지니며 영감을 주는 것을 배우고 싶어 합니다. 나는 어떤 아이든 어떤 수업이 그들의 삶에서 가장 의미 있는 것을 성취하는 데 왜 그리고

시크릿 회복탄력성

어떻게 도움이 되는지 알지 못한 채 그 수업을 듣는 것은 상당히 부당한 일이라고 생각합니다.

학교에 가면 나는 교사들과 함께 앉아서 그들의 최우선가치를 확인합니다. 이 '디마티니 가치 결정 과정**Demartini Value Determination process**'은 내 웹사이트인 drdemartini.com에 무료로 공개되어 있으니, 잠시 시간을 내서 작성해보십시오. 30분 정도 소요될 겁니다. 우리는 처음에는 스스로를 속이는 경향이 있으므로 여러 번 해보세요. 우리는 우리 삶이 나타내거나 드러내는 것을 객관적으로 적는 대신, 우리의 가치관이었으면 하는 것이나 과거의 가치관을 적는 경향이 있습니다. 마침내 "그래, 이것이 내 삶이 진정으로 드러내는 것이고 가장 가치 있는 거야"라고 말할 수 있을 때까지 그 설문조사를 계속해보세요.

교사의 가치관을 확인하고 나면 나는 그들의 수업을 들은 뒤 묻습니다. "이 수업과 주제 그리고 부주제를 가르치는 것은 당신이 교사로서 가장 의미 있고 중요한 것을 성취하는 데 어떤 도움이 되나요?" 만약 그 수업이 그들에게 의미 있는 것을 성취하는 데 어떤 도움이 되는지를 알지 못한다면, 그들은 열심히 가르치지 않을 것입니다. 최신 정보에 발을 맞추는 노력도 하지 않을 것입니다. 그들은 지루해질 것이고, 아무도 교실에 앉아서 그들의 발표와 수업을 듣고 싶어 하지 않겠지요.

그렇게 세 시간 동안 나는 교사들이 각 수업을 그들의 최우선가치와 연결하도록 돕습니다. 그 수업이 그들에게 정말로 중요한 것, 즉 그들의 최우선가치를 성취하는 데 큰 의미를 지닌다는 것을 깨달을 수 있도록 말이지요. 이제껏 수많은 교사와 함께해본 결과 그들은 완전히 달라진 모습으로 그다음 수업에 임했습니다. 이제 자신들의 교육 과정을 장애물이 아닌 과정으로 보게 되었기 때문이지요. 그들은 어떤 의무감이나 규칙 때문에 가르치는 것이 아니라, 그것이 그들에게 큰 의미가 있음을 이제 알기 때문에 가르칩니다. 이 과정은 총 네 시간 정도 걸립니다.

다음으로 나는 수업 첫날 학생들에게 가서, 같은 방식으로 그들의 최우선가치를 확인하도록 돕습니다. 그들이 곧 듣게 될 수업이 그들의 최우선가치를 성취하는 데 구체적으로 어떤 도움이 되는지 자문해보도록 하는 것이지요. 우리는 한 그룹을 이루어 각 수업이 그들에게 어떤 도움이 될지 알아내도록 돕습니다. 학생들은 들어오면서부터 이렇게 말하기 시작합니다. "아무 도움도 안 돼요. 쓸모없고 구식이라고요. 이런 걸 배워서 뭘 해요? 도무지 알 수가 없어요."

자기가 이루고자 하는 바를 달성하고 성취하는 데 그 수업이 어떤 도움이 될지 알 수 없다면, 학생들은 그 수업을 듣고 싶어 하지 않겠지요. 그들은 지루해하거나 영감을 받지 못할 겁니다. 주의력 결핍 장애라는 꼬리표를 달고 약물치료를 받게 될지도 모르지요. 하지만 집에서는 여섯 시간 동안 가만히 앉아서 비디오 게임도 잘하고, 사교 활동이나 운동도 잘합니다. 그들이 가장 큰 영감을 받는 영역에서는 주의력 결핍이 보이지 않지요. 주의력 결핍은 영감을 주지 못하는 수업, 영감을 주지 못하는 교사, 리더가 아닌 게으름뱅이를 위한 교육 과정, 즉 학생들이 자기와 관련이 없고 동떨어진 것으로 인식하는 것들 때문에 생깁니다.

그런 태도의 학생들이 굳이 수업을 들으려고 할까요? 배운 것을 굳이 기억하려고 할까요? 아무런 관련성도 못 느끼던 학생들은 나와 함께하는 '연결하기' 시간을 통해 그 수업이 그들이 원하는 것을 얻는 데 어떤 도움이 되는지 알게 됩니다.

내 대표적인 세미나 프로그램인 '돌파구 경험'에서 나는 사람들에게 이와 같은 기술을 가르칩니다. 즉, 삶의 모든 일을 받아들이는 방법을 알고 그것이 그들이 원하는 것을 얻는 데 어떤 도움을 주는지 볼 수 있게 합니다. 이는 특히 삶에 무관심한 사람들에게 믿을 수 없을 만큼의 가치를 지닙니다. 대부분은 그저 방법을 몰라서 활기 없는 절망적인 삶을 삽니다.

우리가 학생들에게 그 연결성을 보여주고 나면 그들은 단지 수업 자체를 위해서가 아니라 배움과 최우선가치의 실현을 위해 수업을 듣게 될 겁니다. 사람들은 자기에게 의미 있고 가장 중요한 것을 배우고 싶어 하지, 아무 이유 없이 그냥 배우려고 하지는 않습니다.

학생들은 어떤 수업에서는 정말 잘하지요. 하지만 어려운 수업을 할 때는 학생들이 삶에서 진정으로 원하는 것을 이루는 데 그 수업이 어떤 도움이 되는지 간단히 물어보세요. 나는 모든 수업이 연결성을 가질 수 있다고 장담합니다. 학생들이 가진 그 어떤 최우선가치와도 연결되지 않는 수업은 아직까지 본 적이 없습니다. 그들은 단지 그것을 모를 뿐이에요. 중요한 것은 그저 끈기 있게 계속 찾아보는 것입니다. 그들의 마음속에서 어떤 수업이나 주제와 최우선가치 사이에 새로운 연결고리가 생길 때마다, 학습에 대한 관심이 높아지고 회복탄력성도 커집니다.

우선순위가 낮은 일을 위임하는 방법

몇 년 전 런던에서 열린 세미나에서 한 여성이 내게 다가와 이렇게 말했습니다.

저는 제 삶을 완전히 뒤바꿔놓은 비극을 겪었어요. 가족 셋을 잃었죠. 집도 잃고, 최근에는 10년간 이어지던 관계도 끝났답니다. 경제적으로도 어려운 상태라 삶이 엄청 고달퍼요. 우선순위가 낮은 일들은 남에게 맡기라고 하셨는데, 경제적으로 어려운 사람은 도대체 어떻게 하라는 말인가요?

그 비극들 덕분에 저는 결국 제가 분명 좋아하는 새로운 진로를 걷게 되었지만, 아직 먹고살 만큼 충분한 돈을 벌지는 못하고 있어요. 저는 영국을 비롯해 유럽 여러 도시의 학교들에서 노래 모임을 운영하고 있어요. 소외계층이나 학습장애가 있는 사람들을 대상으로요. 그 일을 통해 우울증에 걸린 사람들을 돕고 있지만 그 일로 런던에서 혼자 먹고살기에는 한참 부족해요. 저는 일의 일부를 남에게 맡길 만한 여유가 없습니다. 저를 도와줄 사람들에게 지불할 돈이 없어요.

나는 이 여성의 말에 대한 대답으로, 남에게 일을 맡기는 것의 목적은 당신이 가치순위가 더 높은 일이나 더 많은 기여와 수입을 창출할 가능성이 있는 일을 할 자유를 갖기 위해서라고 말했습니다. 당신이 제공하는 무언가가 다른 사람들이 공정한 대가를 주고 싶을 만큼 그들의 요구를 충족시키고 위임 비용 이상의 수익을 내지 않는 한 당신은 다른 사람에게 일을 맡길 수 없을 겁니다. 따라서 남에게 맡기는 것은 포기가 아닙니다. 위임의 목적은 당신이 더 높은 가치, 더 생산적이며 더 큰 경제적 효과를 내는 일을 할 자유를 갖는 것입니다.

당신이 하고 있는 일에 더 많은 금전적 수입이나 엄청난 부를 얻을 가치가 없다고 느낀다면, 과거에 당신이 어떤 수치심이나 죄책감을 느꼈는지 돌아보는 것이 좋습니다. 과거의 수치심과 죄책감은 보상을 위한 이타적인 행동을 만들어내는 경향이 있기 때문입니다. 우리가 사랑하지 않았던 우리 자신의 일부를 대변하는 사람들을 구제함으로써, 우리는 스스로를 더 대단하게 느끼고자 합니다.

당신 자신을 소중히 여기고, 사람들이 기꺼이 비용을 지불할 정도로 당신의 역할을 잘 포장해서 사람들에게 도움이 되는 일을 하도록 하십시오. 그러면 당신은 지속 가능한 공정한 교환을 유지하여 그 수입으로 남에게 일을 맡기고 더 많은 사람에게 도움을 줄 수 있습니다.

당신이 가난하다면 그 이유는 아마 당신이 인류에 기여하는 일에 충분히 신경을 쓰지 않기 때문일 것입니다. 그 일에 신경을 썼다면 당신은 제품, 서비스, 또는 아이디어로 인류에 직간접적인 기여를 할 수 있는 방법을 찾았을 테니까요. 당신 자신에게 집중하는 대신 인류에 대한 기여와 그들의 삶을 변화시키는 것에 집중했을 겁니다. 그리고 만약 그것이 실질적인 기여가 되었다면 당신은 그에 대한 보수를 받았을 겁니다. 나는 그 여성에게 이렇게 말했습니다.

그러니까, 우선순위를 정하시길 권해드립니다. 당신이 할 수 있고 가장 많은 수입을 낼 수 있는 최우선순위의 사명이 무엇인지 찾는 것이죠. 이것은 곧 당신이 다른 사람들에게 실질적으로 기여한다는 것을 의미합니다. 그러면 당신은 우선순위가 낮은 일들을 남에게 맡기고 인류를 위한 당신의 사명을 수행할 수 있습니다.

어떻게 하면 당신이 어떤 서비스를 제공하면서 상당한 수입을 올릴 수 있을지 생각해보지 않았다면 그것에 대해 명확히 하시기를 권합니다. 어떻게 하면 더 많은 사람에게 기여하면서 그 일에 대한 충분한 보수를 받을 수 있을까요? 이것은 단지 최적의 질문을 하고 그에 대한 답을 만들어내거나 발견할 수 있을 만큼의 책임감만 가지면 되는 문제입니다.

당신은 아마 과거의 수치심이나 죄책감 때문에 뭔가 이타적인 일을 해야 한다고 느끼고 있을 테고, 그것은 당신이 지속적이고 높은 수입을 편안한 마음으로 받아들이지 못하게 막고 있어요. '디마티니 메소드'에는 수치심과 죄책감을 효과적으로 해소하고 당신이 그것을 받아들이도록 해주는 과정이 포함되어 있습니다. 많은 사람이 해소와 수용의 과정을 거치기 전까지는 경제적인 한계를 넘지 못합니다. 당신의 마음속에 약간의 수치심이나 죄책감이 남아 있는 것 같은 느낌이

들어요. 당신의 질문에 대한 답이 될 수 있을지는 모르지만, 당신이 정말 하고 싶은 일을 정하고, 당신이 만족할 만한 수입을 낼 수 있도록 그것을 포장해봅시다. 당신이 그럴 수 없다고 말해도 저는 설득당하지 않을 겁니다. 그건 단지 브레인스토밍을 하고 필수적인 질문을 던지고 전략적 실행 단계를 적용하기만 하면 되는 일이니까요.

Part
6

우울증에 대처하는
몇 가지 방법

The Resilient Mind

우울증은 내가 자주 접하는 정신 건강 문제 중 하나입니다. 당신도 실제로 우울증 진단을 받지는 않았더라도 기분이 처지는 상태를 경험한 적이 있겠지요. 임상적 우울증을 정의하거나 판단하는 기준은 다양하지만, 오늘날 약물치료에 의존하는 정신과 의사들은 당신이 생화학적 불균형 상태라서 약물치료가 필요하다고 여기곤 합니다. 이러한 믿음은 최근의 장기적 연구에 의해 상당한 도전을 받고 있습니다.

생화학적 불균형 때문에 우울증이 발병하는 경우가 전혀 없다고는 말할 수 없지만, 널리 알려지고 믿기는 만큼 자주 일어나지는 않는다고 확신합니다. 사람들은 자신의 삶을 통제하고 우울증의 원인과 그에 대해 무엇을 할 수 있는지 알아보는 대신, 빠른 치료를 위해 모든 질병을 약으로 해결하려 합니다.

당신이 나를 찾아와 우울하다고 말했다고 생각해보죠. 정신과 의사는 당신이 생화학적 불균형 상태에 있으므로 약물치료를 받아야 한다고 했습니다. 생화학적 불균형이라는 말을 들은 후 당신이 할 수 있는 일은 아무것도 없으며, 약을 복용해야 한다고 믿는 길뿐입니다.

하지만 내가 이렇게 말했다고 생각해보세요.

이 문 뒤에 거대한 호랑이가 있습니다. 제가 문을 열고, 그 호랑이를 당신이 있는 방으로 들여보낼 것입니다. 호랑이는 당신을 잡아먹으려고 합니다. 호랑이는 방을 가로질러 한달음에 당신을 향해 달려가고, 크게 벌린 입안에는 송곳니와 침이 보일 것입니다. 호랑이가 당신의 얼굴과 머리를 덮치려는 찰나에 저는 모든 것을 정지시킬 것입니다. 호랑이는 입을 벌리고 당신의 머리 위로 침을 흘리며 공중에 떠 있게 되겠죠. 저는 빠르게 안으로 들어가 당신의 뇌 화학작용에 관한 혈액 분석을 할 겁니다. 제가 무엇을 발견하게 될까요? 당신의 혈액은 정상적인 화학작용을 하고 있지 않을 것입니다. 당신을 잡아먹으려는 포식자를 인식한 데 대한 스트레스 때문에 그 작용은 크게 달라졌을 거예요.

10억분의 1초 만에 당신 몸의 화학작용은 변했습니다. 도파민, 세로토닌, 엔도르핀, 엔케팔린, 바소프레신(뇌하수체 후엽에서 분비하는 호르몬으로 항이뇨 및 혈압 상승 작용을 촉진함-옮긴이), 옥시토신, 에스트로겐의 수치는 즉시 떨어졌습니다. 테스토스테론은 빠르게 증가했고 히스타민, 오스테오칼신(뼈, 연골 등에 존재하는 비콜라겐성 단백질 호르몬-옮긴이), 코르티솔, 노르에피네프린, 에피네프린도 증가했어요. P물질(우리 몸에 통증 감각을 전달하는 신경세포 물질-옮긴이)이 증가했으며, 고통과 투쟁 또는 도피의 화학작용 역시 급속도로 증가했습니다.

당신은 생화학적 불균형을 겪게 되며 이 과정은 1천분의 1초 안에 일어날 것입니다. 전기 전도의 속도로 발생하는 당신의 인식은 시상하부의 호르몬과 자율신경계의 신경 호르몬 및 신경전달물질을 변화시킵니다.

그때 갑자기 호랑이가 앞발을 내리고 서더니 당신을 껴안고 '나는 호랑이 토니야. 좋았어!'라고 말합니다. 당신은 어렸을 때 콘푸로스트를 먹어서 항상 호랑이 토니를 좋아했죠. 당신은 '오, 세상에! 드디어 호랑이 토니를 만났어!'라고 생각합니다. 토니는 당신을 껴안은 채 함께 사진을 찍자고 합니다. 이제 당신은 호랑이 토니와 좋은 시간을 보냅니다.

제가 이 장면을 정지시키고 당신 혈액의 신경 화학 작용을 평가해보면 어떤 결과가 나올까요? 당신의 도파민, 옥시토신, 바소프레신은 증가했을 겁니다. 욕구 및 유대 관련 화합물과 에스트로겐, 세로토닌, 엔케팔린, 엔도르핀도 증가하는 반면, 좀 전에 언급했던 다른 화학 물질들, 즉 코르티솔, 에피네프린, 히스타민은 감소합니다. 결과가 완전히 뒤집힌 거죠.

제가 이 장면을 정지시키면 정신과 의사는 당신에게 생화학적 불균형이 있다고 말할 것입니다. 하지만 그는 그 불균형이 당신의 현재, 그리고 잠재의식에 저장된 과거의 인식과 큰 관련이 있다는 말은 하지 않습니다.

당신은 아마 이렇게 말하겠지요. "저는 그렇게 극단적인 인식을 하지도 않고, 아직도 우울해요." 어쩌면 이 말이 사실일 수도 있지만, 당신이 모르는 것일 수도 있습니다.

불균형한 인식의 누적

다른 시나리오를 한번 생각해볼까요. 당신이 일요일에 편안히 쉴 계획으로 집에 있다고 가정해봅시다. 그런데 어쩌다 배우자와 싸웠고 서로 고함을 지르는 지경에 이르렀지요.

한창 싸우고 있는데 초인종이 울립니다. 당신은 그 순간의 분노를 억누른 채 대문을 엽니다. 그런데 거기에 당신의 친구들이 서 있는 거예요.

"근처에 왔다가 잠깐 들렀어."

"들어와." 당신은 이렇게 말하며 실제 기분을 숨긴 채 미소를 지어 보입니다.

당신은 친구들과 두 시간 동안 대화를 나눕니다. 그들과 즐거운 시간을 보내면서도, 잠시 마음속에 묻어둔 부부 문제는 여전히 골칫거리지요. 얼마 후 친구들이 자리를 떠납니다. 상황은 별로 나아지지 않았습니다. 당신의 배우자는 말없이 자기 일을 하고, 당신도 그렇게 합니다. 당신의 마음에는 해소되지 않은 미묘한 좌절감이 남아 있습니다.

다음 날 당신은 출근하고 당신의 배우자도 자기 할 일을 합니다. 그 문제는 흐지부지되지만 풀린 건 아닙니다. 때때로 무언가가 그 문제를 떠올리게 하면 억눌렀던 감정이 다시 치밀어오릅니다.

이런 감정은 신경 관련 복합체, 또는 기억 흔적engram이라 불리는 뇌의 전자적·화학적 장치에 저장되는데, 이 경우 뇌는 전자적 불균형 상태에 놓입니다. 우리는 이러한 불균형을 소음이나 잡음의 형태로 뇌에 저장합니다. 당신이 열광하거나 분노할 때, 자부심이나 수치심을 느낄 때, 당신의 뇌 속에서는 소음이 생깁니다. 도무지 떨쳐버릴 수 없는 그 상대나 당신 자신에 대한 생각이 당신의 마음속을 차지해 잠도 잘 오지 않습니다.

인식에서 유발된 이 생화학적 불균형은 어느 날 뇌가 저절로 망가져서 발생하는 것이 아닙니다. 이는 감정적으로 양극화되어 판단이나 인식적 불균형을 잠재의식 속에 너무 많이 누적해온 결과입니다. 당신이 모르는 사이, 그리고 아무도 당신에게 말해주지 않는 사이에 그것들이 당신의 화학 장치를 장악해버립니다.

당신은 양파 껍질을 벗기듯 마음속에 저장된 감정에 도달하는 방법이나, 그 순간으로 되돌아가 그 감정을 정리하는 방법을 잘 모를 수도 있습니다. 그럴 만한 도구가 없어서 약이 유일한 해결책이 될 수도 있겠지요. 약이 전혀 소용없다는 말이 아닙니다. 뇌에 유전적 결함이 있거나 부상을 당하는 경우도 있으니까요. 뇌의 불균형에 어떤 원인이 존재하는 이런 경우는 아주 드뭅니다. 나는 사람들에게 힘을 주고, 점차 쌓여가는 잠재의식적인 열광이나 분노의 감정을 줄이거나 전환할 수 있는 방법을 알려주고, 그들의 삶을 마스터하는 방법을 가르쳐주고자 합니다. 바로 그것이 내가 이제부터 말하고자 하는 것입니다.

현실과 환상

우울증에 대한 나의 대안적인 관점을 공유하고, 나와 협력했던 몇몇 사람들의 이야기를 해보려고 합니다. 나는 우울증에 걸렸다고 하는(적어도 그들이 진단받은 바에 따르면) 수천 명과 협력해오면서 꽤 독특한 점을 발견했습니다.

나는 그 문제의 해결 방안을 제시함으로써 당신이 약을 줄이거나 끊을 수 있도록 하고자 합니다. 내 프로그램에 참여했던 사람들 가운데는 우울증 진단을 받았지만 더는 우울하지 않거나 약을 먹지 않는 경우가 많았습니다. 내가 그렇게 한 것이 아닙니다. 그들 스스로가 때로는 각자의 의사와 함께, 때로는 의사의 도움 없이 그렇게 했지요. 내가 그렇게 하라고 해서가 아니라 스스로가 더는 그럴 필요가 없다고 느꼈을 뿐입니다. 그들은 마음속의 균형을 맞추고 자기 뇌의 신경 화학을 통제하는 방법을 알게 된 것입니다.

말이 나온 김에 당신이 우울감을 느끼거나 침울할 때 어떻게 하면 되는지, 나는 우울증을 어떻게 정의하는지에 대해 이야기해보겠습니다.

가치순위, 또는 가치구조에 대해서는 앞서 논의한 바 있지요. 최우선가치에 따르는 삶을 살면 당신은 조금 더 객관적이고 중립적으로 인식하게 됩니다. 그리고 자기 통제를 담당하는 전전두피질의 실행 중추가 활성화됩니다. 앞서 말했듯이, 객관성은 편견이 없는 상태를 의미하기도 하므로 당신은 마음의 균형, 신경 화학적 균형을 더 잘 맞출 수 있습니다. 최우선가치와 일치하는 삶을 살면 삶의 긍정적인 것과 부정적인 것 모두를 더 공평하게 받아들이게 됩니다. 그러나 자신의 낮은 가치관에 따라 살려고 할 때, 즉 자신을 다른 사람과 비교하고 그들을 우러러보며 자신의 최우선가치가 아닌 그들의 가치에 따라 살려고 할 때는 더 주관적이고 불공평해지는 경향이 있습니다. 그런 수준이 되면 당신은 불안정해지고 생존과 관련한 감정으로 가득 찰 확률이 높아지는데, 이는 불만족과 편도체의 활성화 때문입니다.

비디오 게임을 좋아하는 어린 소년의 예를 한 번 더 들어보겠습니다. 당신이 이 소년이라면 굳이 누가 하라고 하지 않아도 밤낮없이 게임을 하겠지요. 그 게임을 깨고 나면 부모님께 가서 더 어려운 게임을 사달라고 할 겁니다. 도전에 위축되지 않고 당신이 무엇을 할 수 있는지 확인하기 위해 그에 맞서고자 하는 겁니다.

그것이 바로 당신이 최우선가치에 따라 살 때 행동하는 방식입니다. 당신은 꿈을 이루는 데 도움이 되는 도전들을 받아들입니다. 지지와 도전에 똑같이 감사할 줄 알며 그에 따라 더 균형 있고, 회복탄력적이고, 적응력을 갖고 그 일을 잘해낼 수 있게 됩니다. 최우선가치와 일치하는 목표를 세우면 균형을 잡기가 쉽습니다. 변덕스럽거나 감정적으로 대처할 가능성이 줄어들고 조급함과 우울감도 줄어듭니다. 최우선가치에 따라 사는 사람은, 낮은 가치관 속에서 살면서 편도체의 반응에 갇혀 불안해하는 사람과는 달리 극단적인 감정의 동요가 별로 없습니다.

우리는 어떻게 그리고 왜 일시적으로 낮은 가치관 속에서 살려고 하는 걸까요? 아주 간단합니다. 당신보다 더 위대한 삶을 살았다고 생각하는 사람을 만난 적이 있나요? 그들이 당신보다 똑똑하고, 부유하고, 더 성공적이거나 영향력이 있다고, 아니면 영적으로 더 깨어 있다고 생각하며 당신과 비교한 적이 있나요? 그런 비교 속에서 당신은 작아지고, 피곤해지고, 기분이 침체되는 것을 느낍니다.

그것은 당면한 현실을 당신이 아닌 그들이라는 환상과 비교하고 있기 때문입니다. 그들은 사실 당신이 생각하는 것과 다를 수 있지만, 당신은 그 환상을 믿습니다. 당신이 그들처럼 되려고 하면 당신의 가치관 대신 그들의 가치관을 당신의 삶에 주입하고 그에 따라 살려고 애쓰게 되고 맙니다. 다른 사람들의 가치관에 따라 살려고 할 때마다 당신은 분명 비교를 통해 스스로의 가치를 떨어뜨리게 될 것입니다. 뇌의 원시적인 부분인 편도체가 활성화되어 더 주관적으로 행동하게 될 것입니다. 충동적·본능적으로 먹잇감이나 긍정적인 것을 추구하고 포식자나 부정적인 것은 피하는 경향이 생겨납니다. 양극성 질환은 단극성 중독 및 하위 중독의 부산물입니다.

　내가 이런 말을 하는 이유는 많은 우울증이 양극적인 감정의 기복을 수반하기 때문입니다. 조증과 울증이 번갈아 나타나는 것이지요. 우울증이란 당신의 당면한 현실을 당신이 원하는 삶의 모습에 대한 환상과 비교하는 것입니다. 어떤 면에서 당신은 그 환상에 중독된 도파민 그 자체가 되며, 그것을 잃지 않으려 합니다. 낮은 가치관에 따라, 편도체에 갇힌 채 살아가려고 하기 때문에 당신은 만족을 느끼지 못합니다. 그리고 그에 대한 보상으로 즉각적인 만족이라는 미봉책을 찾게 됩니다.

　중독적 행동과 일방성에 대한 욕구, 즉 슬픔 없는 행복, 고통 없는 쾌락, 어려움 없는 편안함, 수치심 없는 자부심, 부정적인 것 없는 긍정적인 것에 대한 욕구는 최우선가치가 충족되지 못함으로써 생겨나는 부산물입니다. 좋아하는 일을 할 때 당신은 더 균형 잡히고, 객관적이고, 안정적이고, 영감을 받고, 감사하게 됩니다. 당신은 더 의미 있고 목적 있는 것을 추구하기 위해 고통과 쾌락을 함께 받아들이며, 더 회복탄력적이 됩니다.

　다른 사람들과 자신을 비교하고 그들의 가치를 자신의 가치관에 주입하고 다른 사람이 되려고 애쓰느라 당신의 최우선가치를 실현하지 못하면, 당신은 스스로를 잃어버리고 맙니다. 스스로를 업신여기고, 그러한 의식의 분열에 따른 보상으로 미봉책을 찾으려고 합니다.

우울증은 당신이 당면한 현실을 (심지어 사실도 아닌) 당신이 원하는 것에 대한 환상과 비교할 때 나타납니다. 환상에 집착하는 한 당신의 삶은 악몽이 될 것입니다. 하지만 삶의 실제 모습(균형 잡힌 모습)은 그 어떤 환상보다도 더 훌륭합니다.

우울증은 높은 수준에 중독된 결과로 기분이 가라앉는 것입니다. 당신에게 부정적인 것보다 긍정적인 것을 더 많이 가져다줄 것처럼 보이는 모든 것은, 결국 균형을 맞추기 위해 긍정적인 것보다 부정적인 것을 더 많이 초래합니다. 가치순위가 높은 행동으로 당신의 하루를 채우지 않으면 조증과 울증 모두에 더 취약해집니다. 당신은 오락가락하게 되며, 도달하기 힘든 한쪽으로 치우친 세계를 찾는 일은 분명 우울한 헛수고로 끝나고 말 겁니다.

충족된 삶을 살지 못하는 사람들은 내적 균형 대신 외부적 보상과 처벌에 이끌리기 때문에 외부의 영향을 더 많이 받습니다. 내면에 이끌리는 사람은 조금 더 집중적이고 진실하며 자신의 삶에서 영감을 받습니다. 그들은 조증적인 환상이나 집단 우울증에 영향을 받지 않습니다. 명확하고 객관적인 그들은 이성을 이용하고, 뇌의 발달된 부분을 이용해 신경 화학의 양극화나 불균형을 일으키는 편도체의 생존 충동 및 본능을 제어합니다.

편도체는 충동과 본능을, 변연계의 나머지 부분은 중간 감정을, 그리고 뇌의 가장 높은 부분은 객관적인 이성과 직관을 다룹니다. 뇌의 높은 부분이 활성화될 때는 일반적으로 우울증이 생기지 않습니다. 통제 불능인 조증과 울증은 편도체에 기반한 반응에서 볼 수 있는데, 이는 우리가 한쪽으로 치우친 환상을 좇는 동시에 그에 수반되는 악몽을 피하려 노력하고 있기 때문입니다.

부처님은 가질 수 없는 것을 바라고 피할 수 없는 것을 피하려고 하는 것이 인간 고통의 근원이라고 말했습니다. 한쪽으로 치우쳐 있는 가질 수 없는 무언가를 얻으려고 애쓰고, 그 반대쪽에 있는 피할 수 없는 무언가를 피하려고 한다면 당신은 아마 우울증으로 인해 고통받을 것입니다. 하지만 우울증은 당신의 적이 아닙니다. 그것은 당신이 비현실적인 기대를 추구하고 있음을 알게 해주고 피드백을 통해 방향을 조절하게 해주는, 당신의 친구이기도 합니다. 그것은 당신이 현실에서 현실적인 전략으로 현실적인 목표를 세우고 진정성을 가질 수 있도록 하기 위해 존재합니다. 이 감정 기복의 시나리오 전체를 양극과 음극을 가진 자석이라고 상상해보세요. 한쪽 극만 있고 다른 쪽 극은 없는 자석이 있을 수 있을까요? 그럴 수는 없습니다. 그런데도 그것을 얻기 위해 노력한다면 좌절과 허무함을 느끼게 될 것이며 그것을 얻지 못한다는 사실에 화가 날 것입니다.

우울증의 대부분은 당신이 당면한 현실을 이러한 환상과 비교한 결과입니다. 그것은 뇌의 화학작용에 영향을 미칩니다. 당신이 상위 뇌에 따라 기능을 할 때는 화학적 균형이 잡힙니다. 반면에 하위 뇌에 따라 기능을 할 때는 양극화로 인해 화학적 불균형이 발생하며, 이것은 우울증의 아주 중요한 요소입니다.

자살 충동을 느낄 만큼 우울한 사람은 "더는 이렇게 살 수 없어요"라고 말하곤 합니다. 나는 그런 경우를 많이 보았습니다. 나는 그들이 자신의 마음속에 무엇이 들어 있는지 살펴보도록 돕습니다. 왜냐하면 마음의 내용 없이는 생리 기능적인 느낌이 생기지 않기 때문입니다. 최적의 질문을 해본 적이 없어서 그것을 인지하지 못할 수는 있습니다. 하지만 그러한 양극화된 느낌이 생긴 데는 분명 불균형한 인식, 주관적으로 왜곡된 기대와 그 뒤에 숨은 생각이 작용했을 것입니다.

기억과 반기억

우울할 때 당신의 마음속에는 정확히 무엇이 들어 있나요? 그것을 무엇에 비유할 수 있을까요? 당신의 마음속에 있는 모든 것을 '우울증'이라는 이름 아래 기록한 다음 그와 정반대의 것을 찾으면 당신의 마음이 기억과 반기억**anti-memory**을 모두 가지고 있다는 것을 알게 될 겁니다. 마음속에 극과 극의 정반대가 동시에 존재하는 것입니다. 한쪽이 우울하면 다른 한쪽은 기뻐합니다. 이 반내용**anti-content**은 상보적 반대입니다.

당신이 누군가에게 푹 빠졌다면 그 상대에게 부정적인 면보다 긍정적인 면이 더 많으리라고 생각하겠지요. 첫 데이트를 한 지 일주일밖에 안 됐을 때는 상대에 대한 생각이 머릿속을 떠나지 않습니다. 그에 대한 당신의 불균형한 인식이 뇌에 잡음을 일으키지요. 이때 그가 갑자기 "미안해, 더는 너와 데이트를 하고 싶지 않아. 다시는 전화하지 마"라고 말한다면 당신은 우울해질 겁니다. 당신의 당면한 현실을 그 새로운 관계가 불러올 결과에 대한 환상과 비교하고 있기 때문입니다. 이전이나 현재의 기쁨 또는 환상이 없었다면 그런 우울증을 겪을 일도 없을 테고, 겪을 수도 없었을 겁니다.

이번에는 당신이 화나고 고통스러운 관계를 맺고 있다고 상상해봅시다. 지칠 대로 지친 당신은 "더는 못 해"라고 말할 지경에 이르렀지요. 그때 상대가 마침내 당신에게 전화를 걸어 "이 관계를 끝내고 싶어"라고 말합니다. 당신은 우울하지 않습니다. 오히려 밖에 나가서 친구들과 신나게 놉니다.

열광하던 것을 잃으면 슬픔과 우울함을 경험하지만, 원망했던 것을 잃으면 안도와 기쁨을 경험합니다. 이는 당신이

시크릿 회복탄력성

어떤 기대와 전망에 대한 환상에 중독되지 않는 한 우울증을 겪을 일이 없다는 것을 의미합니다.

이것이 우울증의 주요 원인이지만, 당신은 크게 주의를 기울이지 않을지 모릅니다. 사회나 다른 사람으로부터 "행복하세요. 슬퍼하지 말아요. 친절하게 행동해요. 잔인해지지 말아요. 부정적으로 생각하지 말고 긍정적으로 생각하세요"라는 말을 들어왔기 때문이지요. 그들은 당신이 편파적이거나 도덕적 위선자일 수 있다는 생각을 심어줌으로써 대중적 아편을 조장하지만, 사실 당신은 편파적이지 않을 겁니다. 아무도 그렇지 않습니다. 두 가지 면을 다 갖춘 당신에게 일방적인 삶을 기대하는 것은 미친 짓입니다. 당신 자신을 사랑하고 자신에게 감사하기 위해서 당신의 어떤 부분도 없앨 필요가 없습니다. 겉으로 드러나는 도덕적 위선을 경계하세요.

현실과는 다르게 다른 사람들이나 당신 자신이 한쪽으로 치우치기를 기대하는 한, 당신은 우울해질 것입니다. 항상 세상 사람들이 그들의 가치관이 아니라 당신의 가치관에 따라 살기를 기대해도, 당신은 우울해질 겁니다.

부정적인 ABCDEFGHI

내가 우울증 진단을 받은 사람들에게서 발견한 가장 일반적인 행동 몇 가지를 함께 살펴보겠습니다. 내 세미나에 참석했던 우울증에 걸린 사람 가운데 아래 행동을 하나 또는 그 이상 보이지 않은 사람은 없었습니다. 이 행동은 망상의 부산물입니다. 즉, 비현실적인 기대와 환상이 부정적인 ABCDEFGHI로 이어지는 것입니다.

- Anger (화)
- Aggression (공격성)
- Blame (책망)
- Betrayal (배신감)
- Criticism (비난)
- Challenge (항의)
- Despair (절망)
- Despondent (낙담)
- Exit and Escape (떠남과 탈출)
- Frustration (좌절)
- Grouchiness (불평)
- Grief (슬픔)
- Hatred (증오)
- Feeling Hurt (마음의 상처)
- Irritability (짜증)
- Irrationality (불합리)

시크릿 회복탄력성

위 감정은 인간이면 다 가지고 있으므로 없애지 못합니다. 그것들은 당신의 적이 아니라 친구입니다.

내가 보기에 우울증은 병이 아닙니다. 우울증은 당신의 적이 아닙니다. 그것은 당신이 비현실적인 기대를 갖고 있음을 알려주는 피드백입니다. 심리학자와 정신과 의사는 이러한 생각에 반대합니다. 이는 우울증의 원인을 귀인오류에 따른 현실 왜곡으로 보는 그들의 관점에 대한 도전이자, 그들의 수입 창출 메커니즘에 대한 도전(우울증이 병이 아니면 당신 스스로 극복할 수 있으므로)이기 때문입니다. 자신의 존재 이유를 없애려는 조직은 없는 법입니다.

우울증의 원인

우울증의 주된 원인은 다음과 같습니다.

1. 다른 사람이 일방적인 방식으로 살 것이라는 비현실적인 기대. 당신이 누군가와 사귀고 있다고 해봅시다. 당신은 그의 기분이 처지는 일이 없이 항상 좋기만을 바라고, 부정적이지 않고 항상 긍정적이기를 바라며, 이의를 제기하지 않고 항상 지지해주기를 바랍니다. 그게 가능한 일일까요? 아니요, 그렇지 않지요. 하지만 당신이 그

런 기대를 하고 있다면(50 대 50보다 아주 조금만 더 많아도) 그것은 비현실적입니다. 상대는 양쪽 측면을 다 드러낼 것이기 때문입니다. 게다가 이미 말했듯이, 지지와 도전의 균형은 당신이 최대한 성장하고 회복탄력적이고 건강해지도록 해줍니다.

2. 다른 사람들이 그들의 가치관이 아닌 당신의 가치관에 따라 살 것이라는 비현실적인 기대. 앞서 살펴보았듯이, 사람들은 각자의 최우선가치에 불이익보다는 최대의 이익을 가져다주리라고 믿는 것을 기준으로 결정을 내립니다. 그러므로 그들이 그들 자신의 가치관이 아닌 당신의 가치관에 따라 살기를 기대한다면 부정적인 ABCD……가 나타날 것입니다. 거의 모든 사람이 배우자에게 이렇게 말합니다. "당신은 내 가치관에 따라 살아야 해. 이렇게 해야 해." 누군가가 당신에게 "~해야만 해", "반드시 ~해", "~해야 돼", "꼭 ~하도록 해", "틀림없이 ~해야 해", "~하지 않으면 안 돼"라고 말한다면, 그는 독선적으로 그 자신의 가치관을 당신에게 투영하며 당신이 그에 따라 살아가기를 기대하는 것입니다. 당신이 이와 똑같은 말을 한다면 당신 역시 독선적으로 당신의 가치관을 그들에게 투영해 그들이 당신의 마음을 읽고, 당신이 중요하게 여기는 것을 하기를 기대하는 것입니다.

이런 상황이라면 당신이 우울한 것도 당연합니다. 당신

의 기대는 비현실적입니다. 상대가 계속해서 당신의 가치관에 따라 살 수는 없습니다. 그들이 그렇게 하는 것처럼 보이는 유일한 때는, 처음에 일시적으로 당신에게 푹 빠져서 맹목적으로 희생하려고 하는 그 잠깐의 시간뿐입니다. 하지만 그들이 당신을 위해 희생할 때마다 그것은 그들의 기억 속에 간직될 테고, 결국 당신은 대가를 치르게 됩니다. 그들이 기억 속에 저장한 희생은 끝내 비현실적인 기대를 불러냄으로써 보복할 것이기 때문입니다. 그것은 그들의 본래 삶의 방식이 아닙니다. 그들은 결국 당신의 가치순위가 아닌 그들 자신의 가치순위에 따라 살아갈 것입니다.

3. 앞의 두 가지를 합친 것. 당신은 상대가 일방적으로, 당신의 최우선가치에 따라서 살기를 기대합니다. 내 세미나에서 아내나 남편이 "당신은 내가 뭘 원하는지 알아야 해. 지금쯤은 내가 무슨 생각을 하는지 알아야지. 그걸 알아낼 때까지 당신을 벌줄 거야"라고 말하는 걸 보았습니다. 다시 말해, "내가 기대하는 건 이거야"라고 단도직입적으로 말하고 그것이 현실적이고 상대방을 존중하는 태도인지 알아보는 대신, 벌을 주는 것입니다.

나는 이런 경우를 정말로 본 적이 있습니다. 물론, 이러한 방식이 즉각적인 결과로 이어지지는 않습니다. 이는 도전적인 관계를 넘어서지만 피드백 메커니즘이기도 합니다. 파트너가 당신의 가치관에 따라 살기를 기대한다면 당신은 좌절과 허무함을 경험할 것입니다. 그들은 당신의 기대와는 달리 그들 자신의 가치관에 따라 살아갈 테니까요. 그들이 일방적일 것이라고 기대하는 것 역시 비현실적이며, 이것이 사람들이 우울해지는 일반적인 이유입니다. 이 두 가지 기대를 합치면 당신은 이중고를 겪게 됩니다.

4. 자기 자신이 일방적인 방식으로 살아갈 것이라는 비현실적인 기대. 나는 이것을 '항상 긍정적 태도 망상'이라고 부릅니다. 이는 당신이 언제나 긍정적으로 사고하거나 그래야 한다고 생각하는 것입니다. 그러는 순간 당신은 스스로에게 거짓말을 하고 위선자가 되어버린 자신을 발견하게 됩니다.

한쪽으로만 달려가려고 애쓰면서 살아갈 수는 없습니다. 그러면 당신은 결국 자신에게 화가 나고 맙니다. 긍정적일 때는 자부심을 느끼고 그렇지 않을 때는 부끄러워하게 됩니다. 일방적인 결과에 대한 중독이 당신을 분열시켜서 결국 조울 상태에 가까워질 것입니다. 자신의 감정을 솔직하게 살펴보세요. 당신의 마음은 오락가락합니다. 하지만 당신 안에는 항상성을 유지하고자 하는 심리적인 설정 지점이 있습니다.

나는 긍정적인 사고를 장려하는 자기수양 전문 강사나

지도자를 많이 만났고 그들 중 여럿은 개인적으로도 알고 지냅니다. 그들도 항상 긍정적인 것은 아닙니다. 당신과 나, 그 밖의 모든 사람처럼 그들 역시 긍정적이기도 하고 부정적이기도 합니다. 당신이 스스로를 존중하는 대신 그들에 대해 일방적으로 가정하고 이와 자신을 비교한다면, 당신은 그들이 정말 그럴 거라는(그들은 해냈는데 당신은 해내지 못했다는) 환상에 빠져 우울해질 가능성이 큽니다. 하지만 사실, 그들도 당신과 나처럼 양 측면을 모두 가진 인간일 뿐입니다.

5. 당신이 자신의 가치관이 아닌 다른 사람의 가치관에 따라 살 것이라는 비현실적인 기대. 앞에서 보았듯이, 누군가에게 푹 빠지면 당신은 그들과 함께하기 위해 당신에게 중요한 것을 일시적으로 희생하게 됩니다. 하지만 며칠 또는 몇 주 안에 그런 상태는 시들해질 것입니다. 당신은 당신 자신의 삶을 되찾고 싶을 것이고, 그 삶은 당신의 가치관에 기반을 두고 있습니다. 당신의 정체성과 주된 사명은 당신의 최우선가치를 중심으로 하기 때문입니다.

당신은 다른 사람들의 가치관 속에서 살 수 없습니다. 이미 언급했듯, 많은 사람이 경제적 독립을 꿈꾸지만 이를 이룰 수 있도록 이끌어줄 가치순위는 가지고 있지 않습니다. 봉사, 지속 가능한 공정한 교환 창출, 저축, 투자,

채무보다 더 많은 이자부 자산의 축적을 높은 가치로 여기지 않는다면 경제적 독립을 이룰 가능성이 별로 없습니다. 당신은 가치 목록에서 더 높은 위치를 차지하는, 시간이 갈수록 가치가 떨어지는 소모품에 계속 돈을 쓸 것이고, 경제적 부담이나 빚을 항상 지게 될 것입니다. 하지만 그러면서도 당신이 금전적 부의 축적에 대한 비현실적인 기대를 놓지 않는다면 우울해질 가능성이 매우 큽니다. 당신의 가치순위가 당신을 위한 결정을 내리는데도, 당신이 그에 따라 살지 않으려 하면 부정적인 ABCD…… 가운데 하나 이상을 가지고 있을 확률이 높습니다.

6. 4와 5를 합친 것. 당신은 당신 자신이 일방적이기를 기대하는 동시에, 존경하는 누군가의 가치관에 따라 살기를 기대합니다. 에머슨은 이에 대해 '질투는 무지이며, 모방은 자살이다'라고 경고했지요. 자신이 아닌 다른 사람이 되려고 노력하는 것은 소용없는 일입니다. 당신의 진정한 모습이 지닌 장엄함은 당신이 스스로에게 강요하는 환상보다 훨씬 더 훌륭하기 때문입니다. 최우선가치에 따라 살 때 당신은 더 현실적인 기대를 품고 만족을 느끼게 됩니다. 다른 사람들의 기대에 따라 행동하는 것은 엘비스 프레슬리**Elvis Presley**가 되려고 노력하는 것과 같습니다. 다른 사람이 되려고 하다가는 잘해봐야 두 번

째밖에 못 됩니다. 당신 자신이 되는 데 첫 번째가 되어 보면 어떨까요?

7. **앞의 세 가지와 뒤의 세 가지의 조합.** 이때 당신은 이 중고를 겪게 됩니다. 당신 자신과 다른 사람들 모두가 불균형하고 일방적일 것이라는 기대를 갖고, 모두가 타인의 가치관에 따라 살기를 기대합니다. 당신은 자신과 타인이 현실에 대한 당신의 비현실적인 기대에 부응하지 못하는 데 대해 화가 납니다. 다시 말하지만, 당신은 세상 사람들이 충족시켜줄 수 없는 환상을 만들어내고 있는 것입니다.

8. **세상의 모든 사람, 지역적으로나 보편적으로 의인화된 신이 일방적인 방식으로 살 것이라는 비현실적인 기대.** 사람들은 그들의 이미지와 가치체계 안에서 만들어진, 의인화된 신에게 자신들을 불안으로부터 보호해달라고 기도합니다. 나는 그런 모습을 많이 봤습니다. 그들은 "사랑하는 하나님, 제가 원하는 모든 것을 주세요. 제가 원하지 않는 모든 것으로부터 저를 보호해주세요."라고 기도합니다. 이는 부분적으로 해리성 망상이지만 수많은 사람이 그렇게 합니다. 그들은 세상이 일방적이고 자신이 원하는 대로 되기를 기대합니다. 전쟁 없는 평화, 부정 없는 긍정, 반대 없는 지지, 공격 없는 보호처럼 말이지요. 무언가가 그들의 가치관에 도전하면 그들은 화를

내며 그것을 멀리합니다. 자기가 원하는 삶의 모습에 대한 환상을 만들고 그 유토피아적 환상에 중독됩니다. 물론 그들이 찾는 아편과 환상을 팔 준비가 되어 있는 장사꾼은 아주 많지요.

9. 세상의 모든 사람, 지역적 또는 보편적으로 의인화된 신이 당신의 가치관에 따라 살 것이라는 비현실적인 기대. 아침에 일어나서 이렇게 말한다고 상상해봅시다. "사랑하는 세상, 우주, 혹은 신이여, 저는 온 세상이 제가 꿈꾸고 원하는 모든 것에 부합하기를 원합니다. 부디 그렇게 되도록 해주세요." 이것은 다소 망상적입니다. 각기 다른 가치관을 가진 타인들도 다 똑같이 생각하기 때문이지요. 그렇기에 당신은 그것을 죄다 알아내려다가 혼란에 빠져 미쳐버린 신을 믿거나, 실제로 그렇게 해줄 인간화된 신이 있다는 망상을 품고 있는 것입니다.

그보다는 당신은 당신의 가치순위에 따라, 다른 사람들은 그들의 가치순위에 따라 살 것이라는 예상이 더 합리적이고 근거 있지요. 각각의 유기체는 더 기본적인 생존 메커니즘을 실현하기 위해 노력하고 있으며, 세상은 생존과 번영을 추구하는 생명체들을 기반으로 합니다. 비현실적인 기대는 충족시킬 방법이 없습니다. 결국 당신은 화가 나고 공격적이 되거나 세상을 비난하게 될 것입니다. 이처럼 회복탄력적이지 못한 마음 상태는 당신을 기어코 우울하게 만들 것입니다.

예전에 댈러스에서 나와 작업했던 한 여성은 모토크로스motocross 전문가라 공중회전을 비롯한 스턴스를 하는 아들을 두고 있었습니다. 그녀는 "사랑하는 하나님, 그 아이가 다치지 않게 지켜주세요"라고 기도하곤 했습니다. 불안하고 겁이 나서 하루도 빠짐없이 기도했지요. 그리고 아들이 다치지 않은 날마다 '하나님이 그 아이를 지켜주시는 거야'라고 생각했습니다. 그러던 어느 날, 그녀의 아들은 큰 사고를 당해 사실상 사지가 마비되고 말았습니다.

그러자 이 여성은 자신의 마음속에 만들어뒀던 이전과 똑같은 하나님에게 자신을 지켜주지 않았다며 분노했습니다. 하나님을 원망하며 우울해하고, 화를 내고, 고통스러워했지요. 하나님이 자신을 실망시켰다는 이유로 교회도 가지 않으려 했습니다. 그녀는 마음속에 인간화된 환상적 이미지를 만들어놓고 기도하며 비현실적인 기대를 했고, 결국 우울해졌습니다.

척추 지압사를 찾아간 그녀의 아들은 치료에 적응했고 신경 기능을 차츰 되찾아가더니 마침내 완전히 회복했습니다. 척추 지압사의 치료로 놀라운 결과를 본 그는 영감을 받아 자기도 척추 지압사가 되겠다고 결심했고, 박사학위를 받아 전문 치료소를 개업했습니다. 모토크로스

행사도 후원하기 시작했지요. 그러자 그의 어머니는 이렇게 말하게 되었습니다. "오, 어쩌면 하나님이 옳은 일을 하신 건지도 몰라."

이와 마찬가지로 사람들은 정치인이나 권력자, 심지어는 그들이 믿는 인간화된 신을 비롯한 세상이나 사회 전반에 대해 비현실적인 기대를 가지고 있습니다.

10. **8번과 9번의 조합.** 이때 당신은 세상 모든 사람, 어떤 인간화된 신에게 비현실적인 기대를 하는 동시에 그모두가 당신의 가치관에 따라 살기를 기대합니다.

11. **3번, 6번, 10번의 조합.** 이때 당신은 그야말로 본격적인, 심각한 우울증에 빠질 것입니다. 당신은 삶이 어떤 모습이어야 하는지, 어떻게 될지에 대한 완전한 망상 속에서 살아가기 때문에 자살 충동까지 느낄 수 있습니다.

12. **기계가 일방적으로 작동할 것이라는 비현실적인 기대.** 당신은 컴퓨터나 차고 개폐 장치에 화를 낸 적이 있습니다. 어떤 기계가 본래의 기능 외에 다른 일을 할 것이라고 기대하면 당신은 화가 나게 되어 있습니다. 차에 기름을 넣지 않아서 도로에서 차가 멈추는 일을 겪어도 화를 냅니다. "이 차가 어떻게 나한테 이럴 수 있지!" 이처럼 당신은 기계가 기계적으로 의도된 것과는 다른 일을 할 것이라는 비현실적 기대를 합니다.

13. **기계가 당신의 가치관에 따라 살 것이라는 비현실적**

인 기대. 나는 자신이 과소비를 한다는 걸 알면서도, 인 터넷 쇼핑을 하면서 돈이 충분치 않다며 컴퓨터에 화풀 이를 하는 사람을 여럿 보았습니다. 그들은 자기 자신이 나 자신의 행동을 보지 못하고 컴퓨터나 은행을 탓합니 다. 비현실적이고 불균형한 기대를 하면 화가 나고, 공격 적이 되고, 원망하게 됩니다. 배신감, 비난과 도전을 받는 느낌, 절망, 우울감이 듭니다. 당신은 탈출구를 찾아 그 상황에서 도망치고 싶어지고 좌절감과 허무함을 느끼며 불평을 하거나 슬픔에 빠집니다. 하지만 이는 당신이 자 초한 일입니다.

우울증은 당신이 당면한 균형 잡힌 현실을 비현실적인 기대, 즉 불균형한 환상과 비교하는 것입니다. 당신은 그 모 든 비현실적인 기대가 실제로 이루어지면 행복하리라고 생 각합니다. 환상에 대한 그러한 중독이 당신을 우울증으로 이 끕니다.

내 세미나의 참석자들 가운데 우울증 진단을 받은 사람 들은 정신과 의사들로부터 생화학적 균형이 깨졌으니 약물 치료가 필요하다는 말을 들었습니다. 그런 이들이 나를 찾아 오면 나는 이렇게 말합니다.

"우울증 진단을 받으셨다고요?"

"네, 2년 됐습니다. 저는 제 기능을 못 해요. 일도 그만뒀

고요."

나는 그들이 장애 보험에 들지는 않았는지, 혹은 군대가 그 문제를 경제적으로 부담해주지는 않는지를 명확하게 확인합니다. 왜냐하면 그들이 장애로 인해 직장에서 벌던 것보다 더 많은 돈을 받는다면, 군이 직장으로 돌아가고 싶어 하지 않을 것이기 때문입니다. 그런 경우가 아니라면 나는 자리를 잡고 앉아서 질문을 던집니다. 다른 사람들, 그들 자신, 또는 세상이 어때야 하는지에 대한 그들의 비현실적인 기대를 잠재우고 그들이 당면한 현실에 감사할 수 있도록 말이지요. 이 방법은 세미나에서 꽤 효율적으로 사람들의 우울증을 해결해주곤 합니다.

다른 방식으로 접근하기

당신이 사로잡힌 환상을 사라지게 하는 방법을 설명해보겠습니다. 언젠가 시드니의 스위스 호텔Swiss Hotel에서 한 여성과 이야기를 나눴습니다. 그녀는 이렇게 말했지요.

"제 친구는 한때 우울증 진단을 받았다가 이제 그 우울증 덕분에 꽤 유명해졌어요. 책도 내고, 우울증을 겪는 유명 인사들과 인터뷰도 했죠. 지금은 우울증을 앓는 사람들을 돕는 일로 꽤 명성이 높아요. 그 친구는 이전에 자살 직전까지 갔었고 결국 약물치료에 의존했어요. 그래도 느리지만 확실히 회복을 했고 이제 제 기능을 되찾았어요. 선생님이 그 친구랑 이야기를 나눠보시면 좋겠어요."

나는 그 호텔에서 그를 만났습니다. 간단한 소개, 그리고 공감대 형성을 위한 몇 가지 질문 후에 내가 물었습니다.

"당신은 이제 우울증 분야의 리더가 되었습니다. 우울증이 있는 사람들을 도울 수 있는 모든 도구를 아는 것이 당신에게 유리하다고 생각하나요?"

"네."

"만약 제가 가능한 대안, 즉 우울증에 대처하는 새로운 방법에 대해 말씀드린다면 그것에 대해 알고 싶으신가요?"

"무언가가 더 있다면 제가 알았을 겁니다. 저는 그 분야를 계속 연구해왔고 지금도 그것에 몰두하고 있어요. 제가 보지 않은 것은 없습니다."

"만약 있다면요? 들어보고 싶은가요?"

"그게 뭐죠?"

"당신 자신에게 일련의 질문을 던지는 겁니다."

"네, 압니다. 인지적인 것 말이죠. 그런 건 효과가 없어요. 오직 약물만이 효과가 있습니다."

"약물에 의존하지 않고 사람들을 강화시킬 수 있는 뭔가가 있다면 어떨까요? 최소한 그것에 대해 들을 용의가 있나요?"

그는 제약회사에서 일부 후원을 받고 있었던 터라 내 말이 거슬렸을 겁니다. 그는 다소 저항적이었습니다.

'급소를 찔러 봐야겠다'고 생각한 나는 이렇게 말했지요. "제가 당신의 삶으로 그것을 한번 입증해봐도 괜찮을까요?"

"어떻게 말입니까?"

"당신이 우울증 때문에 스스로 목숨을 끊으려 했던 순간을 떠올려봐주시겠습니까? 마음속으로 그때로 돌아가보는 겁니다."

"그러고 싶지 않은데요."

"부탁드립니다. 통찰력 있는 질문 몇 가지를 당신과 공유하고 싶을 뿐입니다. 그럴 만한 가치가 분명히 있을 겁니다."

"알겠습니다."

그는 목숨을 끊으려고 생각했고 정말로 그러리라고 느꼈던 그 순간으로 되돌아갔습니다.

그때 내가 말했습니다. "우울증은 당신이 당면한 현실을 환상, 즉 일어나지 않을 비현실적인 기대와 비교하는 것입니다. 환상을 가지고 있으면 삶은 악몽이 됩니다. 당신이 어느 한쪽으로 치우친 것을 추구하면 그 반대쪽 끝에 있는 것이 당신을 강타하니까요. 자, 그 순간으로 가봅시다.…… 도착했나요? 당신이 스스로 목숨을 끊으려던 그 순간, 당신은 실제 삶을 당신이 원하는 삶과 비교하고 있는 겁니다. 당시 당신에게는 어떤 충족되지 못한 기대가 있었나요?"

시크릿 회복탄력성

그가 대답했습니다.

"뭔지 알겠어요. 저는 어떤 회사에서 일을 하고 있었습니다. 차근차근 승진을 해나갔던 저는 마침 제가 원하던 자리에 있던 사람이 퇴사를 해서 그 자리에 오르려던 참이었죠. 저는 제가 적임자라고 생각했는데, 회사는 외부에서 데려온 누군가를 그 자리에 앉히더군요. 굉장히 화가 났어요. 그 사람을 깎아내리려고 온갖 노력을 다했고 우리는 결국 충돌하기 시작했습니다. 저는 해고될 거라는 생각을 해본 적이 없는데, 그가 저를 해고했죠. 갑자기 내쫓긴 저는 정말 분하고 고통스러웠습니다. 화가 나고 공격적이 됐죠. 원망과 배신감이 들었습니다. 비난하고, 덤볐고요. 절망과 우울함을 느꼈어요. 마음속에는 증오와 상처가 있었습니다. 그로 인해 저는 우울증에 빠졌고 저의 이상, 즉 환상이었던 지위와 세계를 빼앗겼다는 마음에 죽고 싶었습니다."

"자, 그 순간으로 돌아가봅시다. 만약 당신이 기대했던 그 자리를 얻었다면 어떤 단점이 있었을까요?"

"단점 같은 건 없었을 겁니다."

"제 정의에 따르면, 긍정적이기만 한 일방적인 결과는 환상입니다. 환상의 세계에서 그것이 어떠해야 했는지, 어떠할 뻔했는지, 어떨 수 있었는지에 대한 그 어떤 단점도 보지 못한다면, 당신은 비교 때문에 삶에 감사하지 못할 겁니다. 그것은 진짜가 아닙니다. 실제로 일어난 일이 진짜죠. 자, 단점은 무엇이었을까요?"

나는 그가 차례대로 단점(추측이 아니라 확신했던 것)을 찾아보도록 했습니다. 내가 "그 직책을 얻었다면 수입은 얼마나 되었을까요?"라고 묻자, 그가 대답했습니다. "20년 뒤에는 얼마나 되었을까요?" 그는 이 질문에도 대답했습니다. "현재 당신은 베스트셀러 작가이고, 유명인사들과 어울리며, 홍보비도 받고 있습니다. 지금은 얼마나 버시나요?" 그는 그 금액의 세 배를 말했습니다.

"당신이 유명인사가 되었을까요?"

"아뇨."

"책을 쓸 수 있었을까요?"

"아뇨."

"당신이 그동안 만났던 사람들을 만날 수나 있었을까요?"

"아뇨."

"지금 같은 일을 할 수 있도록 도와준 발판이 있었을까요?"

"아뇨."

"당신은 어떻게 되었을까요?"

"다른 사람을 위해 일하고, 고정된 수입을 받으며 꼼짝없이 일에 파묻혀 살았겠죠."

그때까지 그가 한 번도 의심을 품거나 직면하지 않았던

시크릿 회복탄력성

환상의 단점이 갑자기 그의 눈앞에 드러나기 시작했습니다. 나는 현재의 장점이 현재 삶의 단점을 보완할 때까지, 그 환상이 깨질 때까지 멈추지 않았습니다. 또 그 사건과 그의 현재 삶에 대한 감사 외에는 아무것도 남지 않을 때까지 균형을 맞추었습니다.

"이제 우울증을 찾아보세요." 나는 말을 이었습니다. "찾을 수 있으면 찾아보세요. 그냥 마음으로 접근해보세요."

그는 찾지 못했습니다. "지금은 닿을 수가 없네요."

"이전에 당신이 그것에 닿을 수 있었던 유일한 이유는 비현실적인 기대와 환상에 매달려 있었기 때문입니다. 뇌와 마음은 양극화 상태에서 항상성을 유지하려 하기 때문에, 환상을 갖고 있으면 악몽이 생길 수밖에 없어요. 우울함 없는 기쁨이나 혐오 없는 애호는 없으며 한쪽 극만 있는 자석도 없습니다. 양극을 동시에 받아들이는 사람은 밖으로 나가 회복탄력적으로 특별한 일을 해냅니다. 반면 한쪽만 추구하는 사람은 다른 쪽에 강타당하기 마련입니다."

바로 이것이 어려운 지점이지요. 누구나 '나는 반대 없는 지지를 원해. 잔인함 말고 친절을 원해'라고 바라곤 합니다. 환상은 부드럽고 쉽습니다. 즉각적인 만족을 주니까요.

"당신은 약물이 부족한 게 아닙니다. 생화학적 불균형과 관계가 있을 수는 있지만 그것이 원인은 아니에요. 잠재의식 속에 분열된 무의식적 환상과 의식적 악몽을 담아두고 있었기 때문에 불균형이 생긴 겁니다. 그것이 뇌 속에 잡음을 일으켜 당신을 실행 중추 밖으로 끌어낸 것이죠. 실행 중추의 문이 닫히면 당신은 편도체로 내려갑니다. 그러면 당신은 얻을 수 없는 것을 얻으려고 하고, 피할 수 없는 것을 피하려고 하죠. 불균형이 있다는 생각에 약물을 복용해왔지만, 불균형은 당신이 최우선가치에 따른 사명에서 벗어나 있음을 알려주는 피드백 메커니즘입니다. 현재 당신은 사명을 수행하고 있으면서도 그것을 인식하지 못하고 있었던 거예요."

"상당히 설득력 있게 들리는군요." 그가 말했습니다.

이 남자의 위기는 축복이었습니다. 그는 당시 지금처럼 고무적이고 의미 있고 더 중대한 것을 추구하는 대신 무사안일을 위한 직업에 갇혀 있었기 때문입니다. 그는 그의 자리를 빼앗은 사람을 악마라고 생각했지만, 사실 그 사람은 변장한 천사였습니다. 이건 틀림없는 사실이지요.

"이로써 저는 당신 내면에 잠재적인 도전 또는 문제를 불러일으켰습니다. 당신은 생화학적 불균형과 약물치료 모델을 장려하고 있는데, 전부 그런 건 아니더라도 많은 경우에 실제 원인은 아닐 수 있습니다. 관계는 있을 수 있어도 원인은 아니에요. 당신의 말이 사람들이 힘을 되찾는 데 방해가될 수도 있습니다. 다시는 저를 보고 싶지 않으실 수도 있겠지만 저는 친구분으로부터 당신이 영향력이 있으니 당신을만나 이 모든 것을 말해달라는 제안을 받았고, 아마도 당신은 이 두 가지 메시지를 다 알릴 수도 있을 것입니다."

마음에 균형을 가져다주는 질문

나는 남아프리카공화국에서 열린 '돌파구 경험' 세미나에서 한 여성 참석자를 만났습니다. 동유럽 출신인 그녀는 한 남자와 결혼하여 남아프리카로 왔지요. 그녀는 자기가 생화학적 불균형 때문에 심한 우울증을 앓고 있으며 약물치료를 받고 있다고 말했습니다. 나는 이렇게 말했습니다. "당신이 우울한 것은 당면한 현실을 비현실적이고 당장은 결코 이루어지지 않을 어떤 기대와 비교하기 때문입니다. 당신은 지금의 불만족스러운 삶을 무엇과 비교하고 있나요?"

그녀가 대답했습니다. "저는 고향을 떠나왔어요. 그 남자는 이 나라로 오면 많은 혜택이 있고 생활여건도 개선될 거라고 약속했지만, 그 약속을 지키지 않았죠. 자기가 하겠다고 한 일을 하지 않았어요. 아이도 있는데, 결국 그는 떠나버렸어요. 이제 저는 갇혀버렸어요. 돈도 직업도 없고, 제가 진짜 하고 싶었던 예술을 할 수도 그림을 그릴 수도 없어요."

"당신은 지금 느끼는 삶의 곤경을 무엇과 비교하고 있나요?"

"그 남자를 만나지 않고 고향을 떠나지 않았더라면 저는 행복했을 거예요."

"그렇다면 만약 당신이 그 남자를 만나지 않고 고향에 머물렀거나 더 이상적인 시나리오를 경험했다면 어떤 단점이 있었을까요?"

"단점 같은 건 없었을 거예요. 저는 행복했을 거라고요."

"삶에서 일어나는 일에는 보통 이점과 단점이라는 양면이 있습니다. 그렇게 했을 때의 단점은 무엇이었을까요?" 나는 그녀를 슬쩍 밀고 흔들어 현실적이고 더 객관적인 진실에 닿도록 했습니다.

"저는 사회경제적으로 훨씬 덜 발달된 지역에 있었을 거예요. 아마 그 나라에 갇혀 있었겠죠. 이곳에 왔을 때 제게 주어진 기회 같은 건 절대로 얻지 못했을 거예요. 아이도 갖지 못했을 거고요." 이 말을 하며 그녀는 엉엉 울기 시작했습니다.

지금쯤 그녀는 아이를 한 명 더 낳았을지도 모르지만, 그것이 더 좋거나 더 만족스러운 일일 것이라는 증거는 없습니다. 우리는 삶이 어떠해야 했는지, 어떠할 뻔했는지, 어떨 수 있었는지에 대한 환상을 가질 수 있지만, 실제로 일어나는 것만이 현실입니다. 당신이 당면한 현실에 어떤 이점이 있는지 모르고 그것을 환상과 비교하는 일을 그만두지 못하면, 현재의 삶을 있는 그대로 감사히 여길 수 없을 겁니다.

나는 그 여성이 고향에 머물렀다면 겪었을 일의 단점과, 남아프리카공화국으로 와서 얻은 이점을 마주할 수 있도록 했습니다. 덕분에 그녀는 독립할 수 있었지요. 만약 고향에 그녀를 아껴주는 남자가 있었다면 그녀는 교육을 더 받거나 예술 분야에서 경력을 쌓지 못했을 수도 있습니다.

나는 그녀가 가진 환상의 단점과 그녀가 당면한 현실의 장점을 파악하도록 도왔고, 끝내 그녀는 감사의 눈물을 흘렸습니다. 그녀는 나를 꼭 껴안으며 말했습니다. "지금은 전혀 우울하지 않아요."

"그래요, 그 우울증은 당신이 당면한 현실을 당신 자신이나 다른 사람들, 그리고 고향에 대한 환상과 비교했기 때문에 생긴 거예요."

생화학적 불균형이 있다는 말을 들은 사람들은 사실 잠재의식적 망상, 비현실적인 기대, 분노, 그리고 화학작용을 교란하는 양극성을 가지고 있을 가능성이 큽니다. 그것을 체계적이고 단계적으로 해결하면 놀라운 변화를 일으킬 수 있으며, 이른바 우울증이라는 증상을 사람들이 극복할 수 있도록 도울 수 있습니다.

다시 말하지만, 실제 생화학적 불균형 사례도 있을 수 있으나 우리가 듣는 것보다는 훨씬 더 드뭅니다. 많은 사람이 꼭 필요하거나 최적의 방법이 아닌데도 약물을 복용합니다. 나는 환상과 비현실적인 기대를 떨쳐버리고 주어진 현재에 감사하기 시작하면서 약을 끊고 다시는 먹지 않는 사람들을 많이 봤습니다.

게다가 이 과정을 겪고 나면 당신의 삶은 더 강해집니다. 당신은 과거사의 희생자가 아닌 운명의 주인이 됩니다. 환상 속에서 살며 편도체의 충동에서 비롯된 즉각적인 만족을 좇는 대신, 최우선가치에 따라 살아감으로써 스스로를 강화합니다. 현실적으로 변하고, 자신을 강화하고, 균형을 잡고, 당신의 생리 기능과 심리에 어떤 일이 일어나는지 지켜보고, 당신이 얼마나 회복탄력적이 될 수 있는지 확인하십시오.

우울증을 겪었다고 해서 계속 그렇게 있을 필요는 어디에도 없습니다. 당신 스스로가 삶을 강화하기 위해 할 수 있는 인식, 결정, 행동은 분명하게 존재합니다. 나는 사람들에게 그 방법에 대한 통찰력을 주고자 합니다.

다시 한번 말하지만, 삶의 질은 당신이 스스로에게 던지는 질문의 질에 달려 있습니다. 마음에 균형을 가져다주는 질문을 하면 환상과 극적인 감정으로부터 해방되어 현실에 감사할 수 있습니다. 당신이라는 존재의 장엄함은 당신이 스스로에게 부과하는 그 어떤 환상보다 훨씬 더 대단합니다.

Part 7

불안감을
다루는 방법

The Resilient
Mind

살면서 한 번은 불안하거나 무섭거나 미래를 걱정하는 상황에 직면할 수 있지요. 그래서 이번 장에서는 불안이 무엇이며 이를 해결하려면 어떻게 해야 하는지에 대해 이야기하고자 합니다. 나는 이 문제에 관해 수년간 연구했고, 이제부터 공유할 내용은 꽤 참신해 보일 수 있습니다. 아마 다른 곳에서는 이런 정보를 찾을 수 없을 겁니다.

잠재의식 속 연상

당신이 어린아이인데 엄마와 아빠가 다투는 모습을 보고 그 소리를 들었다고 가정해봅시다. 아빠는 공격적으로 돌변해 엄마를 때리기 시작하고 엄마는 소리를 질러댑니다. 당신은 그 상황을 보기도, 듣기도 싫습니다. 그래서 당신 방으로 달려가 침대 밑에 숨어서 눈을 감고 귀를 막습니다. 그 경험을 회피하기 위해 그대로 잠들기 위해 애씁니다.

다음 날 아침에 일어나보니 싸움은 끝났지만 당신은 전날 밤에 목격했던, 고통스럽게만 여겨지던 그 사건을 여전히 잠재의식 속에 담아두고 있습니다.

그다음 날 당신이 엄마와 함께 장을 보러 간다고 생각해봅시다. 매장 통로에 당신의 아빠가 엄마와 싸울 때 입었던 것처럼 청바지와 흰 셔츠를 입은 남자가 서 있습니다. 그 같은 색깔 옷 때문에 그 사건이 다시 떠오릅니다. 그 남자가 지나갈 때 당신은 별로 관심을 두지 않지만, 옷 색깔에서 연상된 신호를 포착합니다. '이 남자의 무언가가 나를 불편하게 해.' 그 남자의 청바지와 흰 셔츠가 지닌 유사성 때문에 당신의 뇌 속에서 연상 작용이 일어나는 것입니다.

아빠의 머리카락 색이 갈색이라고 해봅시다. 하루 뒤, 당신은 청바지에 흰 셔츠를 입었지만 머리카락 색은 갈색이 아니라 금발인 남자를 보게 됩니다. 이제 당신은 금발, 그리고 청바지와 흰 셔츠 사이에 2차적인 연관성을 만들어냅니다. 그때부터는 청바지, 흰 셔츠를 입고 금발인 사람을 보면 불편함을 느끼게 됩니다.

연상은 시각이나 청각, 또는 그 외 주요 감각의 자극에 의해 생겨날 수 있습니다. 아마 당신은 누군가의 목소리를 듣고 과거에 당신을 속였거나 약속을 지키지 않았던, 신뢰할 수 없는 사람을 떠올린 적이 있을 겁니다. 결과적으로 그 목소리는 당신 안에서 불안감, 위축되는 느낌을 유발할 수 있습니다. 연상은 또한 냄새나 맛과도 관련됩니다. 누군가가 당신이 20년 전에 안 좋게 헤어졌던 사람을 생각나게 하는 향수 냄새를 풍긴다면, 결과적으로 당신은 그 누군가를 좋게 보지 않습니다.

연상은 층층이 쌓이기도 해서 1차, 2차, 혹은 3차 연상도 있을 수 있습니다. 불안은 뇌의 2차 또는 3차 연상 복합체로, 어떤 자극에 의해 고통스럽거나 두려운 것으로 인식되었던 최초의 사건에 대한 무의식적 반응이 유발될 때 나타납니다. 극도로 고통스러운 거의 모든 것이 2차 연상을 일으켜 불안감을 만들어낼 수 있습니다.

나의 지인들이 술을 마시며 즐거운 시간을 보내고 있었는데, 갑자기 경찰이 들이닥쳐 그들을 감옥에 집어넣었습니다. 다음번에 그들은 술병을 보자마자 그 사건을 떠올립니다. "나는 그 이후로 술에 손도 못 대겠어. 그냥 손대기가 싫어. 속까지 메스꺼워지는 기분이라니까." 그건 감옥에 갔을 때 거의 토할 뻔했기 때문입니다.

물론 즐거운 연상도 있지요. 당신에게 믿을 수 없을 만큼 잘 해주었지만 다른 도시로 이사 간 옛 애인을 떠올리게 하는 누군가가 당신의 삶에 들어올지도 모릅니다. 그러면 당신은 외모나 냄새가 똑 닮은 그 누군가에게 푹 빠지게 됩니다.

긍정적인 환상 장애, 부정적인 불안 장애

이미 알아본 여러 문제와 마찬가지로, 불안도 단지 인식의 불균형과 그 이후 더해진 연상 때문에 생깁니다. 혐오는 쾌락보다 고통이 더 크고, 긍정적이기보다는 부정적이며, 이득보다 손실이 많을 거라고 추정할 때 생깁니다. 반면 애호는 고통보다 쾌락이 더 크고, 부정적이기보다는 긍정적이며, 손실보다 이득이 많을 거라고 추정할 때 드러납니다. 혐오와 애호 모두 2차, 3차 연상 반응을 일으킬 수 있습니다. 당신은 긍정적인 환상이나 부정적인 불안 장애를 가지고 있습니다. 긍정적인 환상 장애는 우리에게 똑같은 충동적 행동을 반복하도록 하기 때문에 '후크hook(갈고리)'라고도 불립니다.

정서적 기분 장애는 정보 부족의 결과입니다. 당신은 애호나 환상에 빠져 단점을 놓치거나 의식하지 못하거나 무시하고, 혐오나 불안에 빠져 장점을 놓치거나 의식하지 못하거나 무시합니다. 누락된 정보를 발견하면, 이 장애의 기저에 있는 숨겨진 질서가 보입니다. 장애 경험은 당신이 아직 직관적으로 인식하지 못했던 것을 인식할 수 있는 기회를 제공합니다. 일단 그것을 인식하면 당신은 다시 마음의 균형을 잡게 되고, 언제나 당신의 삶을 둘러싸고 스며들어 있는 사랑에 대한 인식을 되찾을 수 있습니다. 그것은 당신이 더 강해지고, 더 큰 진정성과 회복탄력성을 갖출 수 있도록 피드백을 제공합니다.

중독은 2차 또는 3차 연상에 따라 인식된 쾌락에 의해 생겨날 수 있습니다. 음식, 관계에 있어서 특히 그렇습니다. 이것들은 불안이나 혐오와 똑같은 패턴 및 주기를 보입니다. 하지만 우리는 보통 중독에서 도망치거나 그것을 욕하지 않습니다. 거기에 우리가 끊임없이 추구하는 쾌락이나 이점이 있기 때문이지요. 우리는 불안할 때 도움을 청하기도 하지만, 우리 삶에 지장을 주거나 우리 몸을 힘들게 하는 건 긍정적인 후크도 마찬가지입니다.

이렇게 생존을 기반으로 하는, 충동이나 본능을 일으키는 긍정적 또는 부정적 연상을 어떻게 처리해야 할까요? 우선, 당신이 만들어낸 각 연상에 대해 당신의 뇌는 역연상**anti-association**을 만들어냅니다. 다시 말해 당신이 쾌락 없는 고통을 '야기했다'고 생각하는 충격적이거나 고통스러운 경험을 했을 때, 당신은 그것으로부터 멀어지려 할 것입니다. 당신의 뇌와 마음은 그에 대한 보상을 하기 위해 그리고 생리적·심리적 항상성을 목표로 이전의 경험에서 얻은 상징을 이용해서 고통 없는 쾌락의 환상적 이미지를 만들어낼 겁니다.

다시 말하지만, 환상 없이 일어나는 악몽은 거의 없습니다. 마음은 서로 반대되는 두 측면의 균형을 유지하려 합니다. 그러나 우리는 한쪽만 인식하고 다른 쪽은 인식하지 못할 때가 많습니다. 우리가 2차, 3차 연상에 따라 부정적인 것을 인식하고 긍정적인 것은 인식하지 못하면 불안 장애가 일어날 수 있습니다. 나는 '디마티니 메소드'로 찾을 수 있는 질문을 설계해서 사람들이 인식하지 못하던 것을 인식하게끔 하여 정신적 균형을 맞출 수 있도록 돕습니다.

그 순간으로 돌아가기

쾌락이 고통과 함께 있고, 또한 이점도 함께 있는 순간을 정확하고 명확하게 볼 수 있다고 해봅시다. 그러면 불안감을 해소할 수 있습니다. 이 과정이 얼마나 빨리 이루어지는지 정말 놀라울 정도입니다. 당신이 불안을 느낄 때 당신의 뇌 속에는 연상이 쌓여 있어서 등식의 반대쪽, 즉 자석의 반대극이 당신에게 보이지 않습니다.

불안한 상태에서는 부정적인 것을 의식하고 긍정적인 것은 의식하지 못합니다. 1차적 사건이나 2차 또는 3차 연상이 동시에 균형을 이루지 못하면 잠재의식 속에 저장되고 점차 확대되어 더 큰 불안을 만듭니다. 나는 무해하게 보이는 여러 미묘한 자극만으로도 쉽게 불안을 느끼고 그에 대한 두려움을 안고 사는 사람들을 보아왔습니다.

꼭 질문을 통해서 여러 가능성을 생각해보며 균형을 찾는 여정을 밟을 필요는 없습니다. 아주 간단한 방법도 있습니다. 나는 그들에게 고통스럽고, 불쾌하고, 충격적이라고 여겼던 사건의 경험을 인식했던 순간으로 돌아가보라고 말합니다. 당신의 뇌에서 혐오 반응을 일으키는 연상을 항목별로 정리하고 각 순간으로 돌아가보는 겁니다. 당신은 "다시 그때로 돌아가서 기억을 되살리고 싶지 않아요"라고 말할지도 모릅니다. 하지만 해볼 만한 가치는 충분합니다. 그때로 돌아가 그 순간에 놓이면, 당신의 직관은 반대편 균형추에 접근하게 되며 이로써 불균형한 기억에서 해방될 수 있습니다.

잡지 『뉴런Neuron』에 기억과 반기억에 관한 내용이 남긴 멋진 글이 실린 적이 있습니다. 거기에는 기억을 가진 뇌가 특정 신경경로와 그에 따른 기능을 억제하거나 촉진한다는 내용이 실려 있었습니다. 동시에, 뇌는 이와 균형을 맞추기 위해 그 밖의 기능을 촉진하거나 억제하는 반기억을 생성하여 뇌의 화학적·전기적 균형을 유지하고 뇌의 잡음, 정전기, 또는 혼란으로부터 기억을 보존합니다. 균형이 깨진 사람들은 정신분열 증세나 양극성 질환, 그리고 다른 신경학적 문제를 보일 수 있습니다.

당신은 당신 자신이나 다른 사람이 당신이 싫어하거나

기피하는 어떤 특성이나 행동을 보였다고 인식한 바로 그 순간을 되돌아봄으로써 그 내용을 항목화합니다. 정확히 무슨 일이 일어났죠? 실제로 무엇이 보이고, 들리나요? 무슨 냄새가 나나요? 맛이 어떤가요? 어떤 느낌이 드나요? 되도록 세부사항을 많이, 최대한 자세하게(내용, 맥락, 언제, 어디서, 무엇을, 왜 등) 알아보세요. 정확히 무슨 일이, 누구에게 일어나고 있나요? 당신에게 일어났나요, 아니면 다른 누군가에게 일어났나요? 그에 대한 정보가 생기면 당신은 직관을 통해 그것의 상보적 반대 또는 이면을 드러냄으로써 정확한 반기억 정보를 찾을 수 있습니다. 당신은 당시 당신의 뇌가 동시에 겪었을 정반대의 경험을 당신이 인식하지 못했음을 알게 됩니다.

다른 사람들에게 이것을 적용하는 순간은 정말 놀랍습니다. 사람들은 "이런 정보가 있을 줄은 몰랐어요"라고 말합니다. 마음은 정반대인 두 측면을 다 가지고 있는데, 우리가 그것을 의식적인 부분과 무의식적인 부분으로 나누는 것입니다.

앞서 살펴보았듯이, 이른바 정신적 '기능장애'는 불균형(단점 없이 이점만을 인식하거나 그 반대인 경우)의 결과입니다. 어느 쪽이든, 사람들이 불균형을 극복하고 반대 측면을 발견하기까지는 시간이 걸립니다. 하지만 양쪽을 동시에 보면 숙성된 지혜를 가질 수 있는데(노화 과정 없이), 내가 고안한 '디마티니 메소드'대로 최적의 질문을 던지면 가능합니다. 사실,

당신의 직관은 당신에게 그 다른 쪽을 가리키려고 합니다. 당신이 주의 깊게 들여다보고 그 순간에 머물면, 직관은 그 것을 불쑥 드러낼 것입니다.

불안과 두려움을 해결하기 위해 '디마티니 메소드'를 이 용한 나는 그 순간으로 돌아간 지 3초 만에 양쪽 측면에 동 시에 접근할 수 있다는 사실을 알아냈습니다. 그러나 그러려 면 사건이 일어난 바로 그 순간으로 돌아가서 그 내용, 맥락, 어디서, 언제 등의 세부사항을 파악해야 합니다.

트라우마의 순간

마음은 고문이나 트라우마로 인식되는 것을 멀리하는 경향 이 있으며, 그와 동시에 황홀한 연상을 만들어서 균형을 잡 으려 합니다. 나는 상처받고 망가진 사람들을 많이 만났습니 다. 그들은 생존을 위해 경직 반응freeze response을 보이고, 분 열되고, 보상적 환상을 만들어냈지만 그들 자신은 그러한 사 실을 모릅니다. 트라우마를 인식하는 순간, 즉 그들이 생존을 위해 그리고 뇌와 마음의 항상성 유지를 위해 정신을 분열시 키고 환상을 만들어냈던 순간을 스스로 돌아보게 해주었을 때에야 그들은 비로소 깨달았습니다. 이런 일은 구타, 강간, 교통사고 등에서 일어납니다. 쾌락 없는 고통을 겪을 때 당신의 마음은 균형을 유지하기 위해 자동적으로 그와 분리된 반대(고통 없는 쾌락)를 만들어내려고 합니다.

한번은 어떤 여성을 그녀가 자살하려고 했던 순간으로 되돌려놓았습니다. 그녀는 삶이 자기가 원하고 꿈꾸는 대로 되지 않는다고 생각해서 그만 끝내고 싶어 했지요. 그래서 헤로인을 과다 복용했고, 그녀의 마음은 분열되어 그녀가 인식한 이른바 상처 입은 삶과 정반대되는 환상을 만들어냈습니다. 그녀는 부모님의 이혼에 대해 책임감을 느꼈습니다. 하지만 이러한 생각(사실이 아님에도 불구하고)을 어떻게 처리해야 할지 알 수가 없었지요. 그 책임감, 즉 하위 중독에서 벗어나기 위해 그녀는 10대 때부터 술을 마시고 헤로인을 하기 시작했습니다.

내가 그녀를 자살 시도의 순간으로 돌아가게 했을 때 그녀의 마음은 분열되어 있었으며, 그녀는 환상의 세계에서 어머니와 아버지를 마음속에 품고 있었습니다. 그들은 나비와 새들이 날아다니는 들판을 걷고 있었습니다. 그녀는 부모님과 함께하는 환상적인 삶을 상상하고 있었으며, 그 속에서 부모님의 손을 잡고 그 둘을 이어주고 있었습니다. 그녀는 기억의 균형을 맞추기 위해 정반대의 반기억을 갖고 있었던 것입니다. 그녀는 슬픈 기억 속에서 자기가 부모님의 이혼을 야기했다고 느꼈지만, 환상의 세계인 반기억 속에서는 부모님과 함께하며 그들을 기쁘게 하고 있었습니다.

슬픔, 기쁨. 고통, 쾌락. 마음속에는 이처럼 상반되어 쌍을 이루는 감정이 기억과 반기억으로 동시에 존재합니다. 당신이 장점에 대한 인식 없이 단점만 인식한 뒤에 무언가를 보고 그것을 연상한다면 혐오나 불안 반응을 보일 수 있습니다. 또 단점에 대한 인식 없이 장점만 인식한다면 중독 행동과 같은 애호, 환상을 갖게 됩니다. 그 두 가지를 동시에 보는 순간 전체적 역동성이 확 살아나면서 현실 감각이 돌아오고 감사와 사랑을 느낄 수 있습니다.

내가 이 여성에게 그녀가 고통을 겪었던 바로 그 순간을 보여주자, 그녀는 자신의 환상이 어디 있는지 찾아내 그 둘을 합쳤습니다. 그녀는 눈물을 흘렸고, 그것이 사실은 고문이 아니라 동시적 균형 잡기였음을 깨달았습니다. 사랑이란, 서로 반대되는 것이 동시에 다시 합쳐져 균형을 이루는 것입니다. 나는 그렇게 정의합니다. 불현듯 그녀는 사랑받는 기분, 다시 완전해진 기분을 느꼈습니다.

불안해하는 누군가를 도울 때, 나는 그들이 고통이나 두려움을 유발한 것으로 인식하는 사건이 일어난 순간으로 그들을 되돌립니다. 그들에게 반대편이 어디 있는지 보여주고 고문 트라우마라 불리는 것, 또는 그 밖에 그 두려움을 유발한 것을 드러내 보여줍니다. 일단 불안이 중화되고 양 측면을 다 보게 되면 그들의 기억 속에서 이제 쾌락 없는 고통도, 고통 없는 쾌락도 사라집니다. 균형을 보게 됩니다. 그 순간에 감사하고 사랑받는다고 느낍니다. 그들은 고칠 것이 아무것도 없음을 깨닫습니다. 또 혼란 속에 숨겨진 질서를 발견합니다. 그들은 한때 누락되었던 정보를 발견하고 주의 깊게 현실에 집중합니다.

많은 경우, 만약 본래 사건에 접근하여 그것을 중화시킬 수 있다면 그에 따른 2차 연상은 저절로 중화됩니다. 만약 2차나 3차, 또는 그 이후의 연상에서만 맴돈다면 나는 그것을 양파 껍질처럼 벗기고 본래 사건으로 돌아갑니다. 어쨌든 결국 나는 그곳에 도착합니다. 간혹 2차나 3차 연상을 다루기도 하는데, 그때는 그 연결 지점으로 가서 연상을 없앱니다. 그러고는 다음 기억으로 넘어가서 반기억을 찾아 없앱니다. 이렇게 층별로 접근해서 결국 본래 사건으로 돌아가거나 (만약 그에 대한 기억이 있다면), 아니면 곧바로 본래 사건으로 돌아갈 수 있습니다.

당신이 불이 난 집에 있었다고 가정해보세요. 집 안 가득 자욱한 연기에 당신은 겁을 잔뜩 집어먹습니다. 문이 잠겨 나갈 수가 없어서 두렵고 불안이 몰려옵니다. 나는 당신을 이 사건의 각 장면으로, 당신 마음속의 매 순간으로 데려갈 수 있습니다. 내가 당신이 겪은 그 사건의 처음부터 끝까지 한순간도 빠뜨리지 않고 당신의 기억과 반기억을 전부 합쳐놓는다면 장담하건대, 당신은 불안을 경험하지 않을 것이며 그럴 수도 없을 겁니다.

내가 사람들에게 이 방법을 활용할 때마다 그들은 감탄을 금치 못합니다. 불안 장애로 몇 달, 몇 년간 치료를 받은 사람도 있었지만, 뇌 속의 정반대 쌍을 동시에 합치는 방법을 써본 사람은 아무도 없었습니다. 그렇게 하는 순간, 모든 게 해결됩니다. 그걸로 끝이 납니다.

한 번도 해본 적이 없다면 그 과정이 어렵게 느껴질 수 있지만 나는 이것이 체계적이고 순차적이며 효과가 있다고 장담합니다. 우리가 무의식을 억압하는 한, 이와 같은 도구는 상쇄적인 무의식적 인식을 동시에 의식 수준으로 끌어올려 완전한 의식을 깨우는 데 도움을 줄 수 있습니다. 이 완전한 의식은 때로 마음 챙김이라고 불리기도 합니다.

모든 세부사항 파악하기

처음부터 다시 한번 해봅시다. 당신이 경멸하거나 싫어하거나 증오하거나 원망하거나 피하는, 당신이 부정적이거나 고통스럽게 느끼는 어떤 특성, 행위, 또는 무위를 당신 자신이나 타인이 보인다는 것을 인식한 순간으로 돌아가봅시다. 그 순간, 당신은 거기 있나요? 어디 있나요? 그때는 언제인가요? 정확히 무슨 일이 일어나고 있나요? 그 사건의 배경은 무엇인가요? 원인은? 뭐가 보이나요? 뭐가 들리나요? 어떤 느낌이 드나요? 어떤 맛인가요? 최대한 많은 양상과 세부사항을 파악하세요. 그리고 그것을 적으십시오.

다 적었다면, 반대를 생각해봅시다. 어두운 방이라면 빛은 어디 있나요? 시끄럽다면 좀 더 조용한 소리는 어디서 나나요? 빠르게 움직인다면 느린 곳은 어디인가요? 거기에 기억의 균형을 맞추기 위한 반기억이 있을 것입니다. 그 두 가지가 동시에 당신의 의식 속에 들어오는 순간 당신은 완전한 인식을 갖게 됩니다. 당신의 직관은 끊임없이 당신에게 이 균형을 드러내려고 합니다. 또 장담하건대, 완전한 의식에는 불안이 없습니다. 그것은 마음속의 내용 및 반내용의 공간적·시간적 얽힘을 동시에 밝히고 드러냅니다.

최근에 나는 한 젊은 여성에게 이 방법을 적용했습니다. 그녀는 친구들과 길모퉁이에서 어울려 노는 동안에 발생한 일을 '트라우마적' 사건으로 인식해 불안 장애를 겪고 있었습니다. 이 비극적인 사건 때문에 병원에 실려 가는 경험을 한 그녀는 가슴 두근거림이 생겼습니다. 그녀는 불안해하기 시작했고, 약물치료에 어느 정도 의존하게 되었지요. 불안한 감정의 폭발이 생겼고, 두려움을 유발하는 2차 연상까지 나타났기에 그녀는 외출이나 사람 만나는 일을 꺼리게 되었습니다.

그녀는 어머니의 손에 이끌려 나를 찾아왔고, 나는 그녀가 불안 반응의 시작이었다고 말한 최초의 '트라우마적' 사건의 매 순간을 체계적으로 하나하나 살펴봤습니다. 우리는 그 매 순간을 돌아보고, '디마티니 메소드'를 적용해 다른 측면을 찾아, 그녀가 완전한 의식을 되찾도록 했습니다. 그러고 나서 나는 말했지요. "이제 양 측면을 함께 보게 되었는데, 당신의 뇌 속에 무엇이 보이나요?"

"아무런 불안도 없어요. 겁도 나지 않아요."

"그래요, 양 측면을 다 보기 때문이에요. 이제 당신이 불안에 반응을 하는지 한번 확인해보세요. 불안을 유발하는 것이 있는지 생각해봐요."

그녀는 미소를 지으며 말했습니다. "못 하겠는데요."

"그래요, 할 수 없을 겁니다. 당신의 뇌에 회피적인 불안이나 혐오 본능을 일으키는 일방적인 인식이 더는 없기 때문이죠. 양 측면을 다 인식하게 되었으니, 이제 불안은 끝난 겁니다."

믿기 어렵지만, 사람들 대부분은 이에 대해 알지 못합니다. 심지어 우리 마음속에 경험의 다른 측면을 포함하는 또 다른, 무의식적인 부분이 있다는 사실을 믿지 않는 사람도 많지요. 하지만 일단 알고 나면 눈이 번쩍 뜨일 겁니다. 사실 양 측면이 다 존재하지만, 우리는 우리의 경험을 의식과 무의식으로 계속 분열시키고 있습니다. 우리 인식은 주관적으로 편향되어 있고 실제 존재하는 것의 절반을 걸러냅니다. 그 결과, 삶의 모든 순간에 사랑의 균형이 일어나고 있음을 깨닫지 못하고 우리를 산만하게 만드는 감정을 느낍니다.

긍정적이거나 부정적 연상을 일으키는 내용과 분열을 일으키는 내용을 서로 합치면 둘 다 사라지고 중간적인, 차분한, 안정된, 현실적인 상태가 됩니다. 이 사실을 깨달으면 당신에게 굉장한 힘이 생깁니다. 이 방법을 배우고 나면 당신은 살다가 어떤 일을 만나더라도 무의식을 깨워 의식화할 수 있고, 항상 감사하고 중심을 잡을 줄 알게 됩니다. 그러면 애호적·긍정적 측면을 잃는 데 대한 두려움도 혐오적·부정적 측면을 얻는 데 대한 두려움도 없으므로 회복탄력성이 극대화됩니다.

일단 이 기술을 터득하고 나면, 겉으로 드러나는 그 어떤 것도 반드시 당신의 삶에 영향을 미치지는 않게 됩니다. 당신은 이제 그런 인식과 산만함을 어느 정도 중화할 수 있습니다. 양 측면을 동시에 드러내는 질문을 던짐으로써 무의식과 의식을 완전히 인식하게 되면 아무것도 당신의 주의를 빼앗을 수 없으며 불안은 과거의 일이 됩니다. 불안을 안고 살아갈 필요가 사라집니다.

좋은 일보다 나쁜 일을 더 많이 인식하고 예상하지 않는 한, 두려움은 생기지 않습니다. 나쁜 일보다 좋은 일이 더 많으리라고 인식하지 않는 이상, 환상은 생기지 않습니다. 이 두 측면을 동시에 인식하면 우리가 거기에 잘못된 주관적 꼬리표를 달지 않는 이상, 좋은 것도 나쁜 것도 애호적인 것도

1976년경, 엘살바도르로 서핑 여행을 떠났던 나는 매일 아침 일찍부터 서핑을 하고 11시쯤 들어와 식사를 하곤 했습니다.

늦은 아침을 먹고 산살바도르 외곽에 있는 라리베르타드의 마을을 산책하다가 해변 쪽으로 걷고 있던 어느 날이었어요. 200명쯤 되는 사람들이 줄지어 거리를 걸어가는 모습이 보였습니다. 큰길을 가로막은 그들은 흰색 또는 색색의 옷을 입고 있었습니다. 찬양과 음악 소리가 들렸습니다. 마치 퍼레이드처럼. 무슨 일인지 궁금해서 그들에게 다가가 영어를 할 수 있는 사람을 찾았습니다. 마침내 한 젊은이를 만나서는 물었지요.

"무슨 일인가요? 무엇을 축하하는 거죠?"

"시장님이 돌아가셨어요."

예상치 못했던 대답에 좀 놀랐습니다. 죽음을 애도하는 행사라기보다는 축하 행사처럼 보였기 때문입니다.

나는 그 행렬을 따라 묘지까지 갔습니다. 그들은 관을 땅 속에 집어넣었습니다. 사람들은 춤을 추고, 축하하고, 잔치를 벌였습니다.

그 젊은이는 그들이 그 남자의 영혼이 자유를 얻은 것을 축하하고 있다고 말했습니다. "그는 자유로워졌습니다. 더 이상 육신에 매여 있지 않게 된 거죠."

'흥미로운 관점이군'이라고 생각했습니다 그 말은 슬픔과 죽음에 대한 내 생각을 날려버렸지요. 그때까지 나는 죽음을 침통해해야 하는 것으로 여겼습니다. 말없이, 그저 우울해하고 슬퍼하고 눈물을 흘려야 하는 것이라고 말이지요.

그 순간 생각했습니다. '누군가의 죽음이라는 똑같은 초기 자극이 애도로도, 축하로도 이어질 수 있구나.'

한동안은 그런 정보를 그냥 알고만 있었을 뿐, 임상적으로 적용하는 데에는 관심이 없었습니다. 몇 년 후 나는 일부 국가에서는 장례식에 참석하는 사람들이 검은 옷을 입고 얼굴을 가린 채 엄숙하고 조용하게 행동한다는 것을 알게 되었습니다. 내가 엘살바도르에서 보았던 것과는 완전히 극과 극이었죠. '문화적 신념 체계와 관점이 이런 정반대의 결과를 초래한 것일까?'

호기심이 생겨서 상실감이나 사별, 슬픔이라는 인식에

대해 탐구하기 시작했습니다. 그리고 그 결과, 이 장에서 이야기할 슬픔 극복 방법을 개발하게 되었습니다. 죽음을 둘러싼 애도와 우울함에 익숙할 당신에게는 충격일 수도 있겠지만, 이는 절대 실패할 리 없는 방법입니다. 이제 슬픔은 선택 사항이 될 수 있습니다.

보기와는 다른 슬픔

아기가 태어나면 아마 대부분은 "축하해요! 정말 잘됐어요"라고 말하겠지요. 또 누가 죽으면 남겨진 이들에게 "정말 상심이 크겠어요"라고 말합니다. 하지만 나는 이곳저곳을 다니며 이제 막 출산한 사람이나 사별을 겪은 사람과 이야기를 나누다가 흥미로운 사실을 발견했습니다.

앞서 강조했듯이, 마음에는 의식적인 부분과 무의식적인 부분이 있습니다. 나는 출산한 여성들이 두 가지를 경험하고 있음을 알게 되었습니다. 하나는 '아이를 낳아서 정말 기뻐!'라는 생각이었지만, 다른 하나는 '오, 맙소사, 내가 무슨 일에 휘말린 거지? 너무 당황스러워. 앞으로 30년 동안 나는 이 아이한테 묶여 있어야 해'라는 생각이었습니다. 한쪽은 사회적으로 표현되고 의식적인 경우가 더 많았습니다. 반면에 다른 쪽은 당신이 그것을 드러내는 질문을 하지 않는 한 사회적으로 억압되고 무의식적인 경우가 더 많았지요.

나는 최근에 조부모를 잃은 사람들에게도 물었습니다. 그들은 그분들이 어떻게 돌아가셨는지 이야기하며 눈물을 흘렸지만, 다른 한편으로는 '오랫동안 죽음에 이르는 과정 때문에 힘들어하셨는데 마침내 해방되셨다'라고 생각했습니다.

간단히 말해, 나는 출생에도 죽음에도 슬픔과 안도가 공존한다는 것을 알게 되었습니다. 그 다른 쪽에 대해 말하려는 사람은 아무도 없어 보였습니다. 아기가 태어나면 기뻐해야 하지요. "축하해요!" 누가 죽으면 슬퍼해야 합니다. "저런, 상심이 크겠어요." 하지만 여기에는 두 가지 측면이 다 있습니다. 그래서 나는 무엇이 그러한 불균형을 만드는지, 왜 사람들이 가면을 사회적으로 나누어 그 절반을 숨기는지에 대해 조사하기 시작했습니다.

수천 년 동안 사람들은 죽음에 대해 애도하고 슬퍼하며 다른 쪽을 숨겨왔습니다. 나는 이 사실에 마음을 빼앗겼지요. 사람들은, 심지어 일부 동물도, 왜 이렇게 하는 걸까요? 그리고 우리는 이런 반응을 넘어설 방법을 찾을 수 있을까요?

나는 그럴 수 있다고 확신하며, 그 방법을 당신에게 보여주려고 합니다. 당신이 계속 슬픔을 안고 살기를 원한다면 별수 없지만, 이는 생리적으로나 심리적으로 큰 피해를 입힙니다. 그런 상태를 유지하면 당신에게 좋지 않습니다. 슬픔이 길어지면 건강 문제로까지 이어질 수 있습니다.

당신이 충격을 받을 만한 말을 하나 하겠습니다. '지구상의 그 누구도 다시는 세 시간 이상 슬픔에 잠겨 살 필요가 없습니다.' 나는 의뢰인 및 참석자 수천 명의 예를 통해 이 진술을 임상적으로 증명해 보일 수 있습니다.

당신을 열렬히 지지한다고 인식되는 사람이 있는가 하면, 당신에게 도전한다고 인식되는 사람도 있습니다. 누군가가 당신의 가치관을 지지할 때 당신은 그에게 마음을 열기 쉽습니다. 누군가가 당신의 가치관에 도전할 때는 그에게 마음을 닫기 쉽지요.

누군가에게 마음을 열면 편도체가 활성화됩니다. 뇌의 이 부분은 동물이 포식자를 피해 먹이를 찾을 때 활성화됩니다. 따라서 무언가가 당신의 가치관을 지지하면 당신은 그것을 먹음직스러운 먹잇감으로 여깁니다. 지지는 당신 삶에 필수적이며, 당신은 그것을 소비하고 싶어 하기 때문에 거기에 마음을 엽니다. 반대로 무언가가 당신의 가치관에 도전하면 당신은 그것을 당신을 죽이고 먹어치울 수 있는 불쾌한 포식자로 봅니다.

그 결과, 우리는 자연스레 먹잇감을 찾고 포식자를 피하는 경향을 갖습니다. 그것은 우리의 동물적 본성이자, 슬픔을 낳는 본성입니다. 결과적으로, 슬픔에는 두 가지 형태만 존재합니다. 당신은 먹잇감을 잃었다는 인식, 또는 당신을 잡아먹을 수 있는 포식자가 생겼다는 인식을 가질 수 있습니다. 슬픔의 한 형태는 당신이 끌리는 것을 잃은 데 대한 인식입니다. 당신은 누군가에게 푹 빠지면 그 상대를 '허니' '자기' '컵케이크' '스위티파이' 등으로 부릅니다. 누군가에게 푹 빠졌을 때 당신은 그에 대한 감미로운 환상을 품고 마음을 열고 싶어 하므로 혀와 관련된 말을 떠올리게 됩니다.

누군가를 원망할 때는 그것을 달콤한 것이 아닌 쓰디쓴 폐물로 여깁니다. 그것을 없애고 싶어 하지요. 모든 단세포 생물은 쓰레기와 독소를 제거하는 과정을 수행합니다.

하위 뇌에 속하는 피질하 편도체, 이른바 동물의 뇌는 먹잇감을 찾고 포식자를 피하는 일을 제어합니다. 슬픔은 당신이 추구하는 것을 잃었다는 인식, 또는 피하는 것을 얻었다는 인식입니다. 당신은 당신이 끌리는 모든 것에 대해 슬픔을 느낄 수 있습니다. 좋아하는 사람과 사귀다가 그가 당신을 차버리면 당신은 슬퍼집니다. 돈을 잃었을 때도 마찬가지입니다. 당신이 추구하는 모든 것은 뇌의 원시적인 부분에 일종의 음식으로 기록됩니다. 만약 그것을 빼앗긴다면 원망과 슬픔을 느낄 수 있습니다. 슬픔에는 여러 가지 원인이 있습니다. 돈, 사랑하는 사람, 존중, 세상에 대한 영향력을 잃었다는 인식, 건강, 체력, 아름다움, 영적 의식을 잃었다는 인식 등 다양합니다. 지성을 잃었다고 생각할 때도 마찬가지로 슬픔을 느낄 수 있지요. 뭔가에 중독된 사람이 많은데, 그들이 중독에서 벗어날 때면 슬픔과 비슷한 금단 증상을 보입니다. 갑작스러운 금단에 따른 여러 증상은 사실 약물을 복용할 때 경험하는 이른바 쾌락적 순간과 뇌 안의 내용물을 잃었다는 것과 관련된 슬픔에서 비롯됩니다.

이와는 반대로, 당신을 힘들게 하는 것을 얻음으로써도 슬픔을 느낄 수 있습니다. 누군가가 당신이 지불할 수 없는 금액이 적힌 청구서를 보낸다면 슬픔이 생겨날 수 있습니다. 전 배우자가 당신 나이의 절반밖에 안 되는 사람과 재혼해 옆집으로 이사를 온다면, 그것도 슬픔을 야기할 수 있습니다. 당신이 가까이하고 싶지 않은 것이라면 무엇이든 슬픔의 원인이 될 수 있습니다. 간단히 말해서, 당신이 추구하는 것을 잃는 것과 당신이 피하는 것을 얻는 것이 슬픔의 두 가지 원인입니다.

수천 명과 이 과정을 거치면서 나는 무의식적인 안도가 없는 의식적 슬픔은 없다는 것을 알게 되었습니다. 다시 말해, 그것들은 자석의 양극과 같아서 분리할 수 없습니다.

안도의 두 형태

안도에도 두 가지 형태가 있는데, 방금 이야기한 예시와 반대되는 개념입니다. 안도는 추구하는 것을 얻거나 피하려는 것을 잃는 것으로, 슬픔과 반대입니다. 돈이 없었는데 마침내 돈을 벌게 되었다고 가정해봅시다. 안도감이 느껴지겠지요. 좋아했던 남자친구나 여자친구를 잃었다가 그들이 다시 돌아왔다면 어떨까요. 또는 한동안 배가 고팠는데 드디어 음식을 얻었다고 가정해보세요. 찾고 있던 사업적 기회가 생겼을 때는 또 어떨까요.

안도는 또한 당신이 싫어하거나 원망하는 것이 사라졌을 때도 생깁니다. 만약 수금원이 "괜찮아요, 걱정 말아요. 당신의 청구서는 처리되었어요"라고 말한다면 안도가 느껴지겠지요. 짜증 나게 하던 이웃이 이사를 가버린다면, 이 얼마나 안도할 일일까요!

안도는 당신이 추구하는 것을 얻었다는 인식, 또는 당신이 원망하거나 피하려는 것이 사라졌다는 인식입니다. 이전 장에서 이야기했던 바로 그 이유로, 그 두 측면은 서로 연결되어 있습니다. 또 내가 관찰한 바와 같이, 자신의 가치가 아닌 다른 사람들의 가치에 따라 살려고 하면 당신의 인식은 더 양극화되고, 주관적으로 변하며, 그 속에서 확증 편향과 비확증 편향이 발생합니다. 최우선가치에 따라 살고 있다면, 당신은 더 높은 객관성, 더 균형 잡힌 시각을 갖추게 됩니다. 이에 따라 회복탄력성과 적응력도 더 커집니다.

왜 그것이 슬픔의 과정에도 적용되는 것일까요? 당신이 고인의 양 측면을 동시에 본다면 당신의 회복탄력성은 엄청나게 강해집니다. 당신의 관점이 더 객관적이고, 회복탄력적이고, 균형 잡힐수록, 당신의 적응력도 커집니다. 사람들이 오고 가도 열광하거나 원망하지 않습니다. 하지만 당신이 한쪽으로 심하게 치우쳐 있으면 분열된 두 측면이나 극심한 슬픔 혹은 안도에 더 취약해집니다.

2003년, 미국이 사담 후세인**Saddam Hussein**을 무너뜨렸을 때 그가 포식자라는 인식을 갖고 있던 미국인은 안도했지만, 그를 영웅으로 여겼던 이라크의 일부 지역 사람은 슬퍼했습니다. 미국의 공습으로 이란에서 가셈 솔레이마니**Qasem Soleimani**가 사망했을 때도 마찬가지였지요. 미국에서는 악당이 사라진 데 대한 안도가 일었지만, 이란에서는 영웅을 잃은 데 대한 슬픔이 퍼져나갔습니다.

행동 특성은 긍정적으로나 부정적으로 보일 수 있습니다. 사실 어느 쪽도 실제는 아니지만, 우리의 불완전한 이해와 제한된 관점 및 편향으로 그렇게 생각하게 되는 것이지요. 이러한 긍정적 특성이나 부정적 특성에 도덕을 투영하는 것은 그저 편협한 마음의 결과일 뿐입니다. 나는 사람들이 어떤 특성에 푹 빠졌다가 변심하여 같은 특성에 대해 분개하는 것을 보았습니다. 또 어떤 특성에 대해 분개하다가 변심하여 그것을 좋게 보는 사람을 본 적도 있지요. 특성은 우리가 그렇게 인식하기 전까지는 긍정적이지도 부정적이지도 않고, 선하지도 악하지도 않습니다. 도덕성에서 절대적인 흑과 백은 환상일 뿐이며, 도덕적 위선을 초래합니다.

　대다수는 그러한 흑과 백, 먹이와 포식자와 같은 인식을 가진 채 동물처럼 행동하며 살아갑니다. 그들은 득과 실의 세상에서 살며, 사람이 태어나거나 죽을 때 큰 감정적 반응을 보입니다. 나는 좀 더 깨어 있는 사람은 판단을 덜 하고 삶과 죽음, 득과 실의 피할 수 없는 균형에 대해 더 회복탄력적이라고 생각하고자 합니다. 삶을 정복한 사람들은 변화의 세계에서 살아갑니다. 그들에게는 적응력과 회복탄력성이 있고, 극단적인 애착에 빠지지 않습니다. 그리고 어떤 일이든 헤쳐나갑니다.

　내가 도왔던 한 여성은 아버지가 휴대폰으로 작별 인사를 한 뒤 총을 들고 거실로 가서 자살했다고 말했습니다. 나는 생기 있고 활기찬 죽음의 현장도 목격했고, 죽은 지 20년이 흘렀는데 여전히 슬퍼하는 사람도 목격했습니다. 수십 년 전에 죽은 사람을 오래도록 애도할 수도 있고, 누군가 죽은 뒤 바로 또는 얼마 후에 슬픔을 극복할 수도 있습니다. 그러므로 슬픔은 시간과 아무런 상관이 없습니다.

　1990년대 말, 나는 뉴욕의 화이자 제약 본사에서 홀로코스트를 겪고 살아남은 유대인 남성들과 함께 워크숍을 진행했습니다. 그들은 가족이 죽는 것을 보았습니다. 46년이 지난 그때까지도 그들은 슬픔에 잠겨 있었습니다.

　나는 아돌프 히틀러**Adolf Hitler**의 사진을 가지고 들어갔습니다. 사진을 보여주자, 그들의 행동은 저절로 위축되었지요. 그들은 이제 60대나 70대인데도 뚜렷한 감정적 위축 반응을 보였습니다. 시간이 사건에 대한 감정적 응어리를 해소해줄 것이라는 보장은 전혀 없습니다. 우리는 그 응어리를 잠재의식 속에 저장합니다. 균형을 맞춰주지 못하면 응어리는 수십 년간 거기에 남아서 우리 삶을 계속 좌우할 것입니다. 하지만 그 균형을 맞출 수 있다면, 우리는 자유로워집니다.

나는 최근의 상실과 오래된 상실 모두에 이 방법을 적용해보았는데, 각 경우에 효과가 나타나는 걸 봤습니다. 우리는 '돌파구 경험'에 참석한 사람들 앞에서 이것을 시연합니다.

만약 앞에 앉은 누군가가 슬퍼하고 있다면 나는 묻습니다. "당신이 인식했던 그 사람의 특성, 행위, 또는 무위 가운데 당신이 가장 좋아했으며 그들이 떠나거나 사망한 후 가장 그리운 것은 무엇인가요?"

많은 경우에 그 사람은 광범위한 것을 생각해내고 그들의 모든 것이 그립다고 말할 겁니다. 하지만 그가 정말 고인의 모든 것을 그리워할까요?

"그럼 세면대에 지저분한 머리카락을 흘려놓는 것도 그리운가요? 그들의 냄새가 그립나요? 그들이 과식하던 게 그립나요? 공과금을 내지 않던 게 그립나요? 그들의 말싸움은요? 옷이나 기타 물건들로 바닥을 어지럽히던 게 그립나요? 늦게 귀가해서 저녁을 해달라고 하던 게 그립나요?"

"음, 아뇨, 그런 건 그립지 않아요."

"그럼 전부 그립지는 않다는 거군요."

자기가 싫어했던 고인의 특성, 행위, 또는 무위를 그리워하는 사람은 없습니다. 그들은 좋아했던 것들만 그리워합니다.

그러면 그 사람은 이렇게 말할 겁니다. "오, 세상에. 저는 고인의 좋았던 부분만을 애도하고 있는 거군요. 제가 싫어했거나 원망했던 부분은 애도하지 않았던 거예요."

아무리 결혼 생활을 오래 한 부부라도 서로에 대해 좋아하거나 싫어하는 특성, 행위, 무위가 다 있습니다. 그것이 삶의 일부입니다. 하지만 사람들은 종종 고인을 놀라울 만큼 일방적인 모습으로 그리고 싶어 합니다. 그들은 그들만의 일방적인 환상을 창조함으로써 그들만의 슬픔을 만들어냅니다. 그들을 돕기 위해, 나는 그들이 환상에 맞설 수 있도록 합니다. 그들에게 일방적인 행복을 느끼게 하려는 것이 아닙니다. 그들이 균형과 안정을 이루어 삶을 영위해나가고, 그 사람을 온전히 사랑하고, 그 사람의 양 측면 모두와 함께했던 시간에 감사할 수 있도록 하려는 것입니다.

나는 묻습니다. "당신이 그리워하거나 상실감을 느끼는 고인의 특성, 행위, 혹은 무위는 무엇인가요?"

남겨진 이들은 슬픔에 잠겨 이렇게 말합니다. "그 사람의 지지요."

"고인은 정확히 어떤 행위로 당신을 지지해주었나요?"

"격려의 말을 해주었어요."

"좋아요. 그것이 그립나요?"

"네."

"또 무엇이 그립나요? 잃어서 슬픈 게 또 무엇인가요?"

"타이밍을 잘 잡는 것과 유머 감각이요. 웃는 모습도요."

"좋습니다. 또 무엇이 그립나요?"

"그 사람의 충고, 그리고 저를 잘 이끌어주었던 거요."

"또 무엇이 있을까요?"

"함께 요리했던 시간이요. 우리는 인생에 대해 참 좋은 대화를 나눴었죠. 함께 먹고 요리할 때 그는 내 말을 들어주었고, 저는 공감을 얻는다는 느낌을 받았어요."

"좋아요. 그게 그리운가요?"

"네."

"또 다른 건요?"

"가끔 함께 낚시하러 가서 우리의 낚시 기술에 대해 대화했던 거요."

"또 무엇이 그립나요?"

"여행이요. 같이 여행을 다니곤 했거든요."

"다른 건요?"

거의 모든 죽음의 경우, 사람들은 고인의 특성, 행위, 또는 무위 중 아홉 가지에서 열한 가지 정도를 그리워하는 것으로 밝혀졌습니다. 내가 본 가장 많은 경우는 스물여섯 가지였고, 가장 적은 경우는 네 가지였습니다. 고심 끝에 이 목록을 남김없이 작성한 사람들은 더는 아무 생각이 남지 않은 백지상태가 되어 "그게 다예요. 그게 제가 그리워하는 전부예요. 그런 것들을 잃어서 슬퍼하고 있어요"라고 말한 후, 멈춥니다. 그들은 세상에 남은 자신의 가치를 지지하는 특성, 행위, 무위나 자질 등만을 나열할 뿐, 그 밖의 것은 그리워하지 않습니다.

남겨진 사람이 그리워하는 고인의 행동을 전부 열거하고 나면 나는 이렇게 말합니다. "이 과정 중에 작은 것이라도 놓친 것이 있다면 전부 말해서 드러내주시기 바랍니다."

그런 다음 이렇게 묻습니다. "고인이 세상을 떠나 더는 그런 행동을 해주지 못하리라는 걸 알게 된 순간부터 지금까지, 당신 곁에 나타나 그런 행동을 대신해준 사람은 누구인가요?"

처음에 그들은 이렇게 말합니다. "아무도 없어요."

"다시 한번 살펴보세요."

"그런 생각은 한 번도 해본 적이 없어서요."

"찬찬히 생각해보세요. 그분이 돌아가셨을 때, 누가 당신의 삶에 나타나 그런 행동이나 특성을 보여주었나요?"

갑자기, 그들은 말합니다. "신기하네요. 아내가 세상을 떠나자 처제가 그런 행동을 좀 하기 시작했거든요. 집에 들러

　　　　　시크릿 회복탄력성

서 저와 대화하고, 그 행동 중 서너 가지를 하곤 해요."

"좋아요. 또 누가 있나요?"

"생각해보니 제 딸도 그 역할을 좀 하는 것 같아요."

"또 누가 있을까요?"

"회사에서 함께 일하는 어떤 여직원이 저를 보살펴주는 것 같기도 하네요."

나는 계속 묻습니다. 그들이 없는 일을 꾸며내기를 바라는 게 아닙니다. 단지 그들이 잃었다고 생각했던 것이 어느 한 사람, 또는 여러 사람에게서 나타나고 있다는 놀라운 발견을 하기를 바라는 것이지요. 그것은 남자에게서도 여자에게서도 나타날 수 있습니다. 자기 자신한테서도 다른 사람한테서도 나타날 수 있습니다. 당신이 실제로 고인의 특성을 가지게 될 수도 있지요.

열두 살짜리 아들을 먼저 떠나보낸 한 남성이 있었습니다. 그는 다운증후군이 있어서 혼자 신발을 못 신던 아들에게 벨크로 신발을 신겨주던 일을 그리워했습니다.

"그럼 아드님이 세상을 떠났을 때 누가 그 일을 대신하기 시작했나요?"

"모르겠어요. 아무도 떠오르지 않아요."

"제 확신이 당신의 의심을 뛰어넘을 겁니다. 다시 한번 살펴보세요."

그러자 곁에 있던 그 남자의 아내가 불쑥 말을 꺼냈습니다. "여보, 신기하지 않아? 우리 아들이 떠나기 전까지 당신한테는 벨크로 신발이 한 켤레도 없었잖아. 그런데 이제는 그 애가 즐겨 하던 축구를 당신이 하고 있어."

"당신 말이 맞아. 그러네. 그런 생각은 못 해봤는데."

고인을 대신하는 사람은 자기 자신일 수도 다른 사람일 수도 있고, 남자이거나 여자일 수도 있고, 한 명일 수도 여럿일 수도 있으며, 가까이 있을 수도 멀리 있을 수도 있습니다. 나는 1984년부터 이 과정을 진행하고 있으며, 내가 계속 살펴보고 파고들게 했을 때 결국 그 질문에 대답하지 못하는 사람은 단 한 명도 없었습니다. 불현듯 그들은 말합니다. "믿을 수가 없어요. 제가 그 일을 하는 사람들에게 둘러싸여 있었군요. 이전에는 눈치채지 못했지만, 그들은 그런 일을 더 많이 해주고 있어요."

"맞습니다. 그리고 당신 스스로도 그 행동 가운데 일부를 맡게 되었고요."

내 아내는 수년 전에 세상을 떠났습니다. 그전에 아내는 세계 각지의 스물일곱 개 잡지에 글을 기고했습니다. 아내가 떠나자, 잡지사들이 난데없이 내게 연락을 해오기 시작했습니다. 나는 전 세계의 약 1,500개 잡지에 글을 쓰거나 인터뷰를 했습니다. 내가 아내 역할의 일부를 맡은 겁니다. 또 나는 잡지나 출판 관련 일을 하는 다양한 사람들과 어울리기도 했습니다.

한편으로 나는 많은 사람에게 이런 질문도 합니다. "당신은 당신이 떠난 후 사랑하는 사람들이 슬퍼하기를 원하나요, 아니면 계속 잘 살아가고 충만한 삶을 이루기를 원하나요?" 지금껏 내 눈을 똑바로 쳐다보며 "저는 사랑하는 사람들이 내 죽음에 대해 슬퍼하기를 원해요"라고 말한 사람은 아무도 없었습니다. 사람들은 자기가 죽으면 남은 사람들이 멋지고 충만한 삶을 누리기를 바랍니다. 그러므로 슬픔에 잠겼을 때 우리는 그 슬픔이 죽은 사람과 관련된 것인지, 아니면 우리 자신의 처리 과정, 내적 갈등, 고인에 대한 편향된 관점, 또는 사회적으로 주입된 신념 체계와 관련된 것인지 자문해볼 수 있습니다.

아내가 세상을 떠났을 때, 나는 이 방법 또는 훈련을 통해 아내의 부재로 인한 변화를 아주 아름답고 순조롭게 넘겼습니다. 실제로 나는 그녀의 죽음으로 실의에 빠진 많은 사람이 슬픔을 극복하도록 도왔습니다. 그들은 어리둥절해했지요. '어떻게 슬픔과 상실감 대신 고인에 대한 사랑과 그의 존재를 느낄 수가 있을까?'

누군가의 양 측면을 진심으로, 그리고 전적으로 사랑하면 그들의 존재를 느끼게 됩니다. 나는 '돌파구 경험'에서 10만 명이 넘는 사람들과 함께 그 사실을 증명했습니다. 그러나 당신이 누군가에게 열광이나 원망의 감정을 느낀다면 그에 대한 감정의 분열로 인해 슬픔과 안도를 느끼게 됩니다.

다시 그 과정으로 돌아가봅시다. 나는 고인이 자주 했던 행동을 하는 사람들의 이니셜이 양적 균형을 이룰 때까지 계속 적습니다. 즉, 나는 이렇게 묻습니다. "이 새로 나타난 사람들이 당신이 좋아했고 그리워하는 고인의 행동을 100퍼센트 대신한다고 확신하나요?"

만약 그 사람이 "그렇지는 않아요"라고 대답한다면 나는 그들이 계속 다시 살펴보도록 합니다. 결국 그들이 "아 참, 그 사람을 잊고 있었어요. 회사에서 이런 일이 있었죠"와 같은 말을 하며 더 많은 것들을 찾아낼 때까지. 그들은 그것이 양적 균형을 이룬다는 사실을 깨닫습니다. 그런 질문을 받아본 적도, 그에 대해 생각해본 적도 없던 그들은 충격을 받습니다. 그 대답은 어디서도 가르쳐주지 않습니다. 또 없는 일을 꾸며내거나 추측해서도 안 됩니다. 단지 그들이 확신하는 대답을 적어야 합니다.

물리학을 공부하다가 발견한 것인데 에너지, 정보 그리고 물질에는 보존법칙이 있어서, 그것들은 사라지는 것이 아니라 형태가 바뀔 뿐입니다. 나는 삶도 그와 마찬가지라고 믿습니다. 건축가 버크민스터 풀러Buckminster Fuller가 말했듯이, "우주의 시나리오에 죽음은 없습니다. 오직 변형만 있을 뿐".

나는 '돌파구 경험'을 1,560회 이상 진행했고, 매번 평균 70명 이상이 참석했습니다. 수천 명이 이 경험을 했으며, 내게 훈련을 받은 후 나가서 이 슬픔 해소법을 전파하는 퍼실리레이터도 수천 명이나 됩니다. 나는 2011년 일본 이시노마키 지진 이후, 그리고 좀 더 최근인 2016년 후쿠시마 지진 이후에 이 방법을 사용했습니다. 또 2011년 뉴질랜드 크라이스트처치 지진 이후에도 그랬지요. 오래전부터 나는 이 방법을 심각한 실제적 문제에 이용해왔으며, 효과를 봤습니다. 이것은 당신이 죽음을 인식하는 방법을 바꾸어놓을 만큼 아주 강력한 메시지입니다. 2018년에는 일본 게이오대학교에서 파일럿 연구가 진행되었는데, 연구자들은 100퍼센트 지속되는 결과의 유의성에 깜짝 놀랐습니다.

좋아했던 것에 대한 애도

이 과정의 다음 단계에서 나는 슬픔에 잠긴 사람이 원래 좋아했거나 열광했던 고인의 측면에 대해 다룹니다. 사람들은 좋아하거나 동경하는 특성, 행위, 또는 무위의 상실만을 슬퍼하기 때문이지요. 그들은 고인의 선택된 행동에서 단점보다는 이점을, 부정적인 것보다는 긍정적인 것을, 도전보다는 지지를 인식하기에 슬퍼합니다. 만약 그들이 이점보다 단점을 더 많이 보았다면 그들은 슬퍼하지 않고 안도했을 것입니다.

　나는 그 인식된 이점의 반대되는 것을 찾음으로써 이점

을 중화시킵니다. 어떤 특성의 단점을 보지 않기로 결정하는 것은 무의식적인 맹목과 같습니다. 양극화된 감정은 불완전한 인식이지만, 사랑은 양면을 다 봅니다. 나는 그렇게 확신합니다. 사람들이 이 방법을 제대로 완수하면 사랑, 존재감, 감사를 느낍니다. 제대로 완수하지 못하면 양극화된 남은 감정을 계속해서 중화합니다.

나는 무조건적인 사랑과 감사는 양극화된 감정이라고 생각하지 않습니다. 그것은 상호보완적인 반대, 양극화된 감정에 해당하는 어떤 쌍의 조합이자 동시성이라고 생각합니다. 감정은 불균형한 상태를 반영합니다. 그것의 균형을 맞춤으로써 우리는 가장 깊고 진실한 형태의 사랑과 감사의 감정을 느끼게 됩니다. 여담이지만, 그것이 바로 우리 존재의 진정한 본질입니다. 지금부터 24시간밖에 살 수 없다면 뭘 할건가요? 아마 당신이 아끼는 사람들에게 가서 "고마워, 사랑해"라고 말할 겁니다.

어쨌든 슬픔에 빠진 사람이 의식적으로 고인의 장점에 집착한다면, 그들은 그 장점의 '상실'을 슬퍼할 것입니다. 그리고 그 긍정적 행동들의 단점은 인식하지 못합니다. 그래서 나는 이렇게 묻습니다. "고인이 살아 있었을 때 했던 긍정적 행동들의 단점이 무엇이었나요? 그들이 그런 행동을 했을 때 어떤 단점이 있었나요?" 나는 그 어떤 거짓의, 꾸며진, 혹은 추측된 대답을 원하지 않습니다. 그들이 단점 따위는 없으리라고 여길 만큼 좋아했던 행동에서 실제로 인식된 단점, 결점, 부정적인 점, 또는 도전적인 면을 이야기해주기를 바랍니다.

처음에 그들은 보통 이렇게 말합니다. "생각이 안 나요. 모르겠어요. 하나도 없는 것 같은데요."

"아니요, 모든 특성은 양면성을 지니고 있습니다. 자, 단점은 무엇이었죠?"

일단 그들이 파헤치기 시작하면 무의식이 떠오르며 부정적인 면과 단점이 모습을 드러내고, 그들은 깜짝 놀랍니다. 방금 언급했듯이, 꾸며낸 것이나 그 사람이 확신하지 못하는 이야기는 원치 않습니다. 그들이 좋아했던 행동과 정반대되는 면을 발견할 때까지 파헤쳐보기를 원할 뿐입니다. 특성이란, 편협한 마음을 가진 누군가가 그것이 좋거나 나쁘다고 혹은 긍정적이거나 부정적이라고 꼬리표를 붙이기 전까지는 중립적이기 때문입니다.

만약 어떤 것이 정말 나쁜 특성이었다면, 그것은 아무 도움도 되지 못해 진작 소멸했을 겁니다. 하지만 오랫동안 이어진 특성은 우리에게 도움이 됩니다. 주관적으로 편향된 무지가 그것을 좋은 것 또는 나쁜 것으로 분류합니다. 사실 그 특성은 당신이 어떤 상황에서 바라보느냐, 혹은 당신이 투영한 인위적인 맥락과 그 특성이 어떻게 관련되느냐에 따라 좋은 동시에 나쁜 것이거나, 좋지도 나쁘지도 않은 것이 됩니다.

그래서 나는 그들에게 묻습니다. "당신이 좋아했던 그 특정한 특성, 행위, 또는 무위의 단점은 무엇인가요?" 그런 다음 모든 단점을 나열하기 시작합니다. 단점이나 손해의 수가 이점이나 혜택과 완벽한 균형을 이룰 때까지, 그들이 그 질문에 대답하도록 합니다.

간혹 사람들은 이렇게 말합니다. "저는 그 사람이 저를 잘 이끌어주었던 것이 그리워요."

나는 묻습니다. "그것의 단점이나 문제점은 무엇이었나요?"

"그런 건 생각나지 않아요."

"다시 한번 살펴보세요."

갑자기 그 사람은 이렇게 말합니다. "실은 그 사람이 섣불리 저한테 주식 거래를 하도록 해서 제가 돈을 잃은 적이 있어요."

"다른 건요?"

"자녀 교육에 관해 조언을 해준 적도 있는데, 이제 와 생각해보면 그다지 현명한 조언은 아니었던 것 같아요."

이번에도 나는 단점이 이점과 양적 균형을 이룰 때까지 이 과정을 이어갑니다. "전에 당신이 좋아했던 행동 각각에는 장점만큼이나 단점도 많았다는 것을 이제 확신하나요?" 내가 이렇게 물었을 때 조금이라도 망설이는 기미가 보이면, 나는 그들이 확신할 때까지 계속 반복합니다.

시크릿 회복탄력성

이제 그는 슬픔에서 벗어나 이미 변화하기 시작합니다. 그러면 나는 그들 앞에 새롭게 나타난 그러한 특징, 행위, 무위를 보여주고 있는 사람들의 이야기로 넘어갑니다. "그 사람들이 나타나 그 역할을 맡거나 그러한 행동을 보여주는 것에는 어떤 이점이나 혜택이 있나요?"

그들은 말합니다. "그 조언은 더 최근, 현재와 관련된 것이고 제가 현재 가지고 있는 최우선가치에 따른 최대 관심사에 더 잘 부합합니다. 저는 그 사람이 저를 이끌어줘야 한다는 바람이나, 그가 바라는 바를 반드시 만족시켜야 한다는 의무감 같은 건 느끼지 않아요. 조언은 더 다양합니다. 저는 더 다양한 의견들을 받아들이고 있어요. 덕분에 제 스스로 결정을 내릴 수 있습니다. 저는 의존적이지 않아요. 전보다 더 강해졌죠."

내가 그들 곁에 새롭게 나타나 그러한 특성이나 행동을 보이는 사람들의 장점에 대해 기록할 때, 그들은 그 새로운 변화가 현재 자신이 중요시하는 가치와 크게 일치한다는 것을 깨닫고 깜짝 놀랍니다. 마치 그들은 그 죽음이 더 고차원적인 목적을 위한 것임을 깨닫는 듯합니다. "저는 고인이 된 그 사람의 방식에 그다지 집착하지 않아요. 이제 저는 다시 앞으로 나아가고 있어요."

장점과 단점이 완벽한 균형을 이루고 나면, 이제 마지막으로 묻습니다. "그분을 잃어서 지금 슬픈가요?"

그들은 대답하지요. "아니요."

누군가에 대한 인식이 정말 완벽한 균형을 이루면 당신은 그를 잃은 것에 대해 슬퍼하지도 않을 것이며, 슬퍼할 수도 없습니다. 나는 이 작업을 끝까지 수행합니다. 시간은 보통 45분에서, 가장 길게는 세 시간까지 걸리기도 합니다. 그래서 지구상의 그 누구도 다시는 세 시간 이상 슬픔에 잠겨 살 필요가 없다고 말한 겁니다. 이 방법을 완수하고 나면, 당신은 고인과 그가 당신의 삶에 기여한 바에 대해 감사와 사랑을 느끼는 동시에 그의 존재감도 느끼게 될 것입니다.

이 과정을 끝내고 모든 항목이 다 처리되고 나면, 사람들의 얼굴이 달라집니다. 그들의 생리 기능도 달라집니다. 슬픔은 불균형한 인식의 결과이기 때문입니다. 이제 그들의 뇌 화학작용은 변화했습니다.

나는 우울증과 슬픔이 생화학적 불균형 때문이라는, 제약 및 정신 의학 분야의 견해에 이의를 제기합니다. 나는 우울증 진단을 받은 사람들을 세 시간도 안 되어 변화시켰습니다. 만약 그들이 과거로 돌아간다면 자신의 뇌 화학이 변화했음을 발견할 겁니다. 화학은 원인이 아니라 연관된 결과인 경우가 더 많습니다. 나는 생화학적으로 불균형하다거나 슬픔을 극복하는 데 몇 년이 걸릴 거라는 말을 들을 때면 놀라울 지경입니다. 그런 말은 뇌가 어떻게 작동하는지, 어떻게 하면 사람들을 효과적으로 도울 수 있는지를 전혀 모르는 무능과 무지에 기인합니다.

만약 사람들이 모인 앞에서 이 방법을 진행한다면, 나는 그들 중 슬픔에 빠진 사람을 골라 이렇게 물을 겁니다. "방 안을 둘러보세요. 당신이 애도하는 그분처럼 보이거나 그분을 생각나게 하는 사람이 있나요?" 그러면 그들은 주위를 둘러보며 고인과 닮았거나 그를 생각나게 하는 사람을 찾아낼 겁니다. 나는 그 대리인을 불러다가 슬픔에 빠진 사람의 맞은편에 앉힌 다음 휴지를 건네줍니다. 이제부터 할 일이 그들을 울게 만들 테니까요. 슬픔이나 애도의 눈물이 아니라, 사랑과 감사의 눈물 말이지요.

두 사람을 서로 아주 가깝게 앉힌 후 묻습니다. "이제 고인이 된 분과 나누고 싶은 당신의 마음속 생각은 무엇인가요?"

말을 하기 시작하면 그들은 둘 다 일종의 트랜스 상태 **trance state**(어떤 일에 집중할 때나 최면 상태 등, 외부와의 접속을 끊고 혼자만의 정신세계에 깊이 빠진 상태-옮긴이)에 빠져 방 안의 다른 사람들을 의식하지 않게 됩니다. 슬픔에 잠긴 사람은 마음에서 우러나오는 고마움을 자연스럽게 말하고, 다른 한 사람은 마치 자신이 정말 고인이 된 것처럼 대답합니다. 두 사람은 텔레파시를 주고받듯, 따뜻하고 마음을 여는 대화를 나눕니다. 이 모습을 실제로 보면 정말 감동적입니다. 대화가 끝나면 그들은 자연스럽게 서로 껴안으며 감사와 사랑의 눈물을 흘립니다. 두 사람 모두 고인이 정말 그 자리에 있는 것처럼 느낍니다.

그들이 일시적인 트랜스 상태에서 돌아왔을 때, 나는 온 방에 들리도록 마이크를 대고 묻습니다. "바로 지금, 당신은 고인이 세상을 떠나간 것을 슬퍼하고 있나요?"

"아니요."

"고인의 존재감을 느끼나요?"

"네."

"그분에 대한 사랑과 감사를 느끼나요?"

"네."

"슬프지는 않으신가요?"

"네."

"슬픔을 보이려고 해보세요. 슬픔에 닿으려고 애써보세요."

"못 하겠어요."

"최대한 노력해보세요. 슬픔을 느낄 수 있는지 생각해보는 겁니다."

"느껴지지 않아요."

그렇습니다. 불균형한 인식이 없는 한 슬픔을 느끼는 건 불가능합니다.

시크릿 회복탄력성

저항과 전략

그럼에도 숨은 의도와 전략이 있어서 그 방법에 저항하는 사람들도 있습니다. 예를 들어보겠습니다. 아주 부유한 집안에 시집간 한 여성이 있었는데 남편의 부모, 특히 어머니는 아들이 그 여성과 결혼하는 것을 반대했습니다. 부모는 아들에게 "그 여자애는 너랑 격이 안 맞아. 넌 더 좋은 집안 여자랑 어울려"라고 말했지요. 하지만 계속 그 여성을 만나던 그는 그녀를 임신시켰고, 도덕적 덫에 빠진 기분을 느꼈습니다. 그와 그의 가족, 특히 어머니는 그렇게 생각했습니다. 아들은 아이를 돌봐야 한다는 의무감에 부모의 뜻을 거역하고 그 여성과 결혼했습니다.

아들인 그 아이가 열여섯 살이 되었을 때, 흥미로운 행동을 즐기는 어떤 여자애와 사귀기 시작했습니다. 결국 둘이 성행위를 하던 중 그는 스스로 목을 조르고 매는 행동을 하다가 숨지고 말았습니다.

나는 1년 넘게 애도 증후군에 시달리다 나를 찾아온 아이 엄마와 개인 상담을 했습니다. 그녀는 '디마티니 메소드'에 포함된 질문에 대답하는 데 이상할 정도로 저항했고, 결국 나는 이렇게 말했습니다. "문제를 파헤치고 해답을 알아내지 못하는 분명한 동기가 있는 것 같군요. 이런 저항을 하시는 숨겨진 의도나 동기가 무엇인가요?"

그 여성은 자기가 아이를 갖지 않았거나 슬퍼하지 않으면, 가족들이 남편을 그녀 곁에 남아 있게 할 이유가 없다는 것을 깨달았습니다. 남편은 미련을 버리고 떠날 수 있었고, 그녀는 남편 덕분에 누리는 삶의 방식과 기회들을 잃고 싶지 않았습니다. 그녀가 슬퍼하는 한, 남편은 아무 데도 가지 않을 것이고 시부모도 그에게 새출발하라는 압박을 하지 못할 테니까요. 그래서 그녀는 어느 정도는 의식적이고 어느 정도는 무의식적으로, 슬픔을 이용해 가족 역동을 유지하고 자신의 부와 위신, 그리고 안정성을 지키려 했던 것입니다. 안정성을 지키기 위해 때로 우리가 얼마나 전략적일 수 있는지를 보면, 정말 놀라울 따름입니다.

내가 그 방법을 적용하는 그 긴 시간 동안, 가장 필수적인 문제는 남편과 가족이 제공해온 것에 대한 그녀의 집착을 없애고 균형을 되찾는 일이었습니다. 나는 그녀와 총 네 시간을 함께 보냈으며, 이는 보통의 경우보다 훨씬 더 긴 시간이었습니다. 우리가 시부모와 그녀 자신의 입장에 관한 문제를 해결하고 내가 균형을 맞춰주자, 슬픔은 끝났습니다. 실제 슬픔을 해결하는 데는 45분에서 한 시간 정도 걸렸습니다. 오히려 그녀가 그 방법에 저항하도록 만들었던 안정성 문제를 해결하는 데 많은 작업이 필요했지요.

결국, 그 여성은 슬픔을 느끼지 않았습니다. 그리고 자기 아들이 마약을 하고 있었다고 고백했습니다. 아들은 집까지 마약을 가지고 들어왔고 법적으로 번질 수 있는 여러 문제를 일으켰습니다. "저희는 문제가 생길까 봐, 법적 비용을 부담하게 되거나 그와 비슷한 다른 문제를 겪게 될까 봐 두려웠어요. 그 애는 학교에도 잘 가지 않았죠. 통제 불능이었어요."

갑자기, 그녀가 원망했던 아들의 숨겨졌던 측면이 수면 위로 떠올랐습니다. 비록 그녀는 슬퍼하는 척했지만, 한편으로는 아들이 세상을 떠났다는 사실에 안도했던 것입니다. 그녀의 그런 뒤섞인 감정은, 적어도 더 진실한 것이었습니다.

당신이 충격을 받을 만한 말이 있습니다. 슬픔이 커질수록 안도감이 더 잘 숨겨진다는 것입니다. 이 둘은 서로 반대되는 한 쌍이기 때문입니다. 둘은 서로 얽혀 있습니다. 그러니 겉모습과 의식적인 쇼에 속지 마십시오. 깊이 파헤치십시오. 이 슬픔 해결 방법은 바로 그 부분에서 가장 큰 가치를 지닙니다. 이 방법은 사람들이 완전해지도록 돕고, 어떤 목적을 갖게 하며, 이성reason과 접촉하여 균형 잡힌 감사와 사랑의 상태로 되돌아가도록 해줍니다. 랄프 왈도 에머슨은 '사람들을 동정하며 우는 대신 그들을 다시 현실과 접촉하게 하면 어떨까?'라는 질문을 던졌습니다.

이 방법은 사람들이 마음속 깊이 실제로 인식한 것과 접촉하게 하는데, 거기에는 그들의 의식적 측면 그리고 무의식 속에 있었으나 이제는 완전히 의식하게 된 측면이 다 포함됩니다. 다 끝나고 나면 그들은 나를 껴안으며 말합니다. "감사합니다. 저는 자유로워졌어요. 이제 슬프지 않아요. 사랑하는 사람의 존재가 느껴져요. 저는 그 사람을 사랑해요. 그에게 집착하지도, 그를 원망하지도 않아요. 그저 그의 존재감을 느끼고, 마음이 활짝 열리는 기분이에요."

보통 내가 세미나에서 이 방법을 쓰면 두 사람뿐만 아니라 방 안에 있는 사람들 모두가 눈물을 흘립니다. 마찬가지로 누군가의 죽음이나 상실을 경험한 많은 참석자들이 앉아서 그 과정을 함께하며 자신의 삶을 살펴보는 것입니다. 세미나 프로그램을 진행하는 내내 그러한 파급 효과가 일어납니다.

이 방법은 정말 효과적입니다. 1988년경, 샌디에이고로 날아간 나는 차량 서비스를 이용해 해안 도시인 델 마**Del Mar**로 갔습니다. 나는 그곳의 유명한 심리학자에게 내 방법을 보여주려고 했는데 그는 내 제안을 거절하면서 조롱하듯이 말했지요. "당신이 설명하는 그런 게 정말 있다면 내가 모를 리가 없겠죠." 그는 내가 공유하고자 하는 것을 들으려고도 하지 않았습니다. 나는 약간 충격을 받았지만 그냥 돌아서서 다시 텍사스로 날아갔습다. 내 제안이 그의 가치관에 맞는 방식이 아니었거나, 당장은 그가 다른 방법에 관심이 없을 뿐이라고 생각하면서 말이지요.

아이러니하게도, 2007년에 내가 마우이에서 '돌파구 경험'을 진행하고 있는데 어쩐 영문인지 그 남자가 내 세미나에 나타났습니다. 그는 내가 자기 사무실을 찾아갔던 사람이라는 사실도 모르고 있었습니다. 그는 아내를 잃었습니다. 나는 무대에 올라온 그와 함께 그 과정을 진행했고, 그의 슬픔을 씻어냈습니다. 도저히 있을 법하지 않은 우연의 일치로, 사람들은 그가 유명하고 최근에 그의 아내가 세상을 떠났다는 이유로 내 방법을 실증할 대상으로 선정했던 것입니다. 거의 두 시간에 걸쳐 모든 과정을 거치고 마음을 활짝 열어주는 대리인 체험까지 마친 후, 그가 말했습니다. "정말 놀라웠습니다. 좀 전에 정말 아내가 여기에 저와 함께 있었다고 확신합니다. 이제 저는 슬프지 않아요."

나는 참지 못하고 이렇게 말했습니다. "그런데 혹시 1988년의 저를 기억하시나요?"

"아니요."

"제가 바로 그때 이 방법을 소개하려고 했던 사람입니다."

"오, 세상에! 이제 기억이 납니다. 당신을 제 사무실에서 그냥 밀어내다니, 전 정말 나쁜 놈이었어요."

"그랬죠, 하지만 우주가 우리를 다시 만나게 해준 데 감사합니다. 이제 당신은 깨달았으니까요."

그 후 그는 적극적으로 내 일을 홍보하고 사람들에게 말하고 다녔습니다. 이 일을 겪은 사람들 가운데 다른 이들에게 자신의 경험을 말하지 않는 사람은 없습니다. 왜냐하면 누구도 슬퍼할 이유가 없으니까요. 그것은 전혀 필요하지 않은 일입니다.

그저 변화에 적응하기

첫 아이가 태어나기 전, 흔히 엄마는 들뜹니다. '아, 아이를 낳으면 정말 행복할 거야.' 아기가 찾아오면 엄마는 다소 순진하고 비현실적인 기대(환상)를 가질 수 있으며, 그 결과 출산 후에 우울해지기도 합니다. 산전의 흥분이 산후 우울증으로 이어지는 것이지요. 아기가 태어나기 전에 환상을 갖지 않았던 우울한 엄마는 거의 본 적이 없습니다. 다시 말하지만, 우울증은 당면한 현실을 당신이 붙잡고 있는 환상과 비교할 때 생깁니다. 아이를 가진 엄마들은 다소 일방적인 환상을 품습니다. '단점보다는 장점이 더 많을 거야.' 그러나 다른 모든 것들과 마찬가지로 임신, 그리고 엄마가 된다는 것에도 양면성이 존재합니다.

아이가 태어나면 나는 이렇게 묻습니다. "새로 태어난 아이에게서 어떤 특정한 특성, 행위, 또는 무위를 얻었다고 생각하시나요?"

"저는 실제로 존재하는 제 아이를 꼭 안아주고 예뻐해줄 수 있어요. 보살핌의 손길을 바라는, 제가 사랑하는 누군가가

시크릿 회복탄력성

생겼죠. 저를 올려다보는 예쁜 눈을 가진 존재가요. 제 젖가슴을 물고 모유를 먹는 존재, 제 도움과 사랑을 필요로 하고 옷을 입을 때도 제 도움이 필요한 존재 말이에요."

나는 그들이 아이가 태어남으로써 얻었다고 생각하는, 그들이 좋아하는 행동들을 적습니다. 이 경우에도 보통 아홉 개에서 열 개 정도이며, 더 많을 때도 있습니다. 내가 지금까지 본 것 중 열여덟 개가 가장 많았고, 가장 적었던 경우는 여섯 개 정도였습니다.

그런 다음 나는 묻습니다. "아기가 태어나기 전에는 누가 그 특정한 특성이나 행동을 제공했나요?" 나는 어떤 형태로든 같거나 비슷한 특성을 제공한 사람들의 이름을 수집합니다. 대부분은 남편의 이름을 말하지요. 남편이 보살핌의 대상이었는데 이제 아기가 생기니 부부 사이는 멀어집니다. 아내가 아이에게만 시간을 쏟으니 부부가 함께할 시간이 없어집니다. 원래 아내는 남편에게 식사를 차려주고 옷을 챙겨주고 친밀한 관계를 유지했습니다. 그런데 갑자기 그 일부가 사라져버렸습니다. 마치 '자, 기증자가 정자를 공급했어. 이제는 아이한테 집중할 차례야'라고 하는 것처럼. 이런 일은 드물지 않습니다. 이때 균형을 맞추지 못하면 어떤 여성은 남편의 소외감이 만들어내는 대가를 치르게 됩니다.

때로 갓 태어난 아기가 보여주는 어떤 특성들에 완전히 빠져버리는 엄마들도 있습니다. 이런 경우 나는 그 엄마에게 그전까지 그런 특성을 보여주었던 사람이 누구인지 찾아보라고 합니다. 갑자기, 그 엄마는 사실 자기가 얻은 것은 아무것도 없으며 단지 그 형태를 변화시킨 것일 뿐임을 깨닫습니다. 기억하세요. 인생의 주인은 변화의 세계에 살고, 평범한 대중은 득과 실의 환상 속에서 살아갑니다.

그런 다음 나는 묻습니다. "새로운 형태의 단점은 무언인가요?"

"저는 밤에 잠을 충분히 자지 못하고, 가끔 아이의 눈을 쳐다보면 아이가 울면서 저한테 소리를 질러요. 아이가 우니까 쳐다보고 싶지 않을 때도 있어요."

이렇게 하나씩 생각해내다 보면 단점이 보이고, 기존 형태의 이점을 발견하게 됩니다. 이제 두 가지가 질적, 양적으로 동등해질 때까지 균형을 잡습니다.

이 과정을 통해 엄마들의 현실감과 새로운 가족 역동에 대한 이해도가 높아집니다. 그들은 아이에게 집착하거나 원망하지 않습니다. 그리고 아이와 남편 모두에게 사랑과 존재감을 느낍니다. 아이도 그것을 느끼고 행동으로 보여주는데, 이는 당신이 진정한 존재감과 진정한 사랑을 갖는 순간 아이도 진정되기 때문입니다. 아이의 감정적 증상 가운데 많은 부분이 엄마와 아빠의 무의식 속에 저장된 집착이나 원망과 관련됩니다. 그것들의 균형이 잡히면, 아이는 알아차립니다. 그러면 아이의 감정 기복이 줄어들어 더 침착해지고, 더 안정적으로 발달하게 됩니다. 아이들이 가족의 긴장, 판단, 갈등의 균형을 잡고 완화할 수도 있는 것입니다.

양극이 균형을 이루는 순간, 당신은 이득이나 손실은 없으며 변화만 있을 뿐임을 깨닫게 됩니다. 변화는 더 좋은 것도, 더 나쁜 것도 아니므로 도덕적으로 아무런 문제가 없습니다. 당신은 그저 어느 한쪽에 매이지 않고 변화하는 환경에 회복탄력적으로 적응하는 능력을 키워 변화를 존중하면 됩니다. 사실 우리의 세계는 매일 매 순간 변화하고 있으니까요. 손실이나 이득에 대한 환상을 중화하면 당신의 적응력과 회복탄력성도 커집니다.

7억 5천만 달러를 애도하다

이 도구는 비단 삶과 죽음에만 사용되지 않습니다. 돈을 잃었을 때도 사용할 수 있어요. 나는 7억 5천만 달러(약 9,800억 원)을 잃었다고 인식하던 한 헤지 펀드 매니저를 만났습니다. 우리는 이 방법을 사용해 48분 만에 그의 슬픔을 씻어냈습니다. 그는 자신이 잃었다고 생각하는 모든 것을 차곡차곡 쌓은 다음 거기에 1달러의 가치를 부여했고, 그의 삶에 들어온 새로운 형태가 그 1달러의 가치와 동등하다는 것을 알아차렸습니다. 새로운 형태의 장점은 무엇이었으며, 기존 형태의 단점은 무엇이었을까요?

그 남자는 헤지 펀드의 파트너가 불법적인 일을 해왔음을 알게 되었습니다. 그리고 파트너는 그의 돈을 가지고 해외로 사라졌습니다. 다음 날 그 남자는 자신의 은행 및 투자 계좌에서 무려 7억 5천만 달러에 달하는 돈이 사라진 걸 발견했지요. '돌파구 경험'에 오기 전까지 그는 극도의 고통과 분노에 시달렸고, 그 일만 떠올리면 가끔 심장 두근거림 같은 건강 문제를 겪었습니다. 그는 파트너를 죽이고 싶어 했습니다.

그에게 물었습니다. "그러면 이 외견상의 손실로부터 얻은 것은 무엇입니까? 얻는 것 없이 잃기만 하는 일은 없습니다. 그것은 변화니까요."

그 남자는 웃음을 터뜨리더니 말했습니다.

"돈만 밝히던 아내를 해치워버렸습니다. 돈 때문에 저를 이용하기나 했지, 사실 저한테 관심도 없었거든요. 5년 전쯤부터 이혼하고 싶었는데, 큰돈을 줄 필요 없이 그 여자를 치워버릴 수 있었습니다. 제 파트너가 돈을 가지고 사라졌을 때 아내는 그냥 떠나버렸고, 저는 빈털터리가 됐죠. 이혼은 신속하고 조용했어요. 그전 같았으면 3억 6천만 달러를 줘야 했을 텐데, 그 여자가 그만한 돈을 받을 가치가 없다는 생각에 불만족스러운 결혼 생활을 참고 견뎠거든요. 전에는 일을 너무 많이 했고 고혈압이 심했는데 건강도 회복되었습니

시크릿 회복탄력성

다. 그 일이 있은 후로, 꾸준히 운동을 하면서 컨디션을 회복하려고 노력 중이에요. 있는 그대로의 저를 진심으로 원하는 사람도 생겼습니다. 돈을 보는 게 아니에요. 어차피 저는 돈이 없는걸요.

파트너가 돈을 가져갔을 때 고객들은 제가 아닌 파트너에게 화를 냈습니다. 저도 피해자니까요. 고객들도, 법률팀도 제 편이에요. 이제 보니, 저는 회사 전체를 다시 일으킬 능력이 있고 그놈은 아마 감옥에 갈 것 같아요. 만약 그가 돈을 훔치지 않았다면, 그가 고객들 돈으로 하던 짓 때문에 제가 감옥 신세를 지고 있을지도 모르죠. 그날은 제 인생 최고의 날입니다. 이제는 그가 7억 5천만 달러를 가져간 게 선물이었다고 생각해요."

그는 그 남자에게, 그 사건에 대해 감사해했습니다.

돈을 잃었는지 여부는 중요치 않습니다. 팔을 잃었든 눈을 잃었든 상관없습니다. 무엇을 잃었든 상관없습니다. 이 방법은 당신의 가치를 지지하는 것, 또는 당신의 가치에 도전하는 것에 대한 인식을 기반으로 하기에 효과가 있습니다. 이를 이해하고 나면, 얻었다고 흥분했던 이득이 상쇄되어 상실감을 느낄 수도 있습니다. 나는 운 좋게도 온갖 종류의 외견상 손실을 입은 많은 사람을 도울 수 있었습니다.

어떤 사람들은 왜 흥분을 상쇄하려 하느냐고 묻습니다. "흥분은 좋은 것 아닌가요?" 아니, 꼭 그렇지만은 않습니다.

그것 역시 양면성을 지닙니다. 만약 조증을 유발할 정도의 환상에 빠지면, 그것을 잃었다고 인식하는 순간 우울해져버리기 때문입니다. 당신은 환상의 형태에 집착함으로써 다음번 손실에 대비하는 것입니다. 흥분한다는 것은 당신이 일시적으로 단점을 보지 못하게 된다는 뜻입니다.

당신이 누군가에게 완전히 빠져 있다면 그를 잃는 것을 두려워할 것입니다. 당신이 균형을 더 잘 잡고 누군가를 사랑한다면 그들의 존재감을 느끼게 될 것입니다. '디마티니 메소드'는 사람들이 다시 감사와 사랑을 느끼고, 우리 주변 세계의 숨은 질서와 보존된 균형을 깨닫도록 돕습니다. 어떤 일이 일어나든 사람들이 감사할 줄 알고, 적응력과 회복탄력성을 갖도록 돕습니다. 사람들이 주관적 관점이 아닌 객관적 관점을 가지도록 하며, 이로써 그들은 편도체가 아닌 실행 중추의 영향 안에서 살 수 있게 됩니다. 이 방법은 사람들이 그들의 내면에 있는 동물적 행동에만 집착하는 게 아니라 그에 대한 통제력 가질 수 있다는 사실을 이해하도록 돕습니다. 우리는 동물적 행동이 우리 삶을 지배하고 우리를 그 역사의 희생자로 만들도록 내버려둘 수도 있고, 그것을 지배하여 우리 스스로 운명의 주인이 될 수도 있습니다.

어떤 사람들은 그 과정 중에 생각나지 않았던 두세 가지 일을 나중에 생각해내기도 합니다. 수년간 이런 경우를 두어 번 봤습니다. 이런 일이 생겼다면, 처음에 간과했던 그 구체적인 행동에 대해 각 단계를 반복한 다음 불완전하고 불균형한 인식을 다시 한번 해소하면 됩니다.

이별 받아들이기

나는 '디마티니 메소드'를 와서 보여달라는 어느 심리학자의 요청을 받고 캐나다의 프린스에드워드섬으로 갔습니다. 그는 그가 다니는 대학교와 인근 두 대학의 심리학과 학생들을 데리고 왔습니다.

어떤 사람은 논쟁을 원하면서 내 방식에 반박하며 "안 돼요. 그렇게 하면 안 되지요. 사람들이 슬퍼하도록 놔두셔야죠. 그건 자연스러운 일이에요. 건강한 일이고요"라고 말했습니다.

나는 이렇게 말했죠. "하루 내내 이렇게 미적대며 신경전을 벌일 수도 있겠죠. 그냥 그 과정을 제가 한번 해보면 어떨까요? 여기 혹시 슬픔을 겪고 있는 분이 있습니까?"

몇 명이 손을 들었습니다. 결국 우리는 이틀 전에 할머니를 잃었다는 젊은 여성을 선택했지요. 마치 친어머니처럼 자신을 키워준 할머니였던 터라, 그 여성은 눈에 띄게 상실감을 인식하는 동시에 슬픔을 느끼고 있었습니다. 그녀는 눈물을 흘렸고 입이 덜덜 떨려 말하기도 어려워했습니다.

나는 계단식 강당을 꽉 채운 사람들 앞에서 그 여성과 함께 과정을 진행했습니다. 한 시간 15분이 걸렸습니다. 마침내, 그 젊은 여성은 감사, 존재감 그리고 사랑의 감정을 느끼게 되었습니다.

내가 말했습니다. "이제 최선을 다해 슬픔에 닿으려고 해보세요."

"안 되는데요." 그녀의 얼굴 표정은 달라져 있었습니다. 그녀는 안정감을 느꼈습니다.

몇몇 사람이 말했습니다. "저런 상태가 얼마나 갈까요?"

"믿는 사람에게는 어떤 증명도 필요하지 않으며, 믿지 않는 사람에게는 어떤 증명도 불가능한 법입니다. 시간을 버려가며 논쟁을 할 수도 있지만, 이 여성의 일주일 후, 한 달 후, 1년 후의 모습을 지켜보며 각자 결정을 해보시면 어떨까요? 이분은 인간입니다. 자신이 경험한 바를 여러분께 들려줄 수 있어요."

시크릿 회복탄력성

쉽게 흔들리지 않고 평안하고 힘차게

긴 여정을 거쳐 여기에 왔습니다. 지금껏 우리는 회복탄력성이 무엇이며, 그것을 어떻게 강화할 수 있는지에 관해 많은 것을 알아보았습니다.

우리는 회복탄력성을 강화하는 가장 중요하고도 유일한 방법이 당신 자신의 최우선가치에 따라(부모님, 배우자나 파트너, 사회의 최우선가치가 아니라) 사는 것임을 배웠습니다. 최우선가치에 따라 살아갈 때 우리는 어려운 상황을 다스리고 평형을 되찾을 줄 아는, 뇌의 더 고차원적인 부분으로 기능하게 됩니다.

활력, 발전 그리고 당신이 가장 중요시하는 목표의 달성에 가장 큰 걸림돌이 되는 무의식적인 의도를 어떻게 해결할 수 있는지도 알아보았습니다. 그리고 이른바 '일치의 상태'로 사는 것이 신경계를 어떻게 재구성하고 회복시키는지도 살펴봤습니다.

앞서 알아보았듯이, 회복탄력성은 우리 마음을 어지럽히는 삶의 환상과 역경을 마주하고 극복하는 것과 밀접한 연관이 있습니다. 때로는 가장 큰 도움이나 타격, 행운이나 불행처럼 보이는 것들 안에 우리의 가장 크고 확실한 축복의 씨앗이 담겨 있기도 합니다. 또 우리는 질병의 형태나 양극성의 증상을 이용해 완전함과 균형 쪽으로 방향을 바꿀 수 있습니다.

우울함, 슬픔, 불안을 극복하는 열쇠는 인간 심리와 생리의 내재적 균형, 삶을 지배하는 항상성을 아는 데 있습니다. 나쁜 점 없이 다 좋을 수는 없고, 좋은 점 없이 다 나쁠 수도 없습니다. 우울과 불안은 반대쪽 측면을 인정하지 않고 한쪽 측면에만 초점을 맞춘 결과인 경우가 많습니다.

환상에 의한 이런 문제를 극복하고 회복탄력성을 높이는 간단하고 구체적인 방법이 있으며, 때로 이 방법은 기적처럼 보이는 결과를 만들어냅니다. 나는 당신이 이 도구를 유용하게 사용하리라고 장담합니다.

KI신서 11688

시크릿 회복탄력성
THE RESILIENT MIND

1판 1쇄 인쇄 2024년 1월 20일
1판 1쇄 발행 2024년 2월 7일

지은이 존 디마티니
옮긴이 서지희
펴낸이 김영곤
펴낸곳 ㈜북이십일 21세기북스

정보개발팀장 이리현
정보개발팀 강문형 이수정 박종수
외주편집 신혜진
디자인 STUDIO BEAR
해외기획실 최연순
출판마케팅영업본부장 한충희
마케팅1팀 남정한 한경화 김신우 강효원
출판영업팀 최명열 김다운 김도연
제작팀 이영민 권경민

출판등록 2000년 5월 6일 제406-2003-061호
주소 (10881) 경기도 파주시 회동길 201(문발동)
대표전화 031-955-2100 **팩스** 031-955-2151 **이메일** book21@book21.co.kr

(주)북이십일 경계를 허무는 콘텐츠 리더

21세기북스 채널에서 도서 정보와 다양한 영상자료, 이벤트를 만나세요!
페이스북 facebook.com/jiinpill21   포스트 post.naver.com/21c_editors
인스타그램 instagram.com/jiinpill21   홈페이지 www.book21.com
유튜브 youtube.com/book21pub

서울대 가지 않아도 들을 수 있는 명강의! 〈서가명강〉
'서가명강'에서는 〈서가명강〉과 〈인생명강〉을 함께 만날 수 있습니다.
유튜브, 네이버, 팟캐스트에서 '서가명강'을 검색해보세요!

ⓒ 존 디마티니, 2024
ISBN 979-11-7117-376-1 03320